自贡市社会科学重点研究基地——产业转型与创新研究中心资助项目
四川轻化工大学人才引进项目（2017RSK02）

Study on spatial agglomeration of cultural industry

文化产业空间集聚研究
以成都市为例

何明霞 著

中国社会科学出版社

图书在版编目（CIP）数据

文化产业空间集聚研究：以成都市为例/何明霞著. —北京：中国社会科学出版社，2019.2

ISBN 978-7-5203-3029-9

Ⅰ.①文… Ⅱ.①何… Ⅲ.①文化产业—研究—成都 Ⅳ.①G127.711

中国版本图书馆 CIP 数据核字（2018）第 193618 号

出 版 人	赵剑英
责任编辑	卢小生
责任校对	周晓东
责任印制	王 超

出　　版	中国社会科学出版社
社　　址	北京鼓楼西大街甲 158 号
邮　　编	100720
网　　址	http://www.csspw.cn
发 行 部	010-84083685
门 市 部	010-84029450
经　　销	新华书店及其他书店
印刷装订	北京市十月印刷有限公司
版　　次	2019 年 2 月第 1 版
印　　次	2019 年 2 月第 1 次印刷
开　　本	710×1000　1/16
印　　张	16
插　　页	2
字　　数	238 千字
定　　价	88.00 元

凡购买中国社会科学出版社图书，如有质量问题请与本社营销中心联系调换

电话：010-84083683

版权所有　侵权必究

摘 要

近十几年来，我国文化产业近年来有了长足的发展。在党和政府相关政策的扶持及推动下，我国文化产业增加值由2004年的3440亿元，增加到2017年的35462亿元，占GDP比重由2004年的2.15%上升到2017年的4.29%。在当前的经济新常态背景下，文化产业作为传统产业升级换代的重点支柱产业，在城市经济和城市空间变迁中起着举足轻重的作用。一方面，文化产业空间集聚是文化产业从业群体的集聚地，它们的存在将直接引领和带动城市最前沿的经济和消费潮流；另一方面，这些文化从业者的思想往往是通过空间载体的形式实现外化，文化产业空间集聚也反映了一个城市文化思潮和城市形象。作为文化生产企业和群众活动的空间载体，文化产业的区位选择、空间分布以及文化产业组织表现形式的推进是否合理，都将影响文化产业要素合理流动和文化产业的发展，从而影响城市发展和城市形象。

成都市作为四川经济、文化、政治中心，在四川省构建"一干多支、五区协同"的区域发展格局下，充分发挥增长极优势，通过极化效应，在推进经济集聚和扩散的过程中，文化产业发展也在四川省占有举足轻重的作用。作为3000年未曾迁址的历史文化名城，成都市拥有丰富的历史文化资源，在建设"世界文化创意名城"[①]和"国家中心城市"[②]的城市文化政策引领下，成都市文化产业空间集聚的研

[①] 《成都市国民经济和社会发展第十三个五年规划》提出了"世界文化创意名城行动计划"。

[②] 国家发改委、住房和城乡建设部：《关于印发成渝城市群发展规划的通知》，http://www.sdpc.gov.cn/gzdt/201605/t20160504_ 800783.html。

究意义就显得特别重要。

因此，本书选取成都市为研究范围，在对全国文化产业集聚现状和四川省文化产业集聚现状分析的基础上，对成都市文化产业空间集聚的历史演变、现实格局、组织路径和存在问题等方面进行综合考察，以分析成都市文化产业空间集聚现状。从经济因子、文化因子和区位因子三个方面分析成都市文化产业空间集聚的内在机理，从政府、市场和社会三个方面分析成都市文化产业空间集聚形成的推进机制。在对这些方面进行综合分析考察的基础上，确立成都市文化产业空间集聚发展的目标，并分析其障碍，提出成都市文化产业空间集聚的对策建议，为成都市推进文化产业发展和城市文化建设提供有效的政策参考。

本书以探索成都市文化产业空间集聚的科学发展为总体目标，围绕理论分析、形成机理和推进机制三个方面进行分解研究。在理论分析方面，以新兴古典经济学为分析框架，在基于专业分工理论、超边际理论和网络效应等基础上对文化产业空间集聚的形成过程进行理论分析；在形成机理方面，分别对经济因子、文化因子和区位因子三大因子对文化产业空间集聚形成作用的内在机理进行分析，得出了经济、文化和区位三因子合力促进文化产业空间集聚的因子运动路径；在推进机制方面，分别从政府机制、市场机制和社会机制三大机制入手，对文化产业空间集聚形成的外在机制进行分析。因此，本书是对经济理论、空间经济、产业经济、区域经济和文化经济等多学科理论的综合运用，在传统的经济地理学和新兴古典经济学综合运用的基础上，利用空间计量模型对成都市文化产业空间集聚的现状和影响因素进行分析，分析了成都市文化产业空间集聚目标实现过程中的障碍，并提出了相应的对策建议。本书结构安排如下：

全书分为理论和实证两部分。前半部分为理论部分，主要包括文化、文化产业、文化产业空间集聚等概念的界定与辨析，文化产业空间集聚的基础理论、文化产业空间集聚的形成与测度以及文化产业空间集聚的机理机制研究；后半部分为实证部分，主要内容包括成都文化产业空间集聚的历史演变和总体格局、成都文化产业空间集聚的组织路径及问题、成都文化产业空间集聚的实证检验和影响因素实证研究，以及成都文化产业空间集聚的内在机理与机制分析、成都文化产业空间集聚宏观路径和政策措施。

本书以成都文化产业空间集聚科学发展路径为总体目标，以专业分工理论、古典区位理论、产业空间集聚理论、新产业区理论等为指导，对成都文化产业空间集聚的总体格局、历史演变、形成路径和存在的问题进行了分析，并结合内在机理和外在机制对成都文化产业空间集聚的形成和发展进行了新的探索。

总体而言，本书的研究主要包括以下四个方面：一是从专业分工理论出发，以文化产业的专业分工为基础，在新兴古典经济学框架下对文化产业空间集聚过程进行分析，以阐明文化产业空间集聚形成的理论基础。二是构建了从一般的文化产业空间集聚理论到研究成都市文化产业空间集聚的发展的分析框架，对成都市文化产业空间集聚的组织形成、组织特征、运行机理和机制展开了探讨，并对文化产业空间集聚的优化问题进行了研究。三是对推进成都文化产业空间集聚的内在机理和外在机制的形成过程进行详细探讨。四是对成都文化产业空间集聚的影响因素加以分析，通过空间计量经济的考察和典型案例分析，运用莫兰指数（Moran's I）对影响成都文化产业空间集聚的因素做实证检验和分析。本书的研究可以为成都市依托空间集聚战略加大推进文化产业发展提供有效的政策参考，并为其他城市发展文化产业提供有益的借鉴。

关键词： 文化产业　空间集聚　专业分工　内在机理　外在机制

目　录

第一章　导论 1
　　第一节　研究背景与意义 1
　　第二节　文献综述 10
　　第三节　研究内容与理论框架设计 21
　　第四节　研究方法 24
　　第五节　主要创新和不足 25

第二章　文化产业空间集聚理论基础与实践经验 27
　　第一节　相关内涵、概念及特征 27
　　第二节　理论基础 42
　　第三节　国外文化产业空间集聚实践经验 54
　　本章小结 59

第三章　文化产业空间集聚的形成与测度 63
　　第一节　文化产业空间集聚形成的基础及条件 63
　　第二节　文化产业空间集聚形成过程分析 73
　　第三节　文化产业空间集聚测度指标和方法 80
　　本章小结 86

第四章　文化产业空间集聚机理与机制研究 88
　　第一节　文化产业空间集聚的内在机理 88
　　第二节　文化产业空间集聚的推进机制 98

第三节　文化产业空间集聚的组织模式 …………………… 106
　　本章小结 …………………………………………………… 108

第五章　成都市文化产业空间集聚总体格局分析　110

　　第一节　成都市在全国文化产业空间集聚中的地位 ……… 110
　　第二节　成都市文化产业空间集聚的历史演变 …………… 117
　　第三节　成都市文化产业空间集聚的现实格局 …………… 124
　　第四节　成都市文化产业空间集聚的组织路径 …………… 137
　　第五节　成都市文化产业空间集聚存在的问题 …………… 146
　　本章小结 …………………………………………………… 151

第六章　成都市文化产业空间集聚实证研究　153

　　第一节　成都市文化产业空间集聚水平测度 ……………… 153
　　第二节　基于莫兰指数的文化产业空间集聚相关性计算 … 158
　　第三节　成都市文化产业空间集聚的影响因素研究 ……… 161
　　第四节　典型案例分析 ……………………………………… 167
　　本章小结 …………………………………………………… 171

第七章　成都市文化产业空间集聚机理与机制分析　173

　　第一节　成都市文化产业空间集聚的内在机理 …………… 173
　　第二节　成都市文化产业空间集聚的推进机制 …………… 196
　　第三节　成都市文化产业空间集聚模式分析 ……………… 204
　　本章小结 …………………………………………………… 209

第八章　成都市文化产业空间集聚的目标与优化对策　211

　　第一节　成都市文化产业空间集聚的目标 ………………… 211
　　第二节　成都市文化产业空间集聚目标的障碍分析 ……… 214
　　第三节　成都市文化产业空间集聚的优化对策 …………… 217
　　本章小结 …………………………………………………… 229

第九章 主要结论与研究展望 ⋯⋯⋯⋯⋯⋯⋯⋯⋯⋯⋯⋯⋯ 230

 第一节 主要结论 ⋯⋯⋯⋯⋯⋯⋯⋯⋯⋯⋯⋯⋯⋯⋯⋯ 230

 第二节 研究展望 ⋯⋯⋯⋯⋯⋯⋯⋯⋯⋯⋯⋯⋯⋯⋯⋯ 232

参考文献 ⋯⋯⋯⋯⋯⋯⋯⋯⋯⋯⋯⋯⋯⋯⋯⋯⋯⋯⋯⋯ 234

第一章 导论

第一节 研究背景与意义

一 研究背景

（一）国际背景

文化产业是 21 世纪的朝阳产业。2013 年，全球文化产业增加值占 GDP 的比重平均为 5.26%，当年文化产业的产值达 2.25 万亿美元，从业人员 2950 万人，占世界总人口的 1%。[①] 从全球文化产业发展的区域分布来看，呈现明显的多极化倾向。从亚太地区、欧洲、北美州、拉丁美洲、非洲（包括中东地区）五个全球经济发展的重点区域来看，亚太地区的文化产业市场份额最大。2013 年，亚太地区创造了 7430 亿美元的产值，在全球文化产业销售市场占据 33% 的市场份额；从业人员 1270 万人，占全球文化产业从业人员的 43%。[②] 亚太市场作为全球最大的文化消费市场，一方面得益于文化资源的丰富性和多样性，另一方面得益于近几十年来亚洲国家积极融入全球化贸易系统，相应的政策进一步增加了人们的财富和休闲时间，推动了以中产阶层为主的文化消费者的产生。

在文化产业全球化背景下，文化产业作为地方经济发展的重要支撑，对城市的竞争力和凝聚力不断增强，丰富的文化生活已经成为一

[①] "世界主要经济体文化产业发展现状研究"课题组：《世界主要经济体文化产业发展状况及特点》，http://www.stats.gov.cn/tjzs/tjsj/tjcb/dysj/201412/t20141209_649990.html。

[②] EY, Culturaltimes—The First Global Map of Cultural and Creative Industries, www.worldcreative.org。

个国家吸引合作伙伴和知识型人才的重要资产。随着全球化城市增长的出现，不断增加的城市居民对休闲娱乐消费需求的增加，已经带动了大量的城市文化基础设施建设和房地产投资。世界范围内的文化基础设施建设作为城市化发展的催化剂，一个博物馆或文化旗舰项目就可以推动一个城市的文化创意群体的集聚，比如，西班牙巴斯克的毕尔巴鄂和荷兰古根海姆博物馆的建设，都是以文化基础设施建设为引领的城市化更新的标杆城市。许多城市还专门发展文化产业集聚区，比较有代表性的有靠近伊斯坦布尔的佐鲁中心①、东京的台场②、中国香港西九龙文化区③、阿姆斯特丹的 NDSM 项目④和伦敦的斯特拉福城市发展。⑤ 这些城市的文化产业项目通常作为城市的"品牌"，通过文化中心和文化活动的建设，构建属于城市特有的文化氛围和标签，从而促进城市的文化产业空间集聚形成。

（二）国内背景

中国作为亚太地区的重要组成国家之一，在文化产业全球化浪潮中占据着越来越重要的地位。不断增长的经济繁荣和文化发展促进了

---

① 佐鲁中心位于土耳其的博斯普鲁斯大桥和布郁克迭热中心区的交汇处，位于繁华的马斯拉克商业区附近。项目由 DS Architecture 事务所和 Carve & WATG 事务所设计，将私人、半开放花园、建筑立面和房屋阳台与一个复杂的绿色屋顶结合起来，建造的现代化商业文化综合区域。

② 台场，位于日本东京都东南部东京湾的人造陆地上，是东京最新的娱乐场所集中地。台场的取名源于1853年美国人佩里率船队在日本江户地区，出于防卫上需要而赶制的海上炮台，后被称为台场。

③ 西九龙文化区（原称：西九龙文娱艺术区；英文：West Kowloon Cultural District）是由时任香港特区行政长官董建华于1998年的《施政报告》中宣布的大型发展计划：在西九龙填海区临海地段兴建一系列世界级的文化设施，包括集文化、艺术、潮流、消费及大众娱乐于一体的综合文化娱乐场所，核心设施包括剧院综合大楼、演艺场馆、博物馆群及广场等。

④ 阿姆斯特丹 NDSM 项目，原为造船工业基地，后荷兰鹿特丹的建筑事务所 GROUP A 改造为创新工作空间与酒店。

⑤ 该城市为莎士比亚诞生地，有以莎士比亚诞生地命名的三个世界级的大舞台，每年春季举行为期二十六周的莎士比亚节（Stratford Festival），在这三个剧院中演出包括莎士比亚的所有名剧目。市内的两间博物馆都是与莎翁及戏剧有关，斯特拉幅艺术馆（The Gallery Stratford）除展出传统艺术品外，也展出戏服、道具等剧院艺术品。斯特拉幅珀斯博物馆（Stratford - Perth Museum）展示当地名人肖像，包括创立伊顿公司的大商业巨子伊顿（Timothy Eaton）。

中国的文化复兴。自 2009 年 9 月出台《文化产业振兴规划》以来，文化产业就被推向我国经济发展的前沿阵地。国家"十二五"规划明确提出，要在"十二五"期间推动文化产业成为我国经济发展的支柱产业；党的十八大报告进一步强调，"要推动文化产业快速发展"，进一步坚定了国家加快文化产业发展的步伐；中央在《关于深化文化体制改革、推动社会主义文化大发展大繁荣若干重大问题的决定》中，将文化产业作为建设社会主义文化强国战略的重要组成部分；2014 年，国务院以及各部委密集出台了文化产业政策，为文化产业发展创造了条件。

在经济形势方面，我国当前正处于经济新常态背景之下，经济增长面临结构性调整、供给侧改革等机遇与压力，以服务业为主的第三产业正在超越第二产业，成为新时代经济发展的生力军。从国家统计局公布的数据来看，1995 年，第一、第二、第三产业增加值占 GDP 比重分别为 19.7%、46.7%、33.7%，到 2013 年相应的比重为 9.7%、43.7%、46.9%，第三产业增加值占 GDP 比重达到 46.1%，第一次超过第二产业 3.2 个百分点。整体来看，农业和工业的比重呈下降趋势，以服务业为主体的第三产业得到蓬勃发展（见图 1-1）。

文化产业作为新常态下经济发展的重要推动力，正在通过对传统产业的提质增效和自身高效生态的发展路径等方式提升第三产业经济比重，从而实现经济结构的优化。据相关部门统计，2015 年，我国文化产业实现增加值 25829 亿元，在未扣除价格因素影响下，比 2013 年增长 21.0%，年平均增长 10.0%。固定资产投资额达 28898 亿元，居民用于文化娱乐的人均消费支出为 760.1 元，比 2013 年增长 31.8%，文化娱乐支出占全部消费支出的 4.8%，高于 2013 年 4.4% 的水平。截至 2014 年年底，我国文化产业从业人员为 1925 万人，比 2013 年增长 9.4%，占全社会就业人员的 2.5%，比 2013 年提高 0.2 个百分点。事实表明，我国的文化产业发展已初具规模，并自成体系。[①]

---

① 中央文化企业国有资产监督管理领导小组办公室：《我国文化产业 10 年发展对比分析报告》，http://wzb.mof.gov.cn/pdlb/yjbg/201503/t20150306_1198919.html。

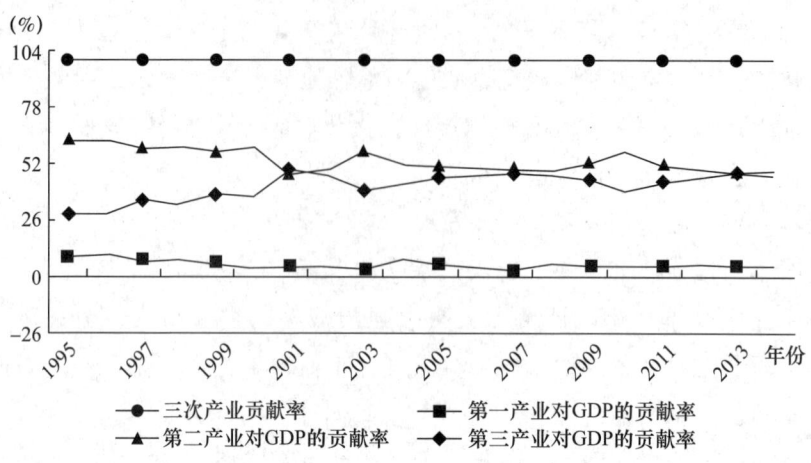

图1-1 1995—2013年三次产业国民经济贡献趋势变化

资料来源：国家统计局网站（http://www.stats.gov.cn）。

但是，从文化产业发展的区域分布来看，呈现东部领先、中部追赶、西部快跑的阶梯分布模式。据统计，2013年，东部十个省份的资产规模平均为4502.25亿元，是中部省份的近两倍、西部省份的7—8倍。[①] 为了更好地推进经济发展，缓解区域经济差距，自党的十八大以来，国家从战略层面提出了"一路一带"倡议、长江经济带发展战略等一系列新的发展战略。这些战略不仅为推动区域经济发展提供了新的路径和方向，也为文化产业发展和区域空间布局提供了重要的政策指引，作为经济发展重要门类的文化产业，必然在新的国家战略实施下面临着新的机遇和发展。成都市作为西部地区经济社会发展的重要中心城市，有必要找准与发达地区的差距，借助国家经济发展战略，全力推动自身的文化产业发展，为国际化城市形象和城市地位提升文化水平与经济实力。

（三）城市背景

城市经济的发展和技术进步，带来了居民文化消费需求的增加，

---

① 中央文化企业国有资产监督管理领导小组办公室：《我国文化产业10年发展对比分析报告》，http://wzb.mof.gov.cn/pdlb/yjbg/201503/t20150306_1198919.html。

消费模式也在随之变迁，新的文化服务和文化创意不断出现，现代技术和生产方式的推进加速了文化产业在城市空间集聚的步伐。越来越多的文化生产和服务集聚到城市经济发达地区，英国的伦敦、法国的巴黎、美国的纽约、日本的东京、德国的柏林等这些国际化城市都是文化产业的集中地，并且文化产业的集聚程度比一般工业产业的聚集程度要高。① 这些城市拥有若干文化产业集群，如图书和杂志出版、各种各样的艺术和设计活动、戏剧和音乐制作、广播电视播放、广告以及像服装和珠宝之类的工艺产业，而成为世界公认的文化产业集聚中心。同时，文化产业从业人员也有明显的向大城市集聚的倾向。② 据统计，英国文化产业就业总量的 26.9% 集聚在伦敦③；有超过 50% 的文化产业工人（按人口算有将近 1000 万或更多）在美国的大城市区域集中，而其中占主导的是纽约和洛杉矶两大城市；在瑞典文化产业中，有占据国家总就业量 9% 的工人集聚在斯德哥尔摩。④

从我国目前的文化产业发展来看，文化产业集聚发展已成为一种普遍现象，且集聚程度高于一般工业产业。⑤ 北京、上海、广东、云南、湖南、浙江等省份已成为文化产业的主要集聚地区和增长极。⑥ 据 2015 年全国 31 个省份文化产业资本力综合指数排名，我国文化产业资本主要集聚在北京、上海、广东、浙江四个经济一线地区，依然遥遥领先于其他中西部地区（见表 1-1）。⑦ 由此可见，我国目前文化产业的发展与经济发展水平相一致，呈现向经济发达地区和城市集

---

① 王洁：《我国创意产业空间分布的现状研究》，《财贸研究》2007 年第 3 期。
② Sir Peter Hall, *Cities in Civilization: Culture, Innovation and Urban Order* [M]. Weidenfeld & Nicolson, London, 2001.
③ ACPrat, "An Cconomic Geography of the Cultural Industries" [J]. *Sage Handbook of Economic Geography*, 2011.
④ Power, D., "Cultural Industries in Sweden: An Assessment of Their Place in the Swedish Economy" [M]. *Economic Geography*, 2002 (78): 103-27.
⑤ 王洁：《我国创意产业空间分布的现状研究》，《财贸研究》2007 年第 3 期。
⑥ 袁俊：《中国文化产业空间集聚水平及其影响因素研究》，《技术经济与管理研究》2013 年第 11 期。
⑦ 新元智库：《我国 31 省市文化产业资本力指数指标设计与研究报告》，http://shcci.eastday.com/c/20160601/u1ai9410773.html。

聚的趋向。

表1-1 2015年我国31个省份文化产业资本力指数十强

排名	省份	创新融资力	资产融资力	产业整合力	运营资本力	创意筹资力	资本力
1	北京	12.60	2.07	7.75	4.40	2.04	29.86
2	广东	2.43	0.47	3.78	1.94	2.42	11.04
3	浙江	0.76	1.11	6.76	1.14	1.00	10.77
4	上海	3.71	0.87	1.69	2.80	1.30	10.37
5	江苏	1.71	2.56	1.28	1.53	0.56	7.63
6	山东	0.15	0.90	2.41	0.31	0.10	3.88
7	四川	0.08	1.81	0.49	0.38	0.25	3.01
8	辽宁	0.05	0.18	2.13	0.16	0.08	2.60
9	湖南	0.30	0.55	1.26	0.18	0.13	2.42
10	福建	0.27	0.22	0.95	0.18	0.40	2.03

资料来源：新元智库：《我国31省市文化产业资本力指数指标设计与研究报告》，http://shcci.eastday.com/c/20160601/u1ai9410773.html。

到目前为止，虽然文化产业在经济总量的贡献上只占了很小的比重，但对就业和收入产生了大量的贡献。在许多大城市，文化产业是经济发展的基本组成部分，并且在这些区域以特别快的速度在发展。相应地，大城市为文化产业的发展提供了最佳环境，甚至在一些主要城市，如新加坡、中国香港或悉尼这类在文化产业发展相对不足的城市，地方政府都相应地制定了一系列有针对性的措施以促进文化产业的发展。诸多研究证明，大城市是文化产业集聚的必然趋向。

成都市作为全国"两横三纵"① 城市化战略格局下"成渝城市群"中重要的中心城市之一，在国家实施"一带一路"倡议中，将深度融入国际经济体系，加快发展现代服务业，全面推动国际交往

---

① "两横三纵"是指由中央提出的以陆桥通道和沿长江通道为两条横轴，以沿海、京哈京广和包昆通道为三条纵轴，以主要的城市群为支撑，以轴线上的其他城市化地区和城市为重要组成的城市化战略格局。

合作。① 成都市第十三个五年计划中明确提出，到2020年，文化产业GDP增加值比重将超过8%，基本形成产业化、集聚化、高端化发展格局。在《成渝城市群发展规划》中，也明确提出，要在成都和重庆两大中心城市发展文化产业集群。② 综上所述，成都市作为西部经济、文化创意中心城市，在文化产业集聚发展方面，面临着国内中心城市和国际化城市发展的双重机遇与压力，在此背景之下，对成都市文化产业空间集聚进行研究有极其重要的现实意义。

二 研究区域

本书的研究区域为四川省成都市，位于成都平原腹地，四川盆地西部，东西最大横距192千米，南北最大纵距166千米，辖区面积12390平方千米，耕地面积4320平方千米。现辖区域包括锦江区、青羊区、金牛区、武侯区、成华区、高新区、龙泉驿区、温江区、新都区、青白江区、双流县、郫县、蒲江县、大邑县、金堂县、新津县、都江堰市、彭州市、邛崃市、崇州市。成都东与德阳、资阳毗邻，西与雅安、眉山、阿坝接壤；本书主要以成都市文化产业空间集聚入手，研究成都市文化产业空间集聚现状及相应的政策措施，以提出成都市文化产业发展空间优化布局途径。

三 研究意义

（一）理论意义

当前学术界对文化产业空间集聚的研究侧重于对现象的描述和理论阐释③，但对文化产业集聚的内在机理和推进机制研究还相对缺乏。因此，本书从专业分工视角出发，将文化内容生产（文化观念和创意思想）作为文化产业分工的开始，通过文化艺人的创作或现场表演的形式依托文化产品为载体呈现于消费者面前，并与之实现精神层面的

---

① 缪琴、李凌翌：《基本建成西部经济核心增长极，初步建成国际性区域中心城市》，http://cdrb.newssc.org/html/2016-01/13/content_2272943.html。

② 国家发改委、住房和城乡建设部：《关于印发成渝城市群发展规划的通知》，http://www.sdpc.gov.cn/gzdt/201605/t20160504_800783.html。

③ 尹宏：《文化创意产业集聚的空间演化研究》，《四川师范大学学报》（社会科学版）2013年第2期。

沟通交流，最终达到获得消费者认可的目的。不同于传统大规模工业生产模式下的机械化重复劳动分工，文化产业的分工是一种柔性化的分工。一部文化产品的诞生需要创作者对某种情感、某个故事或某种价值观念有深度的理解和把握。正是因为文化产业具有这种精神性特征，所以，文化产业创作者也往往是依据相近的价值观念或精神信仰而集聚在一起。

专业的文化产品和服务的生产通过交易实现了文化内容作为生产要素的商品属性。按照斯密的古典经济增长理论，专业分工是经济增长的源泉，文化产业作为一种特殊的产业组织形式，在促进经济发展的作用方面，更主要的力量是来源于"文化意识"的专业分工作用。文化产业是以文化意识作为专业分工的基本元素，而文化又因其独特的观念性和思想性对人们的选择和行为产生直接的影响，而同时不同区域的文化又有其区域根植性。由此产生不同的文化观念和文化产业，因此，从交易分工理论视角出发，研究文化产业及其聚集就有特别重要的理论意义。

本书在交易分工理论的基础上，运用杨小凯超边际分析理论，构建了文化产业专业化的超边际模型，对文化产业专业化实现过程加以分析，在此基础上分析了文化产业集聚形成及其集聚特性，并指明了城市文化产业空间集聚发展的机制推动及政策优化路径。

（二）现实意义

对成都市文化产业空间集聚的研究，对成都市文化产业发展进行合理的空间布局、城市文化形象的塑造，以及对成都市整体经济发展都将起到积极的推动作用。具体来讲，本书研究的现实意义有四个方面。

1. 为成都市文化产业的空间布局提供政策参考

从空间集聚入手，对成都市文化产业空间集聚形成的内在机理和推进机制进行分析，结合成都市自身的城市文化特色与历史文化资源，判别成都文化产业空间集聚的模式特征。结合当前成都文化产业空间集聚的现状，确定成都市当前文化产业空间集聚的目标，并分析其存在的障碍，提出优化路径和方向，以便为政府制定政策提供切实可行的参考路径。

2. 有助于成都市跻身国家级中心城市和国际化城市

文化产业属于当前全球经济模式下的新兴朝阳产业，也是衡量一个城市经济发达与否的产业标尺。既是城市文化发展在经济产业上的直接反映，也是区域经济增长和城市文化提升的重要推动力量，其充分发展的一个重要标志就是在城市空间布局上是否形成了产业集聚。对成都文化产业空间集聚的研究，既有利于找准国际发达城市文化产业空间集聚的普遍共性与政策方向，也有利于成都市站在与国际化水平同步的标准上找准差距，加快自身的国家中心城市和国际化城市建设进程。

开放包容是成都市一贯的城市特质，在全球化进程加速推进的背景下，成都市积极推进"全域开放"战略，并在2015年提出了建设"国际购物天堂"① 的目标，并发布《成都建设具有国际影响力购物天堂行动计划》，计划利用15年时间，通过"五大行动"将成都建设成为国际性消费中心城市。作为国际化现代城市，不仅是政治、经济交流的国际化，也有文化交流和交易的国际化，自然也决定了文化产业的国际化。在文化产业集聚的过程中，文化产品的创作、生产、分配、消费四大环节是否都实现了国际化，这对成都市文化产业乃至成都市国际化进程都有直接的影响。同时，在空间形态上，文化产业的空间集聚是否顺应了国际惯例和潮流，通过文化产业空间集聚所反映出来的城市形象也是成都市国际化大都市建设的重要特征。

文化产业是生活性服务业多样化、国际化的重要支撑。对成都市文化产业空间集聚的研究，无论是在产业结构上还是在空间形态上，都有利于成都市营造良好的国际化城市文化氛围，提升城市的国际现代化大都市形象。

3. 有助于优化产业布局，提升成都市整体经济空间布局的合理性

在新常态和国际化经济发展背景下，成都市的产业功能正在转变为全国服务业核心城市，文化产业作为服务业的重要组成部分，其产

---

① 《成都建设"国际购物天堂"路径发布》，四川新闻网，http：//scnews.newssc.org/system/20150623/000575158.html。

业集聚的模式和空间结构的合理性，必然对服务业乃至整体经济发展产生重要的影响。一系列重大产业项目、产业园区的区位选址和建设模式，以及文化产业专业从业人才的集聚模式，都将对周边经济起到积极的带动作用。通过对文化产业空间集聚的研究，有助于协调成都市城市空间结构布局和产业发展升级，为成都市建设国际化城市提供重要的产业支撑。

4. 可以为其他城市文化产业空间布局提供借鉴

每个城市虽然都有不同的经济基础，历史文化传统、文化因素、文化资源、文化产业发展的特色也各有不同，文化产业空间集聚之间有自身的发展个性，但也有可通用的政策和理论依据。因此，以成都市为例研究文化产业空间集聚的内在机理和推进机制等，可以为其他城市的文化产业发展提供借鉴。

第二节　文献综述

一　国外文献综述

国外最开始对文化产业集聚的观察，是在对"新地理经济学"（Krugman，1998[①]；Fujita et al.，1999[②]）研究基础上，把对文化产业集聚的考察界定在普遍的经济活动空间模型之中。也有学者在产业组织框架下去描述文化产业，把文化产业看作"文化与经济相结合的空间状态"（Chris Gibson and Connell，2004）。[③] 已有学者对文化产业在特殊地区的空间集聚进行了理论研究。克拉克（Clark，1984）[④]、

[①] Krugman, P. R. and Venables, A. J., "Globalization and the Inequality of Nation" [J]. *Quarter of Journal Economics*, 1995, 110 (4): 857 – 880.

[②] M. Fujita, J. - F. Thisse, "Does Geographical Agglomeration Foster Economic Growth? And Gains and Loses from It?" [J]. *The Japanese Economic Review*, 2003, 54: 121 – 145.

[③] Gibson, C. and Connell, J., "Cultural Industry Production in Remote Places: Indigenous Popular Music in Australia". In Power, D. and Scott, A. editors, *The Cultural Industries and the Production of Culture*, London and New York: Routledge, 2004, 243 – 258.

[④] Clark, T. J., *The Painting of Modern Life: Paris in the Art of Manet and his Followers* [M]. New York: Alfred A Knopf, 1984.

戴维斯（Davis，1990）①、修斯克（Schorske，1980）② 和佐京（Zukin，1995）③ 等诸多学者都描述了在各种城市背景中的文化产业集聚现象（Allen J. Scott，2010）。④ 随着文化产业的飞速发展，人类在城市中的文化空间，也出现了新的集聚态势。越来越多的学者注意到文化产业在地理位置和空间上的聚集倾向，将注意力集中到纯粹的文化产业集聚层面，加大了对文化经济活动中发生的集中趋势观察，认为集聚在文化经济的空间组织中表现出一种增大的角色，文化产业的研究主体也逐渐演变为新经济地理学派的主体力量之一。整体看来，国外学者对文化产业空间集聚的研究主要集中在以下五个方面：

（一）对文化产业空间集聚区位的研究

艾伦·J. 斯科特（Allen J. Scott）是对文化产业空间集聚研究较早也是较为深入的学者。他认为，新兴的全球文化经济倾向于浓缩成以零散的城市和区域生产体系为表现形式的地理景观（Scott，2000）⑤，文化产业的空间分布倾向于以空间集聚的形式在世界各国主要文化城市集聚，比如纽约、巴黎、上海等。⑥ 马库森和肖洛克（Markusen and G. Schrock，2006）⑦ 解释了文化创意产业集聚地的扩散与转移趋向。摩洛克（Moloch，1983）⑧ 认为，文化产业的显著特征就是倾向于在大城市结构中形成密集的专业化产业区。乔纳森（Jonathan，2012）⑨ 通

---

① Davis, M., *City of Quartz: Excavating the Future in Los Angeles* [M]. London: Verso, 1990.

② Schorske, K., *Fin-de-Siecle Vienna: Politics and Culture* [M]. New York: Alfred A Knopf, 1980.

③ Zukin, S., *The Cultures of Cities* [M]. Oxford: Blackwell, 1995.

④ ［英］艾伦·J. 斯科特：《城市文化经济学》，中国人民大学出版社2010年版。

⑤ Scott, A. J., *The Cultural Economy of Cities* [M]. London: Sage, 2000.

⑥ Scott, A. J., "The Craft, Fashion, and Cultral-Products Industries of Los Angeles: Competitive Dynamics and Policy Dilemmas in a Multisectoral Image-Producing Oomplex" [J]. *Annals of the Association of American Geographers*, 1996 (86): 306-323.

⑦ Markusen, A. and Schrock, G., "The Artistic Dividend: Urban Artistic Specialization and Economic Development Implications" [J]. *Urban Studies*, 2006, 43 (10): 1661-1686.

⑧ Molotch, H., "Place in Product" [J]. *International Journal of Urban and Regional Research*, 2002, 26 (4): 665-688.

⑨ Jonathan, D. J., "Cultural Industries In Small-Sized Canadian Cities: Dream or Reality?" [J]. *Urban Studies*, 2012, 49 (1): 97-114.

过对109个加拿大小城市文化生产者所在区位的调查,发现了文化产业集群中的"反城市化"倾向,艺术家更愿意选择生活成本较低、自然环境优美的乡村而不是城市作为新的创作目的地。城市群体的聚集也同样对文化产业的空间集聚起着重要作用。霍尔(Hall,2000)[①]的研究表明,不同人群在城市聚集交流融合、相互碰撞的过程更容易发展成长为城市文化空间集聚的区位。

(二) 对文化产业空间集聚与城市关系的研究

城市是文化产业空间集聚的重要场所。沙森(Sassen,1991)[②]从大城市内部空间结构的视角研究文化产业集聚,在他看来,旧仓库和城市边缘地带往往对城市文化产业集聚有着重要的作用。休顿(Hutton,2000,2004)[③]研究发现,城市的"新生产空间"可以为创意产业集中的群体和企业提供一些建筑、文化、环境、学习和社交等方面的便利。也有学者研究了文化产业集聚对城市发展的影响力。莫马斯(Mommaas,2004)[④]通过对荷兰文化产业集聚战略的分析,认为文化产业集聚对一个城市的身份识别、创新创意能力、旧空间的重新利用等能起到积极的促进作用。联合国教科文组织认为,"艺术、文化资源和文化集群是推动经济可持续发展的引擎,并可通过城市再生政策来复兴城市"(OECD,2005)。[⑤] 蒙哥马利(J. Montgomery,2004)[⑥]把文化产业园的打造看作都市再生、城市空间转型的一种模式。沙朗·佐京(Sharon Zukin)认为,在某种意义上说,城市首先

---

① Hall, P., "Creative Cities and Economic Development" [J]. *Urban Studies*, 2000, 37 (4): 639 – 649.

② Sassen, S., *The Global City*. University Press, Princeton, NJ, 1991.

③ Hutton, T., "Reconstructed Production Landscapes in the Postmodern City: Applied Design and Creative Services in the Metropolitan Core" [J]. *Urban Geography*. 2000, 21 (4): 285 – 317.

④ Mommaas, H., "Cultural Clusters and The Post – industrial City: Towards the Remapping of Urban Cultural Policy" [J]. *Urban Studies*, 2004, 41 (3): 507 – 532.

⑤ OECD, *Culture and Local Development* [R]. Paris: OECD, 2005: 54.

⑥ Montgomery, J., "Cultural Quarters as Mechanisms for Urban Regeneration, Part 2: A Review of Four Cultural Quarters in the UK, Ireland and Australia" [J]. *Planning Practice & Research*, 2004, 19 (1): 3 – 31.

是作为一个空间而出现的，因而城市文化研究也是一种空间研究。

（三）对文化产业空间集聚内部组织的研究

除对文化产业空间集聚与城市空间关系的研究之外，文化产业在聚集体内如何组织生产也是研究者关注的课题。斯科特（Scott，2006）① 将文化创意产业在城市空间的集聚，归因于人际关系的互动、历史的文化沉淀、生产组织的变化与制度安排，并认为，生产者网络、地方劳动力市场和创意场是文化产业促进城市空间集聚的主要因素。他认为，增大的劳动力分化，在文化或经济生产领域都强烈地证明许多专业化是互补的个体和组织聚集在一起，持续的相互改变，因此形成相互联系活动的功能和空间的集聚。尼格斯（Negus，2002）② 研究发现，由于区域内文化消费是集中的，生产商为了与现行的趋势保持联系，必须"紧密行动"，盯住竞争者，以便凭借各种新技术从文化媒介的工作中同时受益。摩洛克（Molotch，1996）③ 认为，随着文化产业的专业化，文化生产会更多地存在于各类专业人员之中，这些专业人员在各方面逐渐取代传统意义上的个体艺术家。这种进程在文化产业集聚的空间形成一种地理上的"锁入"现象，最终在特殊地点形成产品的同一性并作为地方专属的文化垄断资本。哈罗德·巴泽尔（Harald Bathelt，2006）④ 认为，莱比锡的文化产业由几个较大的当地公司所控制，由于存在过度根植的缺陷，因此，与外界保持着松散的联系，这对文化产业空间集聚的发展是不利的。也有学者研究发现，文化产业集聚的生产活动更倾向于围绕项目而非公司来开展。布莱尔、格雷伊、兰代尔（H. Blair, S. Grey, K. Randle）认

---

① Scott, A. J., "Creative Cities: Conceptual Issues and Policy Questions" [J]. *Journal of Urban Affairs*, 2006, 28 (1): 1 – 17.

② Negus, K., "The Work of Cultural Intermediaries and The Enduring Distance Between Production and Oonsumption" [J]. *Cultural Studies* 2002 (16): 501 – 15.

③ Moloteh, H., "LA as Design Product: How Art Works in a Regional Economy". In: Scott, A. and Soja, E. (eds.), *The City: Los Angeles and Urban Theory at the End of the* 20*th Century*. University of California Press, Berkeley, 1996: 225 – 275.

④ Harald Bathelt, "Toward a Multi – Dimentional Conception of Clusters, The Case of the Leipzig Media Industry", Germany, Cultural Industries and The Production of Urban Affaires, 2006, 28 (1): 1 – 17.

为，文化产业的空间集聚更有利于项目组和项目网络的工作模式开展。格雷伯（G. Graber, 2002①, 2004②）提出了"项目生态学"的概念和研究方法，他认为，核心团队、公司、认知社群、个人网络等不同层级构成了文化和创意产业的项目生态，并关注项目与环境的关系。巴塞特等（Bassett et al., 2002）③基于城市增长极相关理论对布里斯托尔自然历史电影制作集聚的结构进行了探讨。该研究着重从区域产业集聚起源、集聚阶段、集聚深度、当地产业集聚与世界经济的联系、政策制度和对集聚的扶持以及集聚发展的当前动态变化五个方面加以分析。研究者通过实证检验研究发现，布里斯托尔的文化产业集聚的形成也是倾向于中小企业和私人个体为主的项目制模式。

（四）对文化产业空间集聚群体的研究

佐京（1988）④关注了以艺术家为代表的各种文化生产者对文化产业集聚形成的重要性。理查德·弗罗里提出了创意阶层⑤的概念，并将创意阶层划分为以艺术家为主体的超级或核心创意阶层和管理、金融、法律服务等方面的职业创意阶层，在理查德看来，创意经济是艺术、商业和技术等不同阶层在文化经济领域的融合。同时，有关文化艺术生产者的合约问题⑥、艺术家的区位流动和迁居决策因素⑦、艺术家本身对文化生产的作用及其政治性，以及最有创造力的艺术家

---

① Graber, G., "The Project Ecology of Advertising: Tasks, Talents and Teams" [J]. *Regional Studies*, 2002, 36 (3): 245 – 262.

② Graber, G., "Temporary Architectures of Learning: Knowledge Governance in Project Ecologies" [J]. *Organizational Studies*, 2004, 25 (9): 1491 – 1514.

③ Bassett, K., Griffiths, R. and Smith, I., "Cultural Industries, Cultural Clusters and the City: The Example of Natural History Film – Making in Bristol", 2002: Geoforum 33: 165 – 77.

④ ［美］莎朗·佐京：《城市文化》，张廷佺、杨东霞、谈瀛洲译，上海教育出版社2006年版。

⑤ ［美］理查德·弗罗里达：《创意经济》，方海萍、魏清江译，中国人民大学出版社2006年版，第25—57页。

⑥ ［美］理查德·E. 凯夫斯：《创意产业经济学：艺术的商业之道》，孙绯等译，新华出版社2004年版，第3—18页。

⑦ Markusen, A. and Schrock, G., "The Artisticdividend: Urban Artisticspecial – Isation and Economic Development Implications" [J]. *Urban Studies*, 2006, 10 (43): 1661 – 1686.

和科学家的生命时空轨迹①等问题,都受到了不同程度的关注。阿伦·斯科特(Allen Scott)分别从对洛杉矶服装业、家具业和好莱坞动画产业进行实证研究,从劳动力资源角度探讨了文化产业集聚形成动因,他指出,文化专业人员的聚集,使劳动力市场扩大,对文化产业的从业人员和企业都有利(Allen Scott,2005②,2006③)。被称为"创意产业之父"的约翰·霍金斯对创意人才对文化产业集聚的作用予以充分肯定和重视(J. Hawkins,2001)。④ 李(Lee,2001)⑤、马科夫(Markoff,2005)⑥、马库森(Markusen,2003)⑦、罗伯特(Robert Piergiovanni,2012)⑧ 等学者也对文化产业集聚群体进行了研究。

(五) 对文化产业空间集聚政策制定的研究

科伊(Coe,2000)⑨ 指出,文化产业集聚的发展对公共部门的干涉和指导有一定的依赖,不同级别的政府、不同风格的管理结构都能为文化产业集聚的创造和创新带来不同结果。鲍威尔和斯科特(Power and Scott,2004)⑩ 认为,文化产业空间集聚的打造已经成为

---

① Toernqvist, G., "Creativity in time and Space" [J]. *Geogr. Ann*, 2004, 86B (4): 227 – 243.

② Allen Scott, *On Hollywood, The Place The Industry* [M]. Princeton: Princeton University Press, 2005.

③ Allen A. Scott, "Enterpreneurship, Innovation and Industrial Development: Geography and The Creative Field Revisited" [J]. *Small Business Economics*, 2006 (26): 1 – 24.

④ Hawkins, J., *The Creative Economy, How People Make Money From Ideas* [M]. London: The Penguin Press, 2001.

⑤ Lee, S., "Innovation, Human Capital and Diversity" [M], *Working Paper*, H. John Heinz School of Public Policy and Management, Carnegie Mellon University, 2001.

⑥ Markoff, J., *What the Dormouse Said: How the 60s Counterculture Shaped the Personal Computer* [M]. New York: Penguin Group, 2005.

⑦ Markusen, A. and King, D., "The Artistic Divided: The Arts' Hidden Contributions to Regional Development. Minneapolois, MN: Project on Regional and Industrial Economics" [J]. *Humphrey Insitute of Public Affairs*, University of Minnesota, 2003.

⑧ Robert Piergiovanni, Martin A. Carree, "Enrico Santarelli, Reasons for Clustering of Creative Industries in Italy and Spain" [J]. *European Planning Studies*, 2012, Volume 20, Issue 8.

⑨ Coe, N. M., "The View From Out West: Embeddedness, Inter – Personal Relations and The Development of an Indiginous Film Industry in Vancouver" [J]. *Geofurom*, 2000 (31): 391 – 407.

⑩ Power, D. and Scott, A., *Cultural Industries and The Production of Culture* [M]. Londonand New York: Roultledge, 2004. 3 – 15.

当前文化经济政策的重要标志。希特斯和理查德（E. Hitters and G. Richards, 2002）① 研究发现，政府对文化产业园区从完全不干涉到集权管理的干预模式，具有一定的管理连续性。吉本森（Gibson, 2002）② 认为，确定的建筑范围被作为文化产业区再模式化和再修建，并且文化产业活动被作为市场化城市发展战略和吸引流动资本的推动手段。它们处于地方化制造和城市形象再生战略之下，然而，文化主题描述了特别的地方，以能增强或对抗其他地方的流行方式。正因为认识到文化产业空间集聚对城市经济发展的作用，有学者对文化产业规划与城市空间规划的关系也给予了相应的研究。他们认为，城市经济不断地依赖于文化的生产和消费，以至于文化产业规划和城市规划常常是紧密相连，甚至不可分离（Worpole and Greenhalgh, 1999③；Landry, 2000④）。文化、城市和规划都不是不可竞争的资源，并且都具体化于规划的城市和文化政策中。因此，弗里斯通和吉本斯（Freestone and Gibson, 2004）⑤ 认为，文化项目不是下意识规划的战略，而是竞争的结果（Bianchini, 1993⑥；Evans and Foord, 2003⑦）；博伊尔（Boyle, 1997）⑧ 观察到文化集聚在城市规划战略中与城市精

---

① Hitters, E. and Richards, G., "Thecreation and management of cultural Clusters" [J]. *Creativity and Innovation Management*. 2002, 11 (4): 234 – 247.

② Gibson, C., "Rural Transformation and Cultural Industries: Popular Music on the New South Wales Far North Coast" [J]. *Australian Geographical Studies*, 2002 (40): 336 – 356.

③ Worpole, K. and Greenhalgh, P., *The Richness of Cities: Urban Policy in a New Landscape* [M]. London: Comedia/Demos. 1999.

④ Landry, C., *The Creative City* [M]. London: Earthscan, 2000.

⑤ Gibson, C., Murphy, P. and Freestone, R., "Employment and Socio – spatial Relations in Australia's Cultural Economy" [J]. *Australan Geographer*, 2002 (33): 173 – 189.

⑥ Bianchini, F., *Culture, Cultural Policy and Urban Regeneration: The West European Experience* [M]. Manchester: Manchester Urniversity Press, 1993: 199 – 213.

⑦ Evans, G. and Foord, J., *Shaping the Cultural Land Scape: Local Regeneration Effects, Urban Futures: Critical Commentaries on Shaping the City*, London: Routledge, 2003: 167 – 181.

⑧ Boyle, M., "Civic Boosterism in the Politics of Local Economic Development – "Institutional Positions" and "Strategic Orientation" In the Consumption of Hallmark Events" [J]. *Environment and Planning A* 1997 (29): 1975 – 1997.

英的市民推动议程相联系。鲍威尔和斯科特（Power and Scott, 2004）①指出，地方政府在寻求发展文化经济时，政策制定者需要从三个方面努力来提高集合的竞争优势，建立现代理论上的文化产业区：①联合的内部关系的建立为发挥流动的滞后协同效应；②高效、高技能的本土化劳动力市场的组织；③地方化产业创意和创新的潜力。这意味着文化经济是当代经济的一个组成部分，国家可以通过对创新和创意中心的规划，通过混合的土地使用或税收刺激和承认公司之间的工作网络等方式来规划文化产业区或文化集聚空间。

国外文献对文化产业空间集聚的原因、区位、组织形式、影响因素等方面做了系统的研究，为本书的研究提供了很好的切入点，为探讨成都市文化产业空间集聚科学的发展方向提供了参考模式。对文化产业空间集聚主体的研究，为有效地吸引更多文化产业专业人士在成都市的聚集，提供了有效的参考样本。对文化产业空间集聚与政策关系的研究，有助于为本地政府提供更便捷高效的文化产业集聚推进的路径。然而，国外的文献毕竟是探索国外文化产业空间集聚发展的具体研究，由于国情不同、社会制度不同、市场在文化产业空间集聚演化中的作用、地位和效率不同，都决定了本书研究不能照搬国外研究的结论和成果，而需要结合具体国情和实践特点对文化产业空间集聚进行研究。

二 国内文献综述

我国学者对文化产业空间集聚的研究可以分为对一般性原理和发展模式的定性研究与以计量经济学为基础的实证研究两大类。

（一）对文化产业空间集聚的定性研究

我国学者对文化产业空间集聚的定性研究主要涉及文化产业空间集聚的形成机理、发展模式及对策路径等方面。对文化产业空间集聚形成机理的研究，比较有代表性的是：花建指出了城市空间、信息技

---

① Power, D. and Scott, A., *A Prelude to Cultural Industries and the Production of Clture*, *The Cultural Industries and the Production of Culture* [M]. London and New York: Routledge, 2004: 3 – 15.

术与文化产业空间集聚区在集聚、融合、创新上的相互促进作用（花建，2006）[①]；陈祝萍、黄艳麟（2006）[②] 阐明竞争、创新和节约是创意产业集聚区形成的三个重要机理；伍志鹏（2007）[③] 基于涌现性理论的基础对文化产业空间集聚的动力机制进行了研究；万陶（2007）[④] 在复杂性理论基础之上对文化创意产业集群动力进行了研究；王重远（2010）[⑤] 分析了基于产业生态学视角的文化产业集聚形成机制；蒋昕（2013）[⑥] 分析了文化产业集聚发展的基本路径；龚雪（2013）[⑦] 对自发型和政府主导型文化产业集聚过程进行了比较研究；张振鹏和马力（2011）[⑧] 通过对伦敦、东京和迪士尼公司产业集群的案例解析对文化创意产业集群形成机理进行了探讨。

在文化产业空间集聚形成机制及发展模式方面，钱紫华、闫小培、王爱民（2006）[⑨] 对大芬油画产业集聚的现状与区位优势、集聚模式及存在的问题与对策进行了研究；刘叶（2010）[⑩] 对创意产业集群动力机制进行分析，并对北京798工厂和北京数字娱乐产业示范基

[①] 花建：《创新·融合·集聚——论文化产业、信息技术与城市空间三者间的互动趋势》，《社会科学》2006年第6期。

[②] 陈祝萍、黄艳麟：《创意产业集聚区的形成机理》，《国际商务研究》2006年第4期。

[③] 伍志鹏：《基于涌现性的创意产业集群动力机制研究》，博士学位论文，北京交通大学，2007年。

[④] 万陶：《基于复杂性理论的创意产业集群动力研究》，博士学位论文，北京交通大学，2007年。

[⑤] 王重远：《基于产业生态学的创意产业集群形成机制研究》，博士学位论文，华中科技大学，2010年。

[⑥] 蒋昕：《论文化产业集聚区的生成机理与战略选择》，《福建论坛》（人文社会科学版）2013年第2期。

[⑦] 龚雪：《自发型创意产业集聚区形成机理研究》，《技术经济与管理研究》2013年第4期。

[⑧] 张振鹏、马力：《文化创意产业集群形成机理探讨》，《经济体制改革》2011年第2期。

[⑨] 钱紫华、闫小培、王爱民：《城市文化产业集聚体：深圳大芬油画》，《热带地理》2006年第3期。

[⑩] 刘叶：《创意产业集群动力机制与实证研究》，博士学位论文，北京邮电大学，2010年。

地进行了实证研究；翁旭青（2010）[①] 以杭州文化创意产业的发展为例，探讨了文化创意产业集聚发展的影响因素；陈秋玲、吴艳（2006）[②] 从共生关系视角对上海18个创意产业集群进行研究，对创意产业集群形成机制进行了探讨。

也有学者对文化产业空间集聚的地域根植性加以关注。王发明（2010）[③] 认为，地域根植性是创意产业集群化的重要特征；马云超（2008）[④]、田慧（2008）[⑤] 等分析了政府在文化产业集聚过程中的作用问题；也有学者对文化产业集聚的经济效应进行了研究，如陈建军、葛宝琴（2008）[⑥] 对文化产业集聚的效应和内在影响因素进行了分析；华正伟（2011）[⑦] 分析了文化产业集群的空间结构模式经济效应与经济特征，并阐明了文化产业集聚的区域经济增长意义。

（二）对文化产业空间集聚的定量研究

随着研究的深入以及计量模型工具应用的普及，我国学术界对文化产业空间集聚的定量研究也有了一定的进展。总体来看，可以从全国聚集和区域聚集两个方面加以考察，以下将分别加以阐述。

1. 对全国文化产业空间集聚的实证研究

王家庭等（2009）[⑧] 采用DEA三阶段模型对中国31个省份文化产业效率加以分析，为文化产业的空间分布研究进入定量实证研究领

[①] 翁旭青：《文化创意产业集聚发展理论及影响因素研究——基于杭州文化创意产业的发展》，《北方经贸》2010年第4期。

[②] 陈秋玲、吴艳：《基于共生关系的创意产业集群形成机制——上海18个创意产业集群实证》，《经济地理》2006年第12期。

[③] 王发明：《创意产业集群化——基于地域根植性的理论演进及其政策含义》，《经济学家》2010年第5期。

[④] 马云超：《大遗址文化产业集群培育中地方政府职能研究》，博士学位论文，西北大学，2008年。

[⑤] 田慧：《政府在文化创意产业集聚过程中的作用》，博士学位论文，上海交通大学，2008年。

[⑥] 陈建军、葛宝琴：《文化创意产业的集聚效应及影响因素分析》，《当代经济管理》2008年第9期。

[⑦] 华正伟：《文化创意产业集群空间效应探析》，《生产力研究》2011年第2期。

[⑧] 王家庭、张容：《基于三阶段DEA模型的中国31个省市文化产业效率研究》，《中国软科学》2009年第9期。

域进行了基础性的探索。刘珊（2014）① 利用 2008—2011 年我国文化产业的省际面板数据，利用埃利森—格莱泽指数进行研究，证明我国文化产业已出现空间集聚的趋势；朱慧、王垚鑫（2010）② 依据 2003—2007 年北京、上海、广州、杭州和重庆五个城市的面板数据，通过区位熵指数，测量产业集聚程度，并通过计量模型分析文化产业集聚的影响因素和作用机制。

2. 对特定区域和城市聚集程度及影响因素的研究

侯汉坡、宋延军和徐艳青（2010）③ 在对北京市文化产业集群发展的动力机制分析的过程中，运用了主成分分析方法进行实证考察，研究结果显示，政策支持和硬件设施建设等因素对文化产业集聚有重要的影响。罗能生、刘思宇和刘小庆（2011）④ 采用回归计量分析模型，对影响文化产业集聚程度的因素进行实证分析，对湖南省 14 个市（州）的文化产业集聚水平的区位熵进行测度，结果显示，产业投资、消费需求以及通信设施等因素对湖南省文化产业集聚水平有显著影响，应适当增加这些方面的投入；苏卉（2010）⑤ 对上海 M50 创意产业园区的形成过程展开了实证分析，认为文化产业集群的形成是企业追求产业集群租金的结果；李釜和潘瑾（2008）⑥ 对影响上海文化产业集群效率的因素进行回归分析，实证研究证明，隐性知识溢出是文化产业集聚过程中的重要特征，并直接影响文化产业集聚的效率，集聚发展是文化产业发展的重要途径。

---

① 刘珊：《我国文化产业空间集聚变化趋势及其影响因素》，《商业时代》2014 年第 26 期。
② 朱慧、王垚鑫：《基于城市面板数据的文化创意产业集聚效应研究》，《商业时代》2010 年第 18 期。
③ 侯汉坡、宋延军、徐艳青：《文化创意产业集群动力机制分析及实证研究——以北京地区为例》，《开发研究》2010 年第 5 期。
④ 罗能生、刘思宇、刘小庆：《文化产业集聚水平及其影响因素——基于湖南省数据的实证分析》，《广东行政学院学报》2011 年第 1 期。
⑤ 苏卉：《文化创意产业集群的形成机理》，《郑州航空工业管理学院学报》2010 年第 3 期。
⑥ 李釜、潘瑾：《基于知识溢出的创意产业集群效率影响因素实证研究》，《江淮论坛》2008 年第 2 期。

就国内的研究而言，我国学者对文化产业空间集聚的研究无论是从研究广度还是研究深度都有了一定程度的进展。大多集中在对外在模式和组织形成的研究，通常是以产业组织为基础，注重从产业发展的角度入手研究文化产业空间集聚的形成机制和发展模式，并进行区域内文化产业的集聚测度。也有学者将文化产业空间集聚作为区域文化经济发展的载体，探索城市区位、文化资源与产业集聚的相互作用关系，并提出了相应的关于文化产业空间集聚优化的政策建议。但从经济学专业分工的角度对文化产业空间集聚的内生机理的研究目前还未有见到。

三 国内外文献总结

从国内外学者对文化产业空间集聚的研究综述来看，理论成果十分丰富。由于文化经济的多元化及文化经济关系的复杂性，国内外的研究大多从文化产业空间集聚形成的机制、组织模式及有效的政策促进等方面对文化产业空间集聚进行研究。但他们的分析范式更多的是将文化产业作为传统的单一的产业组织来考察的，忽略了文化产业集聚形成的原始条件。按照斯密的古典经济增长理论，专业分工是市场网络效应形成的源泉，因此，本书在原有的文献研究基础上，从专业分工入手，借用新兴古典经济学的超边际分析工具，对文化产业空间集聚的形成过程进行了理论分析。作为一种特殊的文化专业分工的自组织网络模式，文化产业空间集聚不仅仅是单纯的文化专业化作用，同时还要受到经济水平和地理空间区位的影响，是文化集聚、产业集聚与空间集聚在文化因子、经济因子与区位因子的内在机理作用下，在政府、市场与社会三大机制的推进机制作用下聚合形成的。

第三节 研究内容与理论框架设计

一 研究内容

本书以成都市行政区域为研究范围对成都文化产业空间集聚进行

研究，主要包括理论和实证两部分。

（一）理论部分

本部分主要包括文化产业空间集聚的内涵特征和基本理论、文化产业空间集聚的形成及测度、文化产业空间集聚的内在机理和推进机制。

首先，对文化产业空间集聚的研究背景、研究范围和研究意义、国内外文献成果、创新和不足进行分析。

其次，对文化产业空间集聚的理论基础和实践经验进行分析。以对文化、文化产业的概念和内涵界定为基础，对文化产业空间集聚的概念及特征进行界定。以专业分工理论、古典区位理论、集聚经济理论和新产业区理论作为文化产业空间集聚研究的理论基础，并对国外文化产业空间集聚的先进经验进行分析，提出了可借鉴的结论。

再次，从专业分工理论、古典区位理论、集聚经济理论、新产业区理论四个纬度阐述了文化产业空间集聚研究的理论基础，在此基础之上，运用新兴古典经济学的超边际分析工具，分析了文化产业空间集聚的形成，并分析了文化产业空间集聚的测度指标及测度方法。

最后，对文化产业空间集聚形成的内在机理和推进机制进行了分析。为后文的实证研究做好了理论铺垫。

（二）实证部分

本部分主要包括成都市文化产业空间集聚的总体格局与现状、内在机理与推进机制，以及成都市文化产业空间集聚的目标、障碍及对策。

首先，在对中国文化产业空间集聚和四川省文化产业空间集聚的空间格局分析的基础上，对成都市文化产业空间集聚的历史演变、现实格局、组织路径和存在问题加以分析。

同时，对成都市文化产业空间集聚进行实证研究，通过区位熵和空间计量模型对成都文化产业空间集聚进行计量测度，并通过典型案例对成都文化产业空间集聚进行个案分析。

其次，在对成都市文化产业空间集聚形态分析的基础上对成都文化产业空间集聚进行实证分析。通过区位熵判断成都市文化产业空间集聚的态势，通过空间计量对影响成都市文化产业空间集聚的指标进行显著性分析，并得出成都市文化产业空间集聚的发展重点和方向。

再次，从内在经济因子、文化因子、区位因子的形成机理和外在的政府、市场和社会三大机制入手，对成都市文化产业空间集聚内在机理、推进机制及其问题加以分析。

最后，在理论与实证分析的基础上，确立了成都市文化产业空间集聚的目标，并结合成都市文化产业空间集聚过程中的内在机理与推进机制分析了成都文化产业空间集聚的形成障碍，并提出了相应的对策建议。

二 理论框架设计

基于对成都市文化产业空间集聚研究思路和内容梳理，本书的理论分析框架构建如图 1-2 所示。

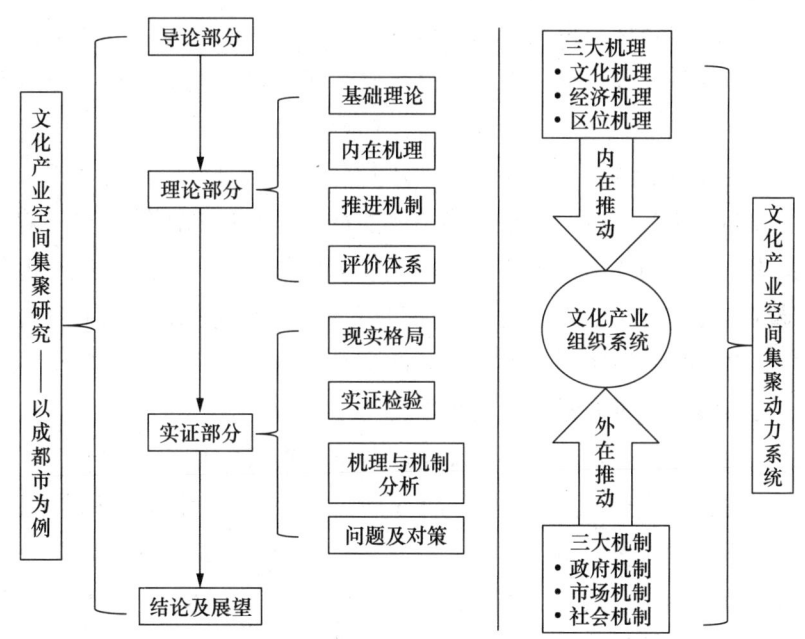

图 1-2 本书框架和分析路径

第四节　研究方法

一　理论分析与实证分析相结合

本书综合应用经济学中的专业分工理论、区域经济学中的空间区位理论和新经济地理学理论、产业经济学中的新产业区理论等相关学科理论知识，对文化产业空间集聚形成的基础理论加以分析和探讨，并对促进文化产业空间集聚形成的内在机理和推进机制进行了深入的分析。在进行理论分析的同时，以成都市为案例进行文化产业空间集聚的实证分析，对成都市文化产业空间集聚的总体格局、历史演变和发展现状进行分析。通过理论分析与实践相结合，以便于为文化产业空间集聚找到更为科学优化的路径。

二　定性分析与定量分析相结合

本书的定性分析集中在对文化产业空间集聚的形成机理、组织要素、作用机制等方面，在定性分析过程中，要注意理论与实证的结合。在定性分析的同时，还进行了定量分析，定量分析主要基于区位熵对成都文化产业空间集聚态势加以测度，并通过空间计量对影响成都文化产业空间集聚的各个因素及其显著性加以研究的。定性与定量分析的结合，有利于对文化产业空间集聚进行全方位的透彻的分析与把握，并为现实政策提供科学可据的参考思路。

三　静态分析与动态分析相结合

本书在理论分析部分，对文化产业空间集聚的理论基础、形成机理及作用机制主要是采用静态分析的手法。为弥补静态分析的不足，在实证部分，对成都市文化产业空间集聚的现实格局和历史演变采用静态与动态相结合的方法，尤其是历史演变部分，通过研究，对成都市文化产业空间集聚的历史过程有一个动态发展状态的把握。在成都市文化产业空间集聚作用机制与对策分析部分，紧密地结合成都市当前的城市定位和状态，以动态的视角加以整体分析。

第五节 主要创新和不足

一 主要创新

（一）研究视角创新

本书从专业分工理论的新兴古典经济学入手，分析了文化产业空间集聚形成的理论基础，并通过对经济因子、文化因子和区位因子三因子的分析构建了文化产业空间集聚形成的内在机理，同时从政府机制、市场机制和社会机制三方面分析了文化产业空间集聚形成的推进机制，通过构建相应的内在机理与推进机制，将微观与宏观分析相结合，对文化产业在空间上的集聚进行由内到外的全方位的系统分析。打破了国内大多基于问题、现状、对策视角对文化产业空间集聚的传统分析范式。

（二）研究内容创新

本书在内在机理与推进机制分析的基础上，以成都市为例，对成都市文化产业空间集聚的总体格局及形成机理与推进机制进行分析，并在此基础之上明确了成都市文化产业空间集聚的目标和障碍，并从内在机理、推进机制及空间布局三个方面提出了相应的对策建议，为成都市文化产业空间集聚发展提供了政策参考。

（三）研究方法的新探索

本书在对文化产业空间集聚的研究过程中，还构建了文化产业空间集聚的指标评价体系，并结合空间计量的经济模型，对成都市文化产业空间集聚的影响因素加以分析。在成都市文化产业空间集聚的实证部分进行了典型案例分析，做到了普遍性与典型性相结合，全方位解剖了成都市文化产业空间集聚的形成与发展状况。

综上所述，本书从研究视角、研究内容和研究方法上进行了新的探索，尝试了文化产业空间集聚新的研究思路和方向，据此为促进成都市文化产业空间集聚提供新的政策路径，为成都市建设"世界文化创意名城"提供相关的政策参考，同时为其他地区文化产业空间集聚发展提供可供借鉴。

二 研究不足

（一）对理论基础的把握还有待深入

文化产业空间集聚的理论基础涉及文化渊源、经济专业分工理论、区域经济理论、空间经济理论等多学科理论体系，对这些不同学科理论体系的基础理论之间的关系把握是本书研究的一个重要方面，受笔者的学识理论水平所限，在研究中难免出现把握不到之处。

（二）对机理与机制的研究不够深入

本书在内在机理的形成逻辑与推进机制的作用关系，以及内在机理与推进机制的相互作用方面研究还不够深入，对文化产业空间集聚的内在机理与推进机制的研究还有待加强。

（三）对文化产业空间集聚的测度还有待完善

本书在文化产业空间集聚实证检验方面的计量模型、指标设计还有待完善。同时，由于我国文化产业发展起步较晚，国家对文化产业的相关数据统计开始年限也较晚，并且其间又经过几次统计指标的调整，因此，对成都市文化产业统计数据的长周期收集是个较大的困难。本书研究所采用数据是来自成都市统计局内部资料，由于受数据收集的限制只能做2013年的截面数据，而不能展开对各年度组成的面板数据加以分析，从而限制了本书的深入研究。

（四）对成都市文化产业空间集聚的对策建议相对薄弱

由于笔者实践经验的相对匮乏，对具体对策建议难免有失偏颇，鉴于以上不足的存在，希望在以后的学习和研究中继续探索并加以改进。

第二章　文化产业空间集聚理论基础与实践经验

第一节　相关内涵、概念及特征

一　文化的内涵及相关概念界定

第一次明确和全面的文化定义来自爱德华·伯内特·泰勒（Tylor, 1871），他认为，文化"包括知识、信仰、艺术、道德、法律、习惯以及作为社会成员的人所获得的任何其他才能和习性的复合体"。① 在泰勒看来，文化的各个部分是作为一体化的整体在起作用。马林洛夫斯基则将文化看作"是一种生活方式，是一个民族的追求、品位和兴趣"。② 我国学者费孝通将文化分为器物层面、制度层面和观念层面三个方面。③ 刘诗白指出，文化是"一定的人类群体拥有的某种共同的观念、心理、情感，后者表现在人类群体独具特色的生活方式和行为方式中"。④ 戴维·索罗斯比（David Throsby）在《经济学与文化》中认为，文化既包括精神层面的活动，也包括一个民族或社会的全部生活方式。⑤ 他将文化定义的范围分为两个层面，也就是文化

---

① ［英］爱德华·伯内特·泰勒：《原始文化》，连树森译，广西师范大学出版社2005年版。
② ［苏联］马林洛夫斯基：《文化论》，费孝通译，华夏出版社2002年版。
③ 费孝通：《费孝通论文化与文化自觉》，群言出版社2007年版。
④ 刘诗白：《论现代文化生产》，《经济学家》2005年第1期。
⑤ ［澳大利亚］戴维·索罗斯比：《经济学与文化》，王志标、张峥嵘译，中国人民大学出版社2011年版。

的双重含义。第一层含义即为人类学和社会学框架下用来描述一整套为某一群体所共有或共享的态度、信仰、传统、习俗、价值观和惯例，主要表现为精神层面和制度层面的文化；第二层含义是表示与人类生活中的智力、道德和艺术方面相关的人类活动与活动成果，此层含义的文化主要有创意性特征、象征性特征和知识产权特征三个方面的主要特征。从戴维·索罗斯比的观点可知，他也是将文化分为精神层面和器物层面的。英国文化研究者佛雷德·英格利斯认为："文化是一个价值结构，也是一个穿越了社会行为的重力场，属于价值的感觉结构。"[①] 在他看来，社会行为等生活习惯是被伦理和信条所创造的。信条和文化都隐含着一个结构，甚至可以说信条几乎是文化的同义词。

从以上各类学者对文化的定义来看，都强调了共享的价值观、传统习俗和惯例、独具特色的生活方式和行为方式，这三方面总结起来其实就是文化的精神层面、制度层面和物质层面。制度和物质作为价值观念的行为准则和符号外化，归根结底，还是由文化观念所决定的。因此，本书所指的文化是指人类历史演进中特定时空下的群体所持有的共同的价值观念。文化产品是指人们在特定的文化观念和思维意识下，通过创造性劳动生产出来的以器物为载体的具有精神价值和文化意义的产品。制度方式是作为文化观念的物化和外在表现。在某种特定时空下，一种文化观念的盛行之所以存在标准，往往是以它影响的传统习俗和独特生活方式群体的大小来衡量。同时也影响到人们对特定文化产品的选择，从而使社会文化的交流更具稳定性和凝固力。

二 文化产业含义和文化产业划分

（一）国际上关于文化产业概念的提法

世界各国关于文化产业概念的提法大多是根据自己国家发展文化产业的侧重点来对文化产业加以界定的。目前，通用的提法有"版权

---

① [英]佛雷德·英格利斯：《文化》，韩启群、张鲁宁、樊淑英译，南京大学出版社2008年版。

产业""文化创意产业""内容产业""文化和休闲产业"等，以下是一些有代表性的文化产业概念分类。

1. 文化产业

联合国教科文组织是最早使用"文化产业"概念的机构。1986年将文化产业定义为：文化产业是"按照工业标准生产、再生产、储存以及分配文化产品和服务的一系列活动。"[①] 经过2000年和2009年的两次修订之后，依然延续此概念。就国家而言，加拿大、韩国、芬兰等国也使用"文化产业"这一概念。我国沿用联合国教科文组织的界定，也使用"文化产业"这一概念，并将文化产业定义为："为社会公众提供文化产品和文化相关产品的生产活动的集合。"[②]

2. 创意产业

英国是最早使用"创意产业"这一概念的国家。1997年，由英国政府发布的"创意英国行动计划"[③] 第一次提出了"创意产业"的概念。英国特意强调创意产业，是为了将其与传统产业加以区别，具体包括流行设计与时尚、工艺、音乐、设计、表演艺术、休闲软件与游戏等行业（见表2-1）。这些产业包括音乐、出版、影音、多媒体、表演、视觉艺术和工艺等。它们涵盖诸如设计、工业设计、图像、时尚等领域，整合艺术产业与计算机通信，并借助数字化让它们相互交流，使它们成为新经济的新动力。其他国家如新加坡、新西兰等国以及我国香港和台湾地区也使用"创意产业"这一概念。

表2-1　　　　　　　　　英国文化产业分类

分类	涵盖范围
广告	消费者研究、客户市场营销计划管理、消费者品位与反应识别、广告创作、促销、公关策划、媒体规划、购买与评估、广告资料生产

---

① UIS/UNESCO, The 2009 UNESCO Framework for Cultural Statistics, 2009, Available Online: http://www.uis.unesco.org/template/pdf/cscl/framework/draftdoc-EN.pdf.

② 国家统计局设管司：《文化及相关产业分类》（2012），http://www.stats.gov.cn/tjsj/tjbz/201207/t20120731_8672.html.

③ Department for Culture, Media and Sports, DCMS, Creative? Industry Mapping Document, 2001.

续表

分类	涵盖范围
建筑设计	建筑设计、设计审批、信息和制作
艺术品与文物交易	艺术品古玩交易
工艺品制作	纺织品、陶瓷、珠宝、金属、玻璃等的创作生产与发展
时尚设计	设计咨询、工业零部件设计、室内设计与环境设计
时装设计	服装设计、展览用服装的制作、咨询与分销途径
电影及影像制作	电影剧本创作、制作、分销、展演
互动休闲软件	游戏开发、出版、分销、零售
音乐制作	录音产品的制造、分销与零售,录音产品与作曲的著作权管理,现场表演,管理,翻录及促销,作词与作曲
表演艺术	内容原创,表演制作,芭蕾、当代舞蹈、戏剧、音乐剧及歌剧的现场表演,旅游,服装设计与制造、灯光
出版业	原创书籍出版:一般类、儿童类、教育类、学习类期刊、报纸、杂志,数字读物
软件开发	软件开发:系统软件、合约、解决方案、系统整合、系统设计与分析、软件结构与设计、项目管理、基础设计
电视广播	节目制作与配套(资料库、销售、频道)、广播(节目单与媒体销售)

资料来源:毕佳、龙志超:《英国文化产业》,外语教学与研究出版社2007年版。

3. 版权产业

美国是使用"版权产业"这一概念的典型国家。早在1990年版权产业就被纳入美国统计指标体系,用来计算对美国经济的贡献值,并将其分为核心版权产业、交叉版权产业、部分版权产业和边缘产业等类别,各类别涵盖的具体产业范围如表2-2所示。

表2-2　　　　　　　　　美国文化产业分类

分类	涵盖范围
核心版权产业	出版与文学,音乐与剧场制作、歌剧;电影与录像,广播电视,摄影,软件与数据库,视觉艺术与绘画艺术;广告服务等

续表

分类	涵盖范围
交叉版权产业	电视机、收音机、录像机、CD机、DVD、录音机、电子游戏设备以及其他相关设备，还包括这些设备的批发与零售
部分版权产业	服装、纺织品与鞋类，珠宝与钱币，其他工艺品，家具，家用物品，瓷器与玻璃，墙纸和地毯，玩具和游戏，建筑，工程，测量，室内设计，博物馆
边缘版权产业	为发行版权产品的一般批发与零售、大众运输服务、电信与互联网服务

资料来源：李怀亮、刘悦笛：《文化巨无霸——当代美国文化产业研究》，广东人民出版社2005年版。

从以上各个国家以及世界性组织机构的定义来看，在世界范围内对文化产业还没有一个统一的定义，因此，在本书以下的研究中将统一使用"文化产业"这一概念，以等同于文化创意、文化休闲、内容版权等产业概念。

（二）学术界关于文化产业概念的界定

和文化概念一样，文化产业也有许多学者从不同角度给出了不同的界定。索罗斯比认为，文化产业就是一个地区、一个国家等地域范围内所有艺术形式及其相关服务提供者的集合体，共同构成了该地区、该国或者研究所关注的任何其他地域范围内的整个艺术产业。他认为，文化产业是以创造性思想为核心的向外延伸与扩大，是以"创造"为核心并与其他各种投入相结合而组成各类文化产品的经济集团。[①] 斯科特（2001）将文化产业总结为："提供娱乐设施、社会交流、自我修养、装饰品、社会地位等的产品和服务，它们既存在于电影、音乐等精英文化之中，也存在于如家具或服饰等更多功利功能的结合中。"[②] 同时将文化产业的特性归结为以下三个方面：①与审美和

---

① ［澳大利亚］戴维·索罗斯比：《经济学与文化》，王志标、张峥嵘译，中国人民大学出版社2011年版。
② 王伟年：《城市文化产业区位因素及地域组织研究》，博士学位论文，东北师范大学，2007年。

符号内容相关的创意形式;②遵从恩格尔法则,即相对收入增加的时候,这些产品的消费以更高的比例增加;③通常导致竞争压力,使单个的公司倾向于专业化的聚集或形成产业区,同时对它们的产品流通不断地向全球化市场增加。普拉特(Pratt,1997)界定了一系列文化产业生产体系的组成部门:表演、精美的艺术和文学以及它们的再生产表现形式——书籍、杂志、报纸、电影、电台、电视、录音光盘或磁带;彼此联系在一起的艺术形式活动,如广告(也被认为是印刷和广播)以及博物馆、图书馆、剧院、夜总会和画廊的生产、分配和显示的过程。① 我国学者金元浦将文化产业界定为:"全球化条件下以消费时代人们的精神文化娱乐需求为基础、以高科技技术手段为支撑、以网络等新传播方式为主导、以文化艺术与经济的全面结合为自身特征的、跨国跨行业跨部门跨领域重组或创建的新兴产业集群。"②

从以上的分析可以看出,不管是国际上诸多国家政府还是国内外学术界,对文化产业并没有统一的定义与称谓。虽然称谓概念不同,但意思相近。不管是文化经济还是文化产业,抑或创意经济,表述的都是同一个意思,即文化与经济相结合的产业形态。以上对文化产业概念的界定,都分别强调了文化产业的创造性、精神性生产与服务。据此,本书认为,文化产业是在专业分工的基础上,以文化因素为特质进行创造性内容生产,并借助先进的科技手段和信息技术加以传播推广和服务的专业化生产和服务活动。

(三)我国文化产业划分标准

依据2012年的文化产业分类标准,我国文化产业主要分为文化产业及相关产业两大部类,主要涉及的范围包括核心文化内容的生产、核心文化内容的辅助生产、文化产品载体的生产、文化专用设备的生产。据此范围又将文化产业分为五个层次:第一个层次分为文化产品和文化相关产品的生产两大类;第二个层次依据文化生产活动的

---

① Pratt, A. C., "The Cultural Industries Production System: A Case Study of Employment Change in Britain" [J]. *Environment and Planning* A 29, 1997.

② 金元浦:《论文化产业发展的新阶段》,《文艺理论与批评》2003年第3期。

特性分为十大类;第三个层次是将与文化相近的生产活动分为50个中类;第四个层次是具体的文化生产活动,共有120类;第五个层次为第四个层次的延伸。如表2-3所示。

表2-3　　　　　　　国家统计局文化及相关产业分类

两个部分	十个大类
文化产品	新闻出版发行业
	广播电视电影服务
	文化艺术服务
	文化信息传输服务
	文化创意和设计服务
	文化娱乐和休闲服务
文化相关产品	工艺美术品生产
	文化产品生产的辅助生产
	文化用品生产
	文化专用设备生产

资料来源:根据国家统计局资料整理。

(四) 文化产业特征

在文化产业诞生以前,文化只是作为一种观念影响人们的经济行为和选择,而文化专业化以后,开始了社会经济发展中又一次分工。文化产业遵循专业的文化产品和服务的生产分工,并且这种专业化的文化产品具有可交易的市场效应。因此,文化产业作为一个独立的产业,有着和其他产业同样的再生产环节,即生产、分配和消费。但是,除传统的再生产环节之外,文化产业的重要环节就是创作。斯科特(2000)指出,对一个社会、一个群体或个人来说,文化是借助内聚力来维持身份认同的连续过程,其消费的过程也就是对所购买产品的价值观念和生活方式加以认同的过程。后现代文化背景下,图像就是商品,人们消费的不仅是产品,而是文化本身。因此,一个完整的文化产业包括创意、生产、分配和消费四个环节。从文化产业价值链角度来看,文化产品的生产过程可分解为文化观念的生产(创意或艺术品的产生)、文化产品的制造、推广发行与分销、消费者的体验消费。文化产业价值链如图2-1所示。

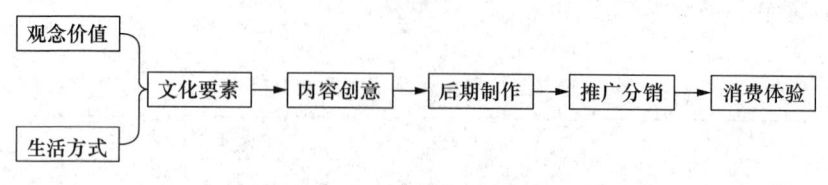

图2-1 文化产业价值链

在文化产业价值链中，内容创意在基于观念价值和生活方式的文化要素运用上，以音乐、艺术、电影等不同的表现形式贯穿于整个价值链的始终。根据文化产业独特的再生产环节，文化产业的产业特性主要体现在以下三个方面。

1. 核心是文化内容的生产

文化产业是由充满想象的审美内容和符号内容的人工制品所构成的生产领域。[①] 文化产业的创作环节反映了文化产业的本质，就是内容生产，这也印证了为什么美国要将文化产业叫作"版权产业"，日本将文化产业叫作"内容产业"，内容与版权的提法更能准确地反映文化产业的精神文化特性。根据文化产品包含的内容，可将文化产品大致分为三种：第一种是纯内容的文化产品，主要以"声音、图片、文字"为信息表现形式，这种文化产品和服务可以物化在信息的物理载体（如图书、光盘）中，也可以是通过特定的生产手段直接展现在消费者面前，例如广播电视服务或文化演出服务等。第二种是以物质为载体的文化产品。这种产品主要是通过物质实体的内容和形式来展现文化内涵，例如文化产品的衍生品等，如白雪公主、芭比娃娃等童话故事为原型的玩具，或迪士尼乐园等体验式文化产业园区。第三种文化产品是无形的文化服务，依赖于消费过程以非"声音、图片、文字"表现形式存在的无形文化产品即文化服务。现代文化产品生产和传播所借助的主要手段是媒体信息

---

① Scott, A. J., *The Cultural Economy of Cities* [M]. London, 2000.

技术。在对现代媒体信息技术加以灵活运用的基础上,通过原创的手段生产文化内容(包括文字、声音、图像等),同时借助创新的传播媒体和传播手段对文化内容加以推广,以赢得消费者群体,促使其以某种特定的方式加以消费,比如进电影院看电影或者去画廊看展览,最终完成文化产品的消费过程。这就是现代文化产业一个完整的再生产过程。文化内容生产的核心是文化价值观念的生产。佛雷德·英格利斯将文化的生产看作"意义工业",通过文化产业体系来组织社会意义的生产、流通和再生产,是一种商业化了的政治经济。一部好的作品必定有一个旗帜鲜明的主题和价值观念,并能为受众所接受和拥护。

2. 具有文化与经济的双重身份

在文化产业充分发展的时代,"经济开始大规模调整自己以适应文化需求。文化也不再作为表达的象征或道德的意涵,而是作为生活方式开始统治一切"。[①] 文化产品因此也具有经济和文化的双重身份,但是,由于它们传递着有关的特性、价值观和意义,故不应被视为普通的商品或消费品。人们通常所使用的产品,在没有文化观念和符号的抽象寓意下,它就只能是单纯的器物用品,而在有了文化精神的附着之后,任何一个普通的物品所蕴含的就不仅仅是单纯的劳动价值,更具备了文化价值,而这些价值同样要遵循利润标准和市场信号的约束。因此,含有文化价值和寓意的经济物品往往要比普通物品贵很多。文化产品作为经济交易的对象,既可以是一首钢琴曲,也可以是一幅油画,还可以是一场文艺演出,或电影、电视、时装设计等,凡是通过个人或团体智慧创意完成的、带有审美情趣和艺术特色的创造性产品,都属于文化产品的范畴。它不一定具有实在的使用价值,但是,必定要具有精神价值和情感沟通性。斯科特指出,文化消费的过程也就是对所购买产品的价值观念和生活方式加以认同的过程。[②] 因

---

① [美] 丹尼尔·贝尔:《资本主义文化矛盾》,严蓓雯译,人民出版社 2010 年版。
② [英] 艾伦·J. 斯科特:《城市文化经济学》,董树宝、张宁译,中国人民大学出版社 2010 年版。

此，后现代文化背景下，图像就是商品，人们消费的不仅是产品，而是文化本身。在未来一个相当长的历史时期里，我们消费的文化产品和服务将越来越多地以商品形式生产。因此，文化和其他所有的市场经济要素一样，是因为有了可交易性才有了经济价值。而文化产业也因此具有普通产业所应具备的供给需求决定的市场特性。

3. 灵活积累的后福特制

受后现代文化经济的影响，文化产业越来越倾向于一种柔性化弹性生产，即文化生产的"后福特制转向"。福特制工业的生产机构首先关注的是通过产品的标准化生产与培育大众市场来获得规模经济优势，而后福特制生产模式是以个性化和定制式的小规模市场来展开的。在后福特制生产模式下，市场需求是不稳定和不可预知的，消费者处于游走状态，导致生产企业和生产组织倾向于弹性专业化，专注于专门的小批量产品生产，以适应不断变化的细分市场需求，其生产技术和生产组织也趋向于灵活专业化。因此，文化产业遵循的是柔性积累制度，而非传统的福特制。文化产业的劳动力组织形式也相应地发生了变化，劳动力不再以传统的长期雇用为主，而是演变为以项目为基础的组织形式。很多临时性的团队被创意型人才或特殊工人以灵活、松散、开放的形式组织起来，形成相互合作的工作系统来生产电影、唱片等文化产品。一个项目结束后，项目组工作人员的合作关系也随之结束。直到另一个项目开始，项目组又依据项目需要重新组织新的劳务关系。

三 文化产业空间集聚概念及特征

(一) 文化产业空间集聚的概念

在对文化产业空间集聚下一个确切的定义之前，有必要先对产业集聚与产业集群做一个简单的区分。产业集聚与产业集群常用于描述不同的经济现象的集合，产业集聚最先由工业区位理论创始人韦伯为解释企业布局而引入区位理论，但在古典区位理论中集聚更多的是用来解释产业集群的形成问题。产业集群是一个静态概念，是对产业集聚状态的结果性描述，强调的是有效率的空间产业组织形式。因此，两者之间是一种过程与结果性的关系。

根据世界知识版权组织（WIPO）的定义，文化创意产业集群是指文化产业行业（公益、电影、音乐、出版、互动软件、设计等）在地域上的集中，它将文化创意产业自愿结合在一起，使文化产品的创造生产、分销和利用得到最优化。斯科特（1996）[①]认为，文化产业空间集聚，是指主要以中小企业为主的不同规模的独立的文化企业或机构，在空间上的非随机集中或集聚。以上定义，前者更多的是一种结果性的静态描述，忽略了产业集聚形成的动态过程。后者忽略了政府和文化从业个人，因而有失文化产业集聚概念描述的全面性。

本书认为，文化产业空间集聚，是指以各类文化专业从业人群为主导的，基于专业化分工和协作关系建立起来的，以中小企业为主的不同规模的独立的文化企业和相关政府、研究机构，在空间上以园区、聚落或楼宇为载体的人际网络与空间区位的集中。这里的"集聚"更强调特定的经济逻辑和产业关联，是文化产业及其产业链在空间上集中的动态反映。国内外学者的大量研究表明，文化产业空间集聚主要形成在国际化城市的文化产业区。具体称谓有文化产业园、文化产业区、文化产业基地等，根据集聚区的特定形成而有不同的称谓。

（二）文化产业空间集聚的特征

1. 全球化背景下的区域锁入效应

锁入效应是产业集群在生命周期演进过程中的"路径依赖"现象，是文化产业作为一般产业在空间上集聚的共性。一旦在某个特定的空间区位形成集聚以后，就具备自组织功能，在收益递增和规模经济的促使下，外部性不断增强，从而吸引更多的相关企业入驻，最终产生遵循路径依赖模式下的锁入效应。斯科特认为，特定地理位置具有提高文化产业集群内创意行为的功能。文化产业作为全球化背景下的新兴产业，主要集中在巴黎、洛杉矶、纽约、东京、米兰等国际化城市。这些城市的文化生产与城市形象彼此形成共生关系，企业之间

[①]［英］艾伦·J. 斯科特：《城市文化经济学》，董树宝、张宁译，中国人民大学出版社2010年版。

的交往以及地方文化产业劳动力市场的形成，促进了文化与经济的不断交织，从而催生了生产制度和地理环境的聚合，收益递增与规模经济下的"高回报"效应也反过来促进了聚合的趋势。这种地方性锁入效应形成一种区域品牌和名片，最终形成一种全球化体系下的区域垄断。

2. 高度专业化的产业链集聚

文化产业空间集聚的内在纽带是许多专业化但是互补的个体和组织因产业链的业务合作而形成的集聚。斯科特认为①，在文化产业空间集聚中，企业间表现出强烈的相互连接性，最终促使相关产业企业在特定的空间形成集聚。由此，文化产业空间集聚的外在特征是地理空间的高度集中，而内生机制则是企业因为协同创新和机制共享而创造的集聚，是产业链条以及产业各环节的规模集聚。文化价值产业链聚集过程如图2-2所示。

随着信息化和互联网科技条件的成熟和普及，文化产业不再局限于实体的空间集聚，而是在物理空间的基础上拓展为线上线下相结合的"O2O"模式。线上集聚主要为以社群、俱乐部、生态群落等形式，通过互联网实现虚拟社区的集聚。目前，为大家所熟知的即时沟通工具QQ、微信、微博、豆瓣等相关的网络工具是创意群体实现虚拟空间集聚的重要载体。在"互联网+"的背景下，一个特定区位的文化产业空间集聚，可以网罗国际国内其他城市相同专业的从业者，形成地域范围更广、业务范围更大、专业化程度更高的创意群体生态聚落。诸多研究表明，跨国知识流②、多国文化公司③、全球沟通管

---

① [英]艾伦·J.斯科特：《城市文化经济学》，董树宝、张宁译，中国人民大学出版社2010年版。

② Kong, L., Gibson, C., Khoo, L. and Semple, A., "Knowledges of the Creative Economy: Towards Arelational Geography of Diffusion and Adaptationin Asia" [J]. Asia Pacific Viewpoint, 2006, 47 (2): 173-194.

③ Nachum, L., "Multinational Enterprises and Cluster Theory: Thecaseof Cultural Clusters" [Z]. Paper Presented to Cultural Creativespaces Conference, Beijing, 19 to 21 October, 2006.

道①对实体的文化创意空间集聚有着明显的促进作用。依据与工作相关的社交网络建立起来的非正式个人全球知识网络②，在创意集群的创新环境培育中意义重大。③

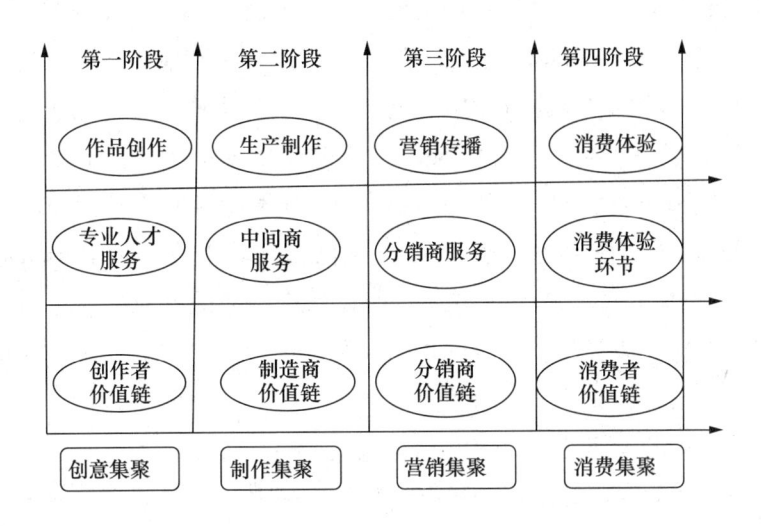

第一阶段	第二阶段	第三阶段	第四阶段
作品创作	生产制作	营销传播	消费体验
专业人才服务	中间商服务	分销商服务	消费体验环节
创作者价值链	制造商价值链	分销商价值链	消费者价值链
创意集聚	制作集聚	营销集聚	消费集聚

图 2-2 文化产业价值链集聚过程

3. 弹性生产体系下的网络组织

弹性生产体系是相对于工业化的标准生产体系而言的。相比于工业化背景下的大规模机械化生产，弹性生产体系更偏重以创意灵感为产出结果的灵活化柔性生产。作为以文化创意为重要生产要素的文化产业，创意者需要不断地当面交流和头脑风暴，才能捕捉更多更新的思想火花。个体企业以错综复杂的关系整合形成了彼此依赖的动态网络，交易经常在能确保相互邻近的地方更有效率地完成。源于知识外

---

① Bathelt, H., Malmberg, A. and Maskell, P., "Clusters and Knowledge: Local Buzz, Global Pipelines and The Process of Knowledge Creation" [J]. *Progress of Human Geography*, 2004, 28 (1): 31–56.

② Grabher, G. and Ibert, O., "Edge Networks" [J]. *Bad Company? The Ambiguity of Personal Knowl – Journal of Economic Geography*, 2005, 6 (3): 251–271.

③ Enstor, J., "Fostering Knowledge Management through the Creative Work Environment: Aportable Model from The Advertising Industry" [J]. *Journal of Information Science*, 2001, 27 (3): 147–155.

溢和创新技术外溢的学习共享，促进了许多相互关联企业的聚集。因此，在文化产业空间集聚过程中，不同专业的文化创意从业者相互合作而形成多层面的产业体系。这些产业体系组成灵活的企业网络，以个性化和定制式的小规模市场来展开经济生产。一个比较典型的例子就是布里斯托，一个典型的因自然历史电影制作基地而闻名的文化产业集聚区。根据巴塞特（2001）等对布里斯托当地的文化产业生产系统的调研，这个生产系统主要得益于 BBC 的自然历史频道的区域制作中心带来的大量的小公司的聚集，由于野外生活和自然历史电影的生产聚集，布里斯托由一个名不见经传的小城市成长为世界中心的"绿色好莱坞"[1]，就是由于受文化产业生产网络的形成而产生的成本优势和创新优势等外部效应的影响，促进了创意群落的产生，这也是创意产业集聚形成和发展的动力因素之一。

4. 区位上倾向于向老城中心集聚

在文化创意内容生产过程中，空间以一种特殊的形式成为生产要素，为文化经济所利用，使文化产业集聚在空间表现上也体现出浓厚的文化意味。反映在空间区位上，更倾向于集聚在老城中心，从而引发老城中心的"城市文艺复兴"。随着生产活动的"去中心化"，城市郊区成为"生产的空间"，中心城市在文化意义上更多地表现为"消费的空间"，其显著特征是对物质的依附性较低，以满足人精神的消费为主。一方面，老城中心废旧的厂房因房租较低而具备较好的经济性；另一方面，这些承载了历史与记忆的老城更易为艺术家和创意从业者群体所选择。在此背景之下，传统的城市景观和空间结构开始从公共文化空间向文化经济空间和符号经济空间转变。[2] 伴随着文化生产综合体在中心城市的兴起，以创意群体为主要构成的新中产阶

---

[1] Keith Bassett, Ron Griffiths, Ian Smith, "Cultural Industries, Cultural Clusters and the City: The Example of Natural History Film – Making in Bristol" [J]. *Geoforum*, 2002 (33): 165 – 177.

[2] 李雷雷、彭素英：《文化与创意产业集群的研究谱系和前沿：走向文化生态隐喻》，《人文地理》2008 年第 4 期。

层回归中心城市，推动了城市中心文化与经济的复兴。①

(三) 文化产业空间集聚的分类

文化产业空间集聚是在文化产业充分发展基础上的各种文化、艺术、科技要素与资本、人力资源在特定空间上的集聚。在此，本书依据文化产业的主要促成要素的不同，将文化产业空间集聚分为以下五类。

1. 旧址改造型

旧址改造是文化产业空间集聚的典型形式。主要是依托特定的工业文化遗产，包括废旧工厂、旧仓库、历史文化遗址等，利用视觉艺术、建筑设计等手段，将旧址改造为全新的文化产业集聚空间。大量的文化创意类人才与企业都倾向于进驻这类具有工业文化遗产气息的老厂房内，典型代表有纽约的苏荷区、欧洲伯明翰伯德奶油加工厂改造的创意产业综合体。②

2. 历史文化型

除废旧的城市改造之外，文化产业还倾向于集聚在具有浓厚历史文化氛围的区域。历史文化型文化产业集聚是指利用区域内深厚的历史文化底蕴，对传统文化进行深度挖掘，还原传统建筑和传统生活，吸引文化创意从业人员和相关企业而形成的文化产业集聚地。比如，成都的宽窄巷子、锦里、大慈寺，福州的三坊七巷，上海的田子坊等。

3. 科技创意型

科技创意型的文化产业在空间上主要是依托高科技园区而形成。在高科技园区集聚的文化产业大多与现代创意设计和高科技知识相关，比如动漫设计、3D打印、网络传媒等。科技创意型文化产业集聚的优势在于能共享高科技园区的基础设施、公共服务、人才技术等，便于企业充分享受园区的外部效应，同时也能节约经营成本。北

---

① Florida, R., *The Rise of the Creative Class* [M]. New York: Basic Books, 2002.
② 王发明、孙腾云:《空间集聚：嵌入地域发展的创意产业集群化研究》,《中国地质大学学报》(社会科学版) 2013年第2期。

京的中关村数字电视产业园、成都高新区的天府软件园、上海的张江文化科技创意产业基地等就是典型代表。

4. 艺术村落型

艺术村落型文化产业集聚是由艺术家自发聚集和孵化后形成的艺术类产业集聚。为了追求创作的环境，艺术家往往选择环境优美的城市近郊的村落。这类艺术集聚空间一般是对原住村民的房屋加以改建，作为艺术工作室和艺术交易场所从事文化艺术类经营活动，逐渐打造成以画廊和艺术交易为主的艺术产业链。比较有代表性的有北京的宋庄、深圳的大芬油画村、成都的蓝顶艺术区。

5. 主题公园型

主题公园是基于文化创意基础，依据特定的文化主题而建立的具有一定创意性的现代文化旅游场所。它是主题情节贯穿于整个游乐项目的休闲娱乐活动空间，创意主题主要借助高科技手段，对文化内容进行复制、陈列和再创造，以虚实相生的环境为载体来实现。比较有代表性的迪士尼乐园、北京的华侨城欢乐谷以及成都的国色天香等。

第二节 理论基础

一 专业分工理论

（一）斯密定理

以亚当·斯密为代表的古典经济学家虽然没有明确提出集聚经济的概念，但是，亚当·斯密以内生的劳动力专业化分析经济福祉的增进，显然已经注意到了分工所带来的报酬递增效应，也就是基于专业化的集聚经济所带来的好处。

亚当·斯密第一个提出了系统完整的分工理论，认为"劳动生产力上最大的演进……是分工的结果"[①]，在此基础之上提出了"分工

[①] [英] 亚当·斯密：《国富论》，郭大力、王亚楠译，商务印书馆2008年版，第5页。

是经济增长的主要源泉"的著名论断。同时，斯密认为："交换的力量为劳动分工提供了契机，分工的程度必然总是受限于这种力量的范围，或者换句话说，总是受限于市场的范围。"① 因而分工与市场交易及市场范围是存在相关性的，也就是说，市场交换源自分工并反过来促进劳动分工，而劳动分工则受市场规模的限制，这种关于分工受市场范围限制的动态发展的观点被概括为斯密定理，这一经典论述常常被用来解释产业发展带来的产业链上的纵向分工以及本地市场上的分工演进。在亚当·斯密看来，分工是可以将各个不同的专业部门组织到一起，他通过扣针制造分工的描述②，指出一个产业内部是由不同的专业化部门分工组合而成，各司其职，各就其位，才组成了因专业分工而导致的收益。这就明确地阐释了因分工产生网络效应而形成的集聚经济雏形。

(二) 李嘉图的比较优势理论

大卫·李嘉图的比较优势理论建立在不同国家的自然资源禀赋、生产要素是有相对差别的基础上，认为在两国之间，即使一个国家的整体劳动生产率相比于另一国更低，但依然可以生产出口生产率差距相对较小的产品来获得两国贸易之间的比较优势，由此确立国际贸易的分工体系，对研究空间均衡有重要支撑作用。③ 但不管是专业分工理论还是古典区位理论，在李嘉图这里都发生了"分水岭"式的转变。

首先，从专业分工理论来看，体现在李嘉图"比较优势"理论对亚当·斯密"绝对优势"理论的偏离。④ 李嘉图的比较优势概念使经济学家的注意力从内生比较优势转向外生比较优势，从而使经济学研究与资源配置问题联系得更为密切，由此，导致外生比较优势概念化

---

① ［英］亚当·斯密：《国富论》，郭大力、王亚楠译，商务印书馆2008年版，第19页。
② 同上书，第19页。
③ ［日］藤田昌久、［法］雅克·蒂斯：《集聚经济学：城市产业区位与区域增长》，刘峰、张雁、陈海威译，西南财经大学出版社2004年版，第34页。
④ 杨小凯、张定胜：《新兴古典发展经济学导论》，《经济研究》1999年第7期。

为新古典经济学和相关贸易理论的核心。依据藤田昌久关于集聚经济产生原因的"第一天性"和"第二天性"的划分①，以亚当·斯密为代表的古典经济学对于集聚经济的分析其实是基于"第二天性"而导致的经济集聚。而李嘉图的比较优势理论则是基于"第一天性"而发展出来的理论。也正因如此，李嘉图认为，只要存在比较优势，即便没有绝对优势仍然存在贸易的优势，也就是个人生产率的事前差异产生了分工。②杨小凯认为，李嘉图的比较优势理论关注资源的分配与流向等非拓扑性质的变化，与亚当·斯密关注分工网络模式等经济组织的拓扑性质的变化有本质的不同。

其次，从古典区位理论来看，李嘉图将基于空间差异的运输成本等同于其他形式的成本。在古典区位理论中，优先考虑的空间区位因素却被李嘉图简单地以比较成本所替代，并使比较成本成为至关重要的因素。自此，空间因素不在主流经济学理论研究之列，经济学在空间理论历史上形成了一个消极的"分水岭"。③

（三）俄林的一般区位理论

在李嘉图将空间要素以单一的成本要素替代之后，新古典经济对空间集聚问题的研究就忽略掉自然资源在空间上的非均质性，进入一种"无城市的世界"。④在均质的空间上，假设只生产一种产品，经济运行遵循报酬不变与完全竞争条件下的经济规律，且至少有一种生产要素在区域间自由流动，以保证各不同地区资本劳动力收入的收敛。这就意味着流动要素会从回报率低的地区流向回报率高的地区，直至所有区域间的资本劳动比达到一致。

在这种分析范式下的典型理论是俄林的一般区位理论。该理论认为，作为生产要素的劳动力在国际国内的分工格局中，应该是劳动力

---

① [日]藤田昌久、[法]雅克·蒂斯：《集聚经济学：城市产业区位与区域增长》，刘峰、张雁、陈海威译，西南财经大学出版社2004年版。
② 杨小凯：《发展经济学——超边际与边际分析》，张定胜、张永生译，社会科学文献出版社2003年版。
③ 梁琦、钱学峰：《外部性与集聚：一个文献综述》，《世界经济》2007年第2期。
④ [日]藤田昌久、[法]雅克·蒂斯：《集聚经济学：城市产业区位与区域增长》，刘峰、张雁、陈海威译，西南财经大学出版社2004年版，第125页。

丰裕的国家集中生产劳动密集型产品，从而向劳动力资源缺乏的国家出口。但受边际效率递减规律的影响，劳动力丰裕的国家在某个特定的拐点将出现劳动力过剩，导致单位劳动力产出效率降低，在劳动力自由流动的情况下，必然向劳动力稀缺的国家流动。最终达到空间上的均衡。因此，在均质空间上，每一种生产活动都在规模报酬不变的假设下实现边际产出的均衡。在这种方式下，每一个小区域都能够自给自足，从而避免了人和物的运送，因而是典型的自给自足的经济社会。① 因此，在新古典经济规模报酬不变且完全竞争的范式下，无法有效地解释大规模经济集聚现象。

（四）杨格定理

杨格（Young, 1928）在其经典论文《递增报酬与经济进步》②中重回"斯密定理"，将经济进步的源头再次回归到专业化和劳动分工上来，进一步发展了亚当·斯密关于劳动分工与市场规模的思想，并提出了分工的网络效应（Young, 1928; Yang and Ng, 1998）③，为杨小凯后来开创新兴古典经济学提供了理论支持。网络效应作为迂回生产方式的整体，产生了现代经济中的报酬递增。从一个网络效应的全面观点出发，由市场容量决定生产力，从而也决定人均真实收入。"间接迂回生产方法的增加与各行业内部分工（或者专业化）的加深"④，是互相依赖和相互促进的。迂回生产方式促使生产的不同环节扩大为独立的产业，本身可以产生更多的引致需求，形成不同的相关市场，而这些相关产业和市场又是紧密围绕并服务于同一个主导产品的生产，相互之间的协作更加紧密，共同作用推动了市场的形成和完善。因此，杨格指出，不仅分工的程度取决于市场范围的大小，市场

---

① ［美］保罗·克鲁格曼：《地理和贸易》，载《国际经济学译丛》，中国人民大学出版社2000年版。

② Young, Allyn A., "Increasing Return and Economic Progress" [J]. *Economic Journal*, 1928, Vol. 38, p.527.

③ 杨小凯：《发展经济学——超边际与边际分析》，张定胜、张永生译，社会科学文献出版社2003年版，第10页。

④ ［英］亚当·斯密：《国富论》，郭大力、王亚楠译，商务印书馆2008年版，第14页。

范围的大小也取决于分工的程度。这种市场引致分工深化并导致市场规模扩大的过程，是一种循环累积、互为因果的演进过程，被后来的学者称为著名的"杨格定理"。

在杨格看来，劳动分工的深化依赖于市场范围的大小。但是，市场不仅由区域和人口决定，还由购买力决定；而购买力又决定于生产力，生产力又由分工水平决定。便是著名的"分工决定于分工"的循环理论。报酬递增的产生是专业化与分工不断深化的结果，统一大市场集聚体的形成与分工的发展相互决定，互为因果。

二 古典区位理论

（一）屠能的农业区位论

作为古典区位理论的开创者，屠能在其著作《孤立国》中，开创性地研究了均质的农业平原上孤立城市的生产布局问题。他主张，孤立国的生产布局以城市为中心，运往城市所需费用大的产品，安排在城市近郊生产。易于腐烂的鲜货也安排在城市近郊生产。在生产布局上形成以城市为中心，许多由规则的、界限相当明显的同心圈组成（见图 2-3）。

屠能的《孤立国》中已经体现了对集聚经济的向心力的分析。在关于工业集聚现象的分析中，屠能认为，"一个工业化工厂的规模取决于市场上对其产品的需求"，在屠能的生产布局理论中，产品的生产地和消费地的距离问题，是孤立国生产布局的一个重要问题。屠能把成本和价格看作孤立国确定生产布局的决定因素，在成本项目中，运输成本是一个重要的构成部分。他认为，离城市越远，产品的运输成本越高。为此，工农业生产的布局都必须考虑接近消费地的原则。

屠能的孤立国思想充分遵循了亚当·斯密的专业分工理论，他充分考虑到大规模的专业化工厂的机器设备对劳动力节约带来的经济效率的增长。[①] 他分析道："分工……与一个工业化工厂的规模紧密相关，当完全不考虑机器生产是否经济时，大工厂的人均劳动要远高于

---

① ［日］藤田昌久、［法］雅克·蒂斯：《集聚经济学：城市产业区位与区域增长》，刘峰、张雁、陈海威译，西南财经大学出版社 2004 年版，第 16 页。

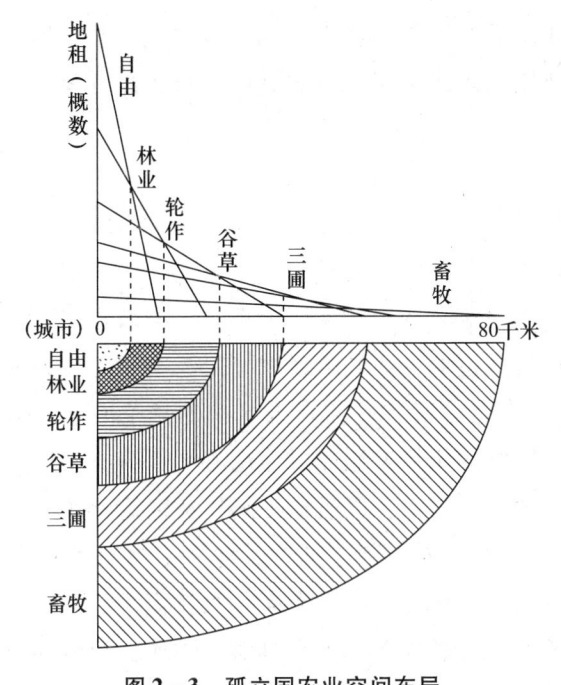

图 2-3 孤立国农业空间布局

资料来源：魏后凯：《现代区域经济学》，经济管理出版社 2006 年版，第 65 页。

小工厂的……"同时，屠能还注意到了部门间集聚的好处，以及技术溢出所产生的正外部性。他认为："只有在工厂和车间挨得足够近，使它们能够相互帮助从而协调生产的地方，比如在大的城镇，机器才能够更有效地生产出来。"所有这些描述，都是对克鲁格曼（Krugman）所说的中心—外围结构为什么会出现的"基本解释"。[①]

以上分析可见，屠能模型在现代城市经济研究中起了很重要的作用，它给出了另一个关于工业集聚现象为什么会出现的解释。在屠能模型中，空间既被看作一个经济物品，又被看作经济活动的基础[②]，通过建立有关集聚经济的模型，该理论又被后来的经济学家如韦伯、马歇尔、克鲁格曼等扩展到城市集聚的内生形成问题。另外，他所运

[①] ［日］藤田昌久、［法］雅克·蒂斯：《集聚经济学：城市产业区位与区域增长》，刘峰、张雁、陈海威译，西南财经大学出版社 2004 年版，第 17 页。
[②] 同上书，第 18 页。

用的"规模报酬不变"的分析范式也与以完全竞争市场、收益不变假设下的新古典经济模式相容。由此奠定了屠能在地理经济学发展中的双重地位。

(二)韦伯的工业区位论

阿尔弗雷德·韦伯(Alfred Weber)首次明确提出了"集聚经济"的概念,并创立了工业区位理论。韦伯认为,"集聚因素"和"区位因素"是影响工业区位布局的主要因素。区位因素以运输成本的作用而在运费最低的区位形成区域集聚,集聚因素和劳动力成本作为一种"变化的力量"与运输成本一起形成基本的竞争网络。韦伯运用等差费用曲线作为解释产业集聚程度的理论方法,为方便考量,假定铁路运输作为统一的运输体系,以运输距离和运输重量作为决定运输成本的因素,建立了"区位权重"和"原材料指数"的概念,通过等运费曲线来显示,区位选择的结果指向(见图2-4)。通过相关计算证明显示,在相关因素影响下,运输费用是导致生产地理位置迁移的唯一原因。

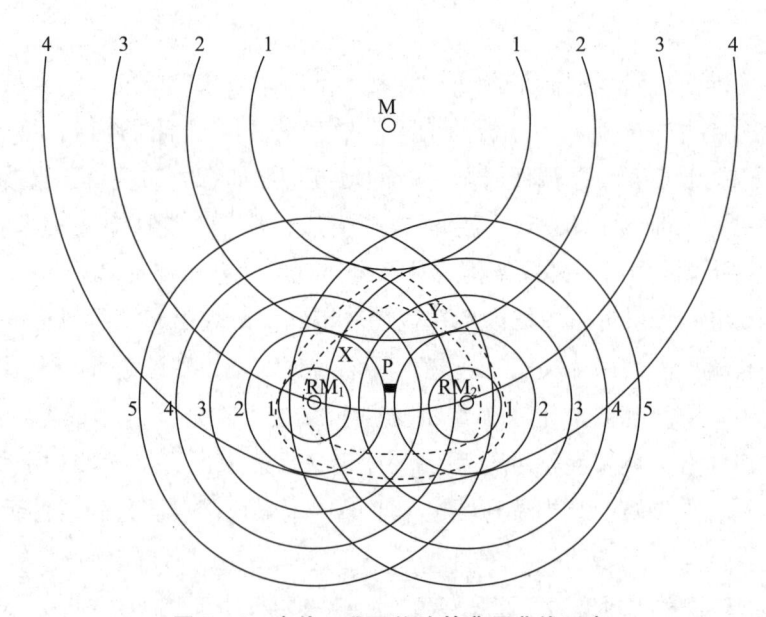

图2-4 韦伯工业区位论等费用曲线示意

资料来源:陈秀山、张可云:《区域经济学原理》,商务印书馆2003年版。

韦伯的工业区位论阐明了在工业经济社会，运输成本对于企业区位选择影响的重要性，也正因如此，为后来区位理论学者如克里斯塔和勒施等的区位理论研究提供了坐标性的理论依据和参考。在全球化、信息化经济高速发展的今天，随着运输条件的改进，空间运输成本的相对缩小，在某种程度上说，也许空间运输成本不再是唯一决定性的因素，但是，依然对企业的区位选择有极其重要的影响。但韦伯的区位理论只解决了企业基于运输距离和运输成本做出的区位选择问题，没有涉及产业和区域内部如何选择与集聚的问题。

三　集聚经济理论

（一）马歇尔外部性理论

马歇尔是产业集聚最早的理论关注者，他在其《经济学原理》中最早提出了产业区位理论，同时他关于产业集群起源的外部性理论，对于空间经济的集聚理论研究有极其重要的影响。

马歇尔以"外部性"来解释因分工所导致的集聚经济的收益，认为分工所形成的集聚经济使报酬递增得以出现，从而促进经济进步。在其著作《经济学原理》中，马歇尔将分工的网络描述成了经济组织[①]，首次将"规模收益递增"引入新古典经济理论。他指出，规模收益递增主要是通过内部规模经济和外部规模经济两个方面来实现的。内部规模经济是由于受信任扩展，专业技术和机械化的运用而产生的分工剩余，从而实现规模收益递增。外部规模经济是企业生产力随着整体经济或部门规模的扩大而产生的，得益于经济发展中的社会分工效果，是促使产业集聚形成的关键。

马歇尔的经济外部性主要来源于三个方面：一是基于人力资本的积累和面对面交流的累积所引发的高度专业化的劳动力队伍的产生和新思潮的发展；二是专业化的投入服务；三是现代化的基础设施的存在。[②]这三大因素直接促成了厂商之间的共享氛围和交易成本的节约，

[①] 杨小凯：《发展经济学——超边际与边际分析》，张定胜、张永生译，社会科学文献出版社2003年版。

[②] [日] 藤田昌久 [法]、雅克·蒂斯：《集聚经济学：城市产业区位与区域增长》，刘峰、张雁、陈海威译，西南财经大学出版社2004年版，第12页。

即是马歇尔氛围的形成。马歇尔氛围是一组以生产体系为中心的社会文化规范和实践。其中,生产结构、经济地理和文化规模是构成马歇尔氛围的三大基石。在描述某些地方性工业的形态与特征时,马歇尔将彼此之间具有密切联系的中小企业集聚倾向,有明显的专业化(集聚)特征的区域叫作"产业(集聚)区"。由于经济外部性导致锁入效应①的产生,通过累积循环形成产业增长极,即产业区。

(二) 空间经济理论

在空间经济理论诞生以前,对空间经济的研究在主流经济学派中只是占了很小的比例,其主要原因是传统经济学家没有找到处理规模收益递增和不完全竞争的最优解决方案,对空间问题加以模型化的难度使传统的经济学家对空间经济问题故意"视而不见"。② 20世纪90年代以来,以保罗·克鲁格曼(Paul Krugman)为代表的新经济地理学派突破了这一障碍,巧妙地运用D—S模型将空间因素纳入一般均衡理论的分析框架中,研究了经济活动的空间分布规律,解释经济活动的空间集中与分散机制,为产业的空间集聚提供了很好的理论解释。

在以克鲁格曼为代表的新经济地理学派看来,发展经济学和经济地理学都是基于传统的"斯密动力"这个共同基础发展起来的,即劳动分工受市场规模的限制,但市场规模反过来又受劳动分工的影响。如此循环累积,产生工业化的自我加强能力,最终就产生了集聚。按照克鲁格曼的话说,"经济活动最突出的地理特征便是集中"。③ 任何一个地方的经济发展都是在集聚和集中的基础上产生城市经济。经济要素在具备规模性和专业化之后,经济增长的向量得以集中喷发,这也解释了为什么城市经济总比农业经济要发达的原因。

报酬递增、路径依赖和空间集聚是新经济地理学派关于经济活动空间集聚的三个核心内容。报酬递增是指由于规模经济带来的产业成

---

① [美] 马歇尔:《经济学原理》(上卷),商务印书馆1997年版。
② [美] 保罗·克鲁格曼:《收益递增与经济地理》,吴启霞、安虎森译,《延边大学学报》(社会科学版) 2006年第3期。
③ [美] 保罗·克鲁格曼:《地理和贸易》,人民大学出版社2002年版。

本的节约，或经济上互相联系的企业在空间上相互接近而带来的交易成本的节约。克鲁格曼认为，由报酬递增所产生的地方经济集聚是一个区域和地方现象，市场、技术和外部经济都要受益于因地方经济集聚而产生的报酬递增效应；最初主要用来解释国家与地区之间的专业化和贸易活动。1985 年，保罗·大卫提出了路径依赖概念，克鲁格曼对其做了重要完善。克鲁格曼认为，产业集聚的形成往往得益于偶然的历史性因素，偶然性历史因素所确定的模式一旦建立，将促使某种经济活动产生长期的集聚效应。报酬递增效应带来的产业集聚使这个城市（或区域）将有可能通过集聚过程进一步强化而变得"锁定"；空间集聚是指企业由于在空间上的集聚所带来的成本（包括技术成本、交易成本、创新成本）节约而导致的经济活动的区域集中现象，与报酬递增是密切相关的外延和内涵关系。新经济地理学派主要讨论产业如何在某些区域集中分布，他们关心集聚是如何在空间上形成的，以及其形成的经济学机理是什么。在克鲁格曼看来，空间集聚是推动城市不断扩展和区域中心形成的主要力量，区域一体化、城市圈、城市群都是空间集聚的典型。

空间经济理论及其模型，巧妙地运用微观经济学模型和假设处理了城市经济中的空间集聚问题①，包括传统经济学不能解决的空间外部性、垄断竞争、报酬递增等问题。但是，空间经济理论也有他自身的不足，比如，在模型分析上仍然沿用新古典经济学关于生产者和消费者两分的分析方法，与现实生活中大多数代理人既是生产者又是消费者的现实不符。另外，在集聚模型分析中，集中于某因素的分析，忽略了城市经济集聚产生的多重因素，因而不能预见与城市化进程共生的现象。②

（三）新兴古典经济学理论

新兴古典经济学代表人物杨小凯在亚当·斯密、杨格的分工理论

---

① Krugman, P., "Space, The Final Frontier" [J]. *Journal of Economic Perspectives*, 1998, 12 (2): 161–174.

② 杨小凯：《发展经济学——超边际与边际分析》，张定胜、张永生译，社会科学文献出版社 2003 年版。

基础上，将分工、交易费用和一般均衡分析工具纳入产业集聚研究中，运用超边际理论将因分工和专业化而产生的交易费用（包括制度安排、搜寻费用、谈判费用等）内生化于经济增长模式，以经济组织效率增长的视角而非资源配置从增长的视角来重新审视经济现象，是自马歇尔以来把区位因素纳入经济学理论框架的一次全新创举。杨小凯认为，分工至少有三个最基本的规定，一是专业化及专业化经济；二是由专业化所导致的中间产品增多而引发的迂回生产；三是由产品分工所导致的多样化生产。在杨小凯看来，分工和交易是生产方式极其重要的两个方面。分工的深化带来专业化经济，但同时也会导致交易费用的增加，由此导致专业化经济和交易费用陷入两难冲突。

从新兴古典经济学的角度来考察集聚经济，一方面集聚经济是专业分工的产物，另一方面也是人们为降低由分工带来的交易费用而选择聚集在一起的经济空间表现形式。杨小凯关于城市化与分工演进的模型已经证明，同一产业链上的企业选择在地理空间的集中，能够有效地提高交易效率，降低交易费用，从而进一步提高分工水平和生产力水平。按新兴古典理论，集聚经济的动力源泉是分工的网络效应（杨小凯，1999）。经济增长的源泉是经济组织的有效性。[①] 杨小凯认为，分工是一种网络组织结构，在网络组织内每个人选择不同的职业，从而形成不同的专业分工，又彼此之间互相关联。随着劳动分工中"迂回生产过程"的不断增加，是指分工网络中，每个人之间的专业决策与专业化水平互相影响，生产力与参与分工网络的人数越多，专业化分工越细，生产力就越发达。

四 新产业区理论

意大利社会学家巴格纳斯科（Bagnasco，1977）提出的"第三意大利"[②] 概念开辟了新产业区的理论研究，乔科莫·贝卡蒂尼（Giacomo Becattini，1979）在此基础上提出了"新产业区"的发展模式。

---

① 杨小凯、黄有光：《专业化与经济组织》，经济科学出版社 1999 年版。
② 地理范围为意大利东北部和中部（亚平宁半岛北部）新兴工业化地区，为与西北部传统工业化三角区和南部落后地区相区分，故被称为"第三意大利"。

"第三意大利"的专业区域与马歇尔在英国观察到的"产业区"有一定的相似性,即两者都有在区域内相同的社会文化背景下的企业协作以及本地劳动分工基础上实现的经济外部性。因而巴格纳斯科(1977)将"第三意大利"产业区定义为:"具有相同社会背景的人和企业在一定自然与社会意义的地域上形成的社会地域生产综合体"。① 皮埃尔和赛伯(Piore and Sabel, 1984)② 进一步分析了新产业区并提出了柔性专业化的概念③,指出新产业区的发展是依赖于大量中小企业在柔性专业化基础上实现的集聚。由于区内企业相比传统企业更具专业化和协作性,可以更灵活地组织生产和适应个性化的市场需求,因而相比传统的产业集聚有更大的凝聚力和外部性优势。

早期关于集聚问题的分析先验地假定区内企业之间的关联作用,强调了集聚本身的效应对其他区域的影响,忽略了对集聚内在的特征进行分析。新产业区与传统产业区的根本不同在于新产业区是以中小企业为主的集聚。以柔性生产方式为主的中小企业分工协作,是新产业区企业集群的前提条件。没有柔性生产方式的出现,企业集群不可能出现紧密和有效的分工与协作。而分工和协作的根本内容就是一个有效的网络形成,没有网络化的组织,稳定的本地化关系,也不可能出现有效的分工和协作。所以,企业之间网络化集聚的形成为新产业区的有效分工和协作建立了载体。

五 小结

以上理论奠定了文化产业空间集聚分析的理论基础,专业分工理论中的"斯密定理"和"杨格定理"从专业化提升分工效率,从而有利于深化分工结构、扩大市场范围的角度,为本书从专业分工的

---

① Giacomo Becattini, "From Marshall's to The Italian "Industrial Districts": ABrief Critical Recon Struction" [J]. In Curzio, A. and Fortis, M. (eds.), *Complexity and Industrial Clusters: Dynamics and Models in Theory and Practice* [C]. New York: Physica - Verlag, 2002: 83 - 106.

② Piore, M. and Sabel, C., *The Second Industrial Divide: Possibilities for Properity* [M]. New York: Haper & Row, 1984.

③ 柔性专业化是与大规模、标准化产品生产的刚性专业化相对应的,企业在高技术条件下运用全能性机器和训练有素的、适应能力强的劳动力,进行多样的、自身不断变化的专门化产品集合式生产,行为主体是中小型企业以及它们之间形成的网络化。

角度入手分析文化产业空间集聚的形成奠定了基础的理论坐标。李嘉图的"比较优势理论"和俄林的"一般区位理论"为本书分析文化产业空间集聚的区位资源优势提供了理论视角。屠能和韦伯的古典区位论都分别强调了运输成本和距离对产业布局的作用，有利于本书在文化产业空间集聚分析中注重对区位距离和运输费用的分析。马歇尔的外部性理论、克鲁格曼的空间经济理论、杨小凯的新兴古典经济理论、新产业区理论分别为文化产业集聚的形成提供了内部协作与外部规模的理论分析基础，尤其是杨小凯在专业分工基础上的分工网络效应理论，为本书从专业分工视角分析文化产业空间集聚提供了完整的理论视角和分析范式。因此，本书将借鉴杨小凯对于专业分工和分工的网络效应的分析模式对文化产业空间集聚形成进行理论分析，同时综合运用其他相关理论，构建文化产业空间集聚研究的独特视角。

第三节 国外文化产业空间集聚实践经验

一 国外文化产业空间集聚的经验

20世纪90年代，发达国家的文化产业集聚战略就已经作为城市文化发展的重要措施开始实施。美国、英国、荷兰等欧美国家都制定了基于地方文化发展战略的文化政策，以促进文化活动与经济空间、社会政策的有机结合，推动了文化产业空间集聚的形成。国外典型的文化产业空间集聚区有美国的好莱坞电影制作基地、英国的伦敦西区和荷兰的博物馆集聚区。总结起来，国外文化产业空间集聚的经验主要有以下三种模式。

（一）以英国为代表的政策协调引导模式

英国是文化创意集聚发展最成功的国家之一。作为欧洲文化的中心，英国伦敦自20世纪90年代开始，便在政府的战略引导下积极发展文化产业。目前已经形成伦敦西区、伦敦SOHO区、伦敦南岸中心等全球知名的文化产业集聚中心，集聚了大量的演艺、音乐、电影、艺术等方面的专业人才和企业。

在文化产业集聚形成的过程中，英国政府的协调政策是主要推动力量。英国是最早提出"创意产业"的国家。1998年，英国政府出台了《英国创意产业路径文件》，提出了要将英国从传统的"世界工厂"蜕变为"世界创意中心"的战略目标。同时制定了一系列政策和资金扶持计划以促进文化创意产业的市场竞争。在政策扶持方面，推出了完整的创意工业财务支持系统，依据规模化、体系化和世界化的战略目标，以英国丰富的历史文化资源开发与整合为基础，逐渐发展成为全球产业架构最完整的文化产业政策体系。在资金扶持方面，鼓励非政府机构提供高效的融资信息服务，为文化创意产业企业提供便捷的融资渠道。通过英国科学、技术及艺术基金会（NESTA）为企业和个人提供发展所需的金融扶持和财务资助。目前，已成功资助十多万家文化创意类企业。在人才培育方面，通过高校举办人才再造工程，加大对人才的培育力度，为英国文化产业发展战略提供了人才保障。

以英国为代表的政策协调引导模式，即是在国家战略的引领下，以政策为指导，为英国的文化产业企业提供一系列的金融和人才保障，对文化产业市场的健康发展起到保驾护航的作用，为文化创意产业的发展创造了良好的宏观社会环境，从而逐渐培育壮大英国的文化产业。

（二）以美国为代表的产业价值链垂直集聚模式

美国的文化产业以知识产权为核心动力，在基于产权保护基础之上的内容生产通过价值链延伸，逐步将文化创意内容实物化、视觉化、体验化，通过专业的市场营销推广，获得丰厚的利润。好莱坞电影产业基地就是美国以电影产业价值链为纽带形成的垂直集聚模式的典范。

好莱坞电影产业基地的形成，得益于美国对知识产权保护的重视。美国对产权保护的重视体现在两个方面：一是加强产权保护的机构设立。为了推进文化产业版权保护的实施，美国政府根据需要，设立了产权保护和监督机构，包括版权办公室、美国贸易代表署、版权税审核庭等行政机构。二是推动版权立法。美国先后颁布了《版权法》《跨世纪数字版权法》等知识产权保护法规，建立了一整套规定详尽的法律系统。在完善的产权保护系统下，美国形成了以文化内容创意生产为核心引领的文化产业发展模式。比如，迪士尼公司的迪士尼动画和迪士尼主题乐园就是在美国知识产权保护的推动下得以走向国际走向世界。项目最初通过影视动画的内容创意，形成电影剧本。通过电影的拍摄和放映让人们爱上电影角色和主题场景，随后通过衍生产品的开发，将电影角色和主题场景以服装、玩具、主题乐园等方式表现出来，利用现代科技化手段将创意理念转换为可交易的现实产品，实现进一步的商业价值，并通过高度产业化的商业运营模式，将创意产品拓展至全球市场。

综上所述，美国通过推动以内容产业为核心的知识产权保护战略，充分调动资本、技术、人才和智力资源，形成以产业链为纽带建立起垂直型产业集聚模式，迅速占领全球文化产业的前沿阵地，为美国文化产业乃至美国经济的发展起到了重大的推进作用。

（三）以荷兰为代表的旧城文化振兴模式

遗产文化是激励荷兰文化产业聚集战略的一个重要领域。莫马斯（Mommaas，2004）通过他对荷兰鹿特丹博物馆区、乌得勒支中央博物馆区和蒂尔堡德蓬博物馆三个项目的研究发现，这些区域的文化产业在空间集聚方面的经验，主要在于以下三个方面。

首先，在文化经济充分发展的当代，荷兰地方政府更倾向于寻找文化和经济再生的本土化标签，包括历史性坐标和被遗弃的地方。政府通过确立它们在区域内的标准角色，并发起与区域文化氛围相应的经济活动，获得了相应的公共资金，从而推动了文化产业在旧城中的"文艺复兴"。

其次，加大文化对废旧空间的产业植入。随着先前工业大规模生产经济活动的退化，标准化的厂房、原材料和便宜的空间等"硬要素"的获得变得越来越便捷，人们对于要素集聚中的文化、价值、区位环境等"软要素"的需求越发强烈。文化被用作一种新的生产要素再次更新城市空间，通过品牌战略，重新引导空间回归到集居住、旅游和投资等更广的范围。通过对共同的交通和交流基础设施的运用，文化、休闲、旅游实现了进一步的协同创造。在这样的背景下，19世纪的文化遗产被提上日程。先前的厂房、寺庙、工厂、炼钢厂和煤矿、监狱和医院，被文化创意阶层（包括学生、艺术家等文艺工作者）所占领，被带回到房地产市场并改变成公寓（LOFT生活）、办公空间、娱乐走廊、文化生产和展览的地方（"文化孵化"）等。阿姆斯特丹由于传统被保护区域在城市中的不断扩展，剩余的空间已经成功地转向办公、公寓和展览的复合体。

最后，将品牌化的文化产业集聚空间与知识产权保护相结合，通过"连续规划"或"阶段性"的规模化竞争性城市与文化氛围相连，以实现更进一步的空间开发。① 为了保护公开化、创意化的城市形象，阿姆斯特丹市政当局拨出了4000万欧元，用于城市内外文化工作空间的创建。同时，通过强化"重要的文化基础设施"在开放度和世界化表现方面的重要联系，以维持城市目标或创意形象，构建一个新的"后现代"基础设施文化中心。

综上所述，荷兰在推动文化产业空间集聚的过程中，更倾向于对废旧城市空间的文化产业植入，在这里，文化集聚战略被作为一种工具，以维持和创新基于19世纪废旧建筑的传统位置。通过文化产业空间集聚战略的实施，促使文化产业不断发展，同时也复兴了城市文化空间，从而创造和培育了更多的文化创意资源，推动地方文化创意经济、城市空间更新和发展。

二 国外文化产业空间集聚的借鉴

（一）加强政策协调、规划引领作用

政府在文化产业空间集聚的过程中，常常通过政策协调、规划引领等方式实现其干预引领作用。比如英国，通过《英国创意产业路径文件》实现了其对创意产业的政策定位和推动作用，并制定了一系列政策和资金扶持计划以促进文化创意产业的市场竞争。政府通过恰当

---

① Mommaas, H., "Cultural Clusters and the Post‑industrial City: Towards the Remapping of Urban Cultural Policy" [J]. *Urban Studies*, Vol. 41, No. 3, pp. 507–532.

的政策文件的制定与颁布,才能引领刺激市场前进的方向,同时,通过资金扶持计划缓解中小企业的融资难题,让更多真正有创意的文化产业企业,不会因为资金短缺而受到制约。

(二) 加强对知识产权的保护以促进创作者集聚

知识产权是文艺创作者创作内容的权属界定,创作者依据对知识产权的所有权,才能最大限度地实现其商业价值,从而保障文艺创作者的经济效益。只有加强对知识产权的保护,才能有效地促进创作者的创作激情,创造更多更好的文化作品,繁荣文化产业市场。一个积极推动知识产权保护的国家或地区,才能更好地促进本土文化产业在空间集聚上的繁荣发展。比如美国,就是通过知识产权保护法,以法律的形式来捍卫知识产权,也催生了本国创意产业的蓬勃发展。

(三) 培育以创新创业为主的产业空间集聚

由于文化产业后福特制下的柔性生产特征,中小型企业是文化产业集聚的主体,且多以创新创业型的年轻新兴企业为主,这些企业的企业主和从业人员也多以年轻人为主。这些年轻人更能充分地把握当下的文化产业创意走向,引领最前沿的潮流和时尚,从而也能为产业集聚空间植入更多新鲜和活力,以推动文化产业生态链的健康发展。

(四) 通过文化产业空间集聚实现"城市文艺复兴"

经验表明,发达国家的文化产业更倾向于向旧城中心集聚。旧仓库和城市边缘地带往往因对文化产业集聚有着重要的作用[1]而成长为"新的生产空间"[2],这些"新生产空间"可以为创意产业集中的群体和企业提供一些建筑、文化、环境、学习和社交等方面的便利。比如法国的左岸(Rive Gauche)、英国的 SOHO 和荷兰鹿特丹博物馆区,都是依据城市发展的不同阶段,把文化产业集聚发展与城市空间功能的再改造相结合,使文化产业空间集聚成为城市文化艺术发展的服务功能区。同时,在文化产业集聚的过程中,通过公共艺术和文化领域

---

[1] Sassen, S., *The Global City*, Princeton, NJ, University Press, 1991.

[2] Hutton, T., "Reconstructed Production Landscapes in the Postmodern City: Applied Design and Creative Services in the Metropolitan Core" [J]. *Urban Geography*, 2000, 21 (4): 285 – 317.

的商业化，进一步改变了体验的范式和不断兴起的新媒体范式，有效地推动了"城市文艺复兴"。

本章小结

本章在对文化、文化产业及文化产业空间集聚等相关概念界定的基础上，分析了文化产业空间集聚的形成特征，并对文化产业空间集聚的类型进行了划分，总结和借鉴了国外文化产业空间集聚的实践经验。在理论基础部分，从专业分工理论角度分析了文化产业空间集聚的理论基础及演变。作为以文化生产的专业化为分工基础的产业门类，文化产业在某一类文化生产专业化的同时，也必然经由分工网络效应的带动，不断产生新的文化产品生产的中间环节，而各个环节之间为了追求经济效益的最大化，以最大限度地节约交易成本，也必然选择在某个特定空间上的集聚。由此，本书以专业分工理论作为文化产业空间集聚的首要理论基础。

从经济学的角度来看，城市作为各种经济市场的网络集聚，其集聚的来源就在于专业分工。[①] 不断深化的经济分工和不断扩展的市场范围是经济增长的核心源泉。斯密的专业分工理论，在基于分工协作的基础上，第一次将注意力指向了市场范围和市场规模，这为文化产业空间集聚的研究提供了关于文化产业专业化最原始的理论范本。

韦伯第一次明确地提出了"集聚经济"的概念，将注意力投向因运输距离、运输费用而产生的区位成本理论，以等差费用曲线作为分析工具，对产业集聚做了定量研究，来确定产业的集聚程度。由此，对文化产业空间集聚的研究也要着重注意因区位距离、运输费用而产生的运输成本对文化产业企业的影响。现代文化产业企业的运营环境更多的是对网络传输和新媒体技术的要求，因此，在新时代的文化产

---

① [英] K. J. 巴顿：《城市经济学——理论和政策》，上海社会科学院部门研究所、城市经济研究室译，商务印书馆1984年版。

业集聚研究中，也要特别注意基于通信、网络等"信息化高速公路"对相关企业运营成本的影响。

马歇尔的产业区理论强调了基于规模收益递增基础上的外部经济，以及由于受外部经济影响而导致的产业集聚。文化产业空间集聚的研究也应特别关注由于受劳动力资源、专业化的公共投入和技术知识外溢所带来的正外部性，因此，对文化产业发展氛围的营造就显得特别重要。

克鲁格曼的空间经济理论，是对以马歇尔产业区理论为代表的经济地理理论在主流经济学的回归。他所强调的报酬递增、空间集聚和路径依赖，也是文化产业空间集聚形成的理论基础，因此，要实现一个区域的文化产业集聚，就必须首先使文化产业在这个地方形成一定的报酬递增和路径依赖，从而形成文化产业空间集聚的"累积循环"。

新兴古典经济学以生产—消费者假设为前提，只考虑单一的劳动力要素进行分析，其更接近于分工与专业化的实质，回归了古典经济的研究的本源，将集聚经济的产生归因于专业分工理论，同时关注专业分工所带来的交易费用问题，并将影响交易费用的制度经济纳入新兴古典分析的框架，整个分析范式更接近于发展了的现实经济，且分析体系也具有严格的组织性和逻辑性，同时提出了"网络经济"的概念，更接近于全球互联网背景下的文化产业空间集聚的现实情况。文化产业作为新兴产业，其在空间上的集聚特性更符合新产业区理论，是在高度灵活的柔性专业化分工基础之上，大量的中小企业通过分工协作集聚而成的经济社会文化共同体，在这个共同体内，各个企业不但能够共享经济资源，而且还能产生一种共同的价值观和文化氛围。

但是，以上理论在解释文化产业空间集聚方面也存在三个方面的不足。

一是这些理论的假设条件是一种理想化的理论模式，往往因为太过于抽象而与现实情况不符。如斯密的专业分工理论就是完全抽象化的理论模式，韦伯的工业区位理论片面强调运输成本，忽视了不同区域空间的个性特色以及各类产业空间之间的经济联系。

二是考虑的要素相对单一，忽略了理论实践的可操作性。如马歇尔提出的外部规模经济，是特指企业的知识、技术、劳动力等方面因外溢而产生的外部性效应，但是，对于这种外部性的衡量却是一个技术性的难题。

三是以上理论不能简单直接地应用于文化产业空间集聚的研究。因为文化产业本身是一个新兴产业，需要根据现实客观情况，进行理论与实践的再认识，进而用于指导文化产业在空间集聚过程中的经济、政策等实践操作。

即便如此，以上基本理论对本书研究依然有一些重要启示。

第一，对理论共性的把握。以上相关理论都是关于产业空间集聚的理论，从不同角度解释了产业分工、集聚、创新等方面的经济内涵及运行机理。而这些理论也同样适用于文化产业空间集聚。因此，本书结合成都市文化产业空间集聚优化的现实背景，需要充分分析成都市文化产业的产生及运行集聚过程，同时还需要考虑产业内外的运行环境，以及政府在促进文化产业空间集聚优化方面的作用。

第二，对文化产业个性的注意。在研究过程中要注意文化产业空间集聚的个性化倾向。文化产业作为以文化专业化为分工基础的产业，本身由于文化的精神性和审美性而使文化产业与传统产业有一定的区别，因此，在研究过程中要注意对文化产业个性的把握。同时，由于文化受地域空间影响特别明显，因此，在研究过程中也需要考虑成都市这个城市特有的文化特质。

第三，对研究方法的应用。传统产业空间集聚理论多采用定性分析方法，随着研究的推进，现代经济研究更多地倾向于从动态的角度运用交叉学科的研究成果来分析产业空间集聚的形成和类型。因此，本书将应用基于区位熵的空间计量方法测算成都市文化产业空间集聚的现状和程度，以便更加科学地找出成都市文化产业空间集聚的发展方向，并在此基础上提出科学发展的合理措施。

因此，运用经济学中的分工理论、空间区位理论、超边际理论等理论工具对文化产业空间集聚进行分析，有利于在方法上和分析框架上形成严密的逻辑，构建文化产业空间集聚的基本理论，但是，在将集聚经济经典理论引入成都市文化产业空间集聚变迁进程的客观环境中，需要明确成都市文化产业空间集聚的总体格局、类型和所处的阶段，分析相关机制形成的障碍，明确发展重点和对策，从而促进成都市文化产业空间集聚的进一步优化。

第三章 文化产业空间集聚的形成与测度

第一节 文化产业空间集聚形成的基础及条件

一 文化产业空间集聚形成的基础

专业分工是文化产业文化产业空间集聚形成的基础。在工业文明以前,文化只是单纯的社会活动,随着市场经济的不断发展和完善,文化也渐渐地开始具备了商业化和市场化的性质,并最终形成了一种产业。文化专业化以后,文化产业作为一种新型的产业,参与了社会经济发展中的又一次分工。在经济领域,越来越多的产品的生产和销售都以各种方式渗透着文化寓意的审美属性和符号属性。文化作为生活方式与经济生产相结合的产物,经过一定形式的商业和艺术处理,已经具备了创造经济效益和价值的功能。文化产品因此也具有经济和文化的双重身份,由于它传递着文化有关的特性、价值观和意义,故不应被视为普通的商品或消费品。

文化产品作为经济交易的对象,既可以是一首钢琴曲,也可以是一幅油画,还可以是一场文艺演出,或电影、电视、时装设计,等等,凡是通过个人或团体智慧创意完成的、带有审美情趣和艺术特色的创造性产品,都属于文化产品的范畴。它不一定具有实在的使用价值,但是,必定要具有精神价值和情感沟通性,其消费的过程也就是对所购买产品的价值观念和生活方式加以认同的过程。斯科特认为,在后现代文化背景下,图像就是商品,人们消费的不仅是产品,而是文化本身。在未来一个相当长的历史时期里，人们消费的文化产品和服务将越来越多地以商品形式生产。因此，文化和其他所有的市场经济要素一样，是因为有了可交易性才有了经济价值。

二 文化产业专业化的超边际分析

（一）模型假设

新兴古典经济学所运用的超边际理论，又叫作"关于选择的理论"[①]，它所显示的是一种"非此即彼"的选择理论，该理论很好地解决了新古典经济学派所不能解决的规模收益递增问题，而且综合了斯密的专业分工理论与制度经济学派的产权交易理论，常被用于解释产业集聚及区域的网络结构状态。文化产业在空间上的集聚首先是企业生产商和消费者对区位的选择过程，生产商对文化产品生产区位的选择，其实是一个文化观念决策网络的选择。因此，本书将运用杨小凯的超边际分析模型对文化产业空间集聚过程加以分析。

根据新兴古典经济学中基本的消费—生产者系统模型，假设经济系统由 M 个消费—生产者组成，消费—生产者只有一个文化观念认知约束，他在其有限的文化认知内所生产的东西只受他掌握的知识限制，而这种知识水平是由分工水平和文化观念所决定的，假定分工水平既定，作为生产者可以生产 X、Y 两种产品，X 为一种观念约束下的文化产品，Y 为文化产品以外的其他产品。消费—生产者 i 生产的文化产品为 X_i（其中，x_i^s 为销售的文化产品，x_i^d 为其他厂商购进的文化产品），文化产品以外的其他产品为 Y_i（其中，y_i^s 为销售的其他产品，y_i^d 为文化产品以外的其他产品）；不同产品生产—消费分工系统所决定的人口数为 i = 1, 2, …, M，M 可以为无穷大。a 为劳动生产率，l 是用于生产某产品所需要花费的时间。

生产函数：

$$x_i + x_i^s = l_{xi}^a \qquad (3.1)$$

$$y_i + y_i^s = l_{yi}^a \qquad (3.2)$$

时间约束：

[①] 杨小凯、黄有光：《专业化与经济组织》，经济科学出版社1999年版。

$$l_{xi} + l_{yi} = L \tag{3.3}$$

式（3.1）、式（3.2）、式（3.3）共同组成生产系统，由生产函数和消费—生产者的时间约束组成。l_{xi}、l_{yi} 是 i 用于生产产品 x、y 的时间，一个人总的可用时间为 L。

专业化分工：

$X_i = (x_i + x_i^s)/l_{xi}$　　　　表示 i 生产 x 产品的劳动生产率

$Y_i = (y_i + y_i^s)/l_{yi}$　　　　表示 i 生产 y 产品的劳动生产率

令 $L_{(x,y)i} = l_{(x,y)i}/L$ 表示生产产品 x、y 的专业化水平，运用这些表达式整理式（3.1）、式（3.2）、式（3.3），可以将产品的劳动生产率表示为第 i 个人的专业化水平的函数：

$$X_i = (L^{a-1}L_{xi}^{a-1}) \tag{3.4}$$

$$Y_i = L^{a-1}L_{yi}^{a-1} \tag{3.5}$$

$$L_{xi} + L_{yi} = 1 \tag{3.6}$$

在分工情形下，必然会涉及交易和交易成本。假定购买一单位特定文化价值观念决定的文化商品的交易成本为系数 1 - k，其中，k 为交易效率系数，k ∈ （0，1）。经济主体既可分散进行生产交易，也可以集中进行生产交易。但分散进行的交易成本明显要大于集中进行的交易成本。假设有分散生产和集中生产两种状态，集中生产状态下文化产品的生产分别向 A、B 两地集中，A 地为软硬条件较好的地区，B 地为软硬条件都相对较差的地区，假设分散生产进行的交易效率为 K_1、K_2、K_3，则对于文化产品的生产和交易而言，三个地区的交易效率大小为：$K_1 < K_2 < K_3$，每个经济主体个人的效用函数如下：

$$\max U = (X + K_i x^d)(Y + K_i y^d) \tag{3.7}$$

s. t. $X_P = X + X^S = L_X^a$

$Y^P = Y + Y^S = L_Y^a$

$L_X + L_Y = 1$

$P_x X^s + P_y Y^s = P_x X^d + P_y Y^d$

（二）文化生产专业化水平和模式的选择

根据文定理（Wen，1996）最优决策理论，单个行为人，不会在同一时间生产和买入同一种类的产品,也不会在同一时间买入和卖出同一种类的产品,而且最多只能卖出一种产品。参照文定理模式,行为人首先要确定自己的专业化水平和模式,决定出售和购买的产品。以下符合文定理的有三种情况(见表3-1)。

表3-1　　　　　　　　符合文定理的三种情况

模式	X	x^s	x^d	Y	y^s	y^d
模式 A	自给自足	√	—	√	—	—
模式 B	X/Y	√	—	—	—	√
模式 C	Y/X	—	√	—	√	√

注:"√"表示专业化生产,"—"表示没有专业化生产。

如表3-1所示,模式A为自给自足模式,生产—消费者自己生产自己消费,没有市场交易;模式B为文化产品专业生产,生产—消费者个体将生产的文化产品拿到市场去出售并买回其他产品;模式C为生产—消费者个体生产其他产品,通过交易出售其他产品买回文化产品X。由效用函数、生产函数和约束函数求出三个角点解,对一般均衡分工结构求解。为简化分析,本书仅就自给自足和完全分工两种极端的分工模式加以讨论:

1. 自给自足结构

在自给自足结构中,两个经济主体都选择自给自足模式,根据基本模型可得两个经济主体的效用为:

$$\max U = xy \tag{3.8}$$

s.t. $X = L_X^a$, $Y = L_Y^a$, $L_x + L_y = 1$

解最大化效用,求出单个经济主体的均衡效用:

$u = 2^{-2a}$

2. 完全分工结构

在完全分工结构中,两个行为主体完全专业化的分工模式为X/Y、Y/X,据此,求得专业化生产文化产品和其他产品的均衡效用分别为：

$u_x = k_i P_x / 4 P_y$

$u_y = k_i P_y / 4 P_x$

由效用均等条件 $u_x = u_y$，可得 $P_x = P_y$。

求得文化产品专业化生产的均衡效用为：

$u_x = u_y = k_i / 4$

以下是三种不同模式的角点解，如表3-2所示。

表3-2　　　　　　　三种不同模式的角点解

类别	模式	角点需求	角点供给	效用	自给量	专业化水平
A	自给自足	0	0	$u = 2^{-2a}$	$x = y$	$l_x = l_2 = 1/2$
B	X/Y	$y^d = P_x / 2 P_y$	$x^s = 1/2$	$u_x = k_i P_x / 4 P_y$	$x = 1/2$	$l_x = 1$，$l_y = 0$
C	Y/X	$x^d = P_y / 2 P_x$	$y^s = 1/2$	$u_y = k_i P_y / 4 P_x$	$y = 1/2$	$l_x = 0$，$l_y = 1$

（三）效用比较分析与选择

根据前面的分析，在有限资源的约束下，在超边际模型中，单个行为主体有三种专业化水平可以选择，可以根据边际效用理论，确定任何一种专业化水平的最大效用，比较不同专业化模式下的效用大小，选择最大效用的专业模式进行生产。根据表3-2的结果，对三种不同效用进行比较如下：

情形1：

如果 $u = k_i P_x / 4 P_y > 2^{-2a}$，即 $k_i > P_y 2^{2(1-a)} / P_x$，$P_x / P_y \geq 1$，则专业生产文化产品 X。

情形2：

如果 $u = k_i P_y / 4 P_x > 2^{-2a}$，即 $k_i > P_x 2^{2(1-a)} / P_y$，$P_y / P_x \geq 1$，则专业生产其他产品 Y。

情形3：

如果

$u = k_i P_x / 4 P_y > 2^{-2a}$，且 $u = k_i P_y / 4 P_x > 2^{-2a}$，$P_y / P_x = 1$　　（3.9）

可以同时专业化生产两种产品。

由于分工只有在两个专业都有人选择时才可能实现，因为专业化的网络效应，只有在式（3.6）成立的条件下，个人才会选择专业化生产。当相对价格满足这个条件时，个人选择这两个专业模式是无差异的，因为它们得到的效用相等，在均衡时，由于个人的状态是事前相同的，不同专业的效用必须相等。

因此，如果

$$u_x < u \text{ 和 } u_y < u，\text{或者 } k_2^{2(a-1)} < \frac{p_x}{p_y} < \frac{2^{2(1-a)}}{k} \tag{3.10}$$

当且仅当 $k < k_0 = 2^{2(1-a)}$ 时，个人将选择自给自足。

从以上分析可见，根据式（3.9）和式（3.10），当且仅当 $\frac{p_x}{p_y} = 1$ 和 $k > k_0$ 时，文化产品的专业化生产才会出现。在每个行业允许自由进入、效用相等的条件下，把 $\frac{p_x}{p_y} = 1$ 代入 u_x 或 u_y 中，可得：

$$u_x = u_y = u_z = \frac{k}{4} \tag{3.11}$$

式中，u_z 是存在专业分工结构时的人均实际收入，由此可见，在文化产业专业分工状态下，选择文化产品专业生产的个人效用依赖于交易效率 k，而不是相对价格，且交易效率系数越大，个体效用就越大。

（四）模型小结

文化分工作为固化于专业化经济体中的影响因子，对整个文化经济的交融起着内在的推动作用，假定经济越发达专业分工越细从而文化产业专业化生产越发达。由制度所决定的交易效率则是一个文化产品能否盛行的润滑剂。

根据前述分析，在选择专业分工结构的状态下，此时 k 的取值范围为：

$$2^{2-2a} < k_i < 1$$

根据模型假设中对 k 的三种状态的假定，则有：

$$2^{2-2a} < k_1 < k_2 < k_3 < 1 \tag{3.12}$$

根据式(3.11)，在满足个体效用最大化的前提下，必然是 k_3 最优。由此得出，经济最发达的地区，文化产品交易效率最高，也最利于文化产品生产和消费的集聚。因此，可以得到以下三个结论。

结论1：比较以上三种效用条件，只有在式（3.6）的条件下，也就是文化产品生产与其他产品生产共同实现专业化的条件下，生产者才会选择进行文化产业的专业化生产。这时文化产业就正式从其他产业体内剥离出来，形成自己的专业领域。也就是说，文化产业是专业分工的高级形式，是经济发展和社会分工发达到一定程度之后才会有文化产业的产生，也进一步说明了文化产业总是集聚于经济发达的大城市这一普遍的社会现象。因此，一个区域经济水平的发达程度是决定文化产业发展的先决性土壤条件。

结论2：交易效率是影响文化产业专业化的重要因素。一般而言，交易效率主要受交易费用和交易制度所影响。传统产业的交易成本或交易费用，主要是指交通运输、契约合同文书以及相关的政府交易制度等，文化产品的交易成本主要由产权及其衍生的版税和相关交易制度构成。威廉姆森在交易成本的基础上提出了集群的网络性概念，提出了以交易成本为核心的网络思想，认为网络的组织形态是界定在市场与科层等级之间的第三种状态。可见，文化产业交易效率的提升依赖于交易成本的节约，重点在于文化产业集群网络的优化。

根据赵红军等[①]的研究结果，交易效率包括政府及其提供的相关制度、基础设施通信水平和教育水平三个方面，政府和教育是作为软件因素，基础设施是作为硬件因素，三者共同对交易效率产生综合影响的效果，并且优先在软硬件基础设施都较好的地区集中。[②] 从对软硬件环境的分析来看，软件因素中的政府和教育其实是以文化观念影响基因的制度性环境，硬件因素中的基础设施和区位环境共同构成的空间成本是产生文化产业空间集聚的重要客观条件。因为空间距离的

---

① 赵红军、尹伯成、孙楚仁：《交易效率、工业化与城市化——一个理解中国经济内生发展的理论模型与经验证据》，《经济学》（季刊）2006年第4期。
② 张松林、李清彬：《从区位选择到空间集聚：一个基于分工视角的分析框架》，《未来与发展》2010年第7期。

远近和空间通达的便捷性，直接关系到文化企业经营的成本与收益。因此，空间成本的大小，直接限制了文化产业空间集聚的程度。这也很好地解释了文化产业总倾向于在沿海大城市、交通发达地区聚集的原因。由于受空间成本的限制，偏远地区文化产业的发展，即使在互联网时代，仍然不能和现代化的城市发展相比。在空间成本因素的推动下，文化产业空间集聚呈现以大城市为中心展开的格局，并依托大城市形成相应的文化产业集聚区。

结论3：文化产品的价格由产生创造性思想的内容生产决定。作品的好坏及风靡与否，与文化产品本身的文化内容直接相关。戴维·索罗斯比以产生创意思想的条件为中心创建了一个文化产业模型，证明了内容创作对文化作品价值影响的重要性。模型证明，艺术生产的文化价值和经济价值水平由艺术家用在文化创作上的劳动时间决定。因此，只有在艺术家专门从事艺术创作、只关心文化价值的生产条件下，才能创造出文化价值和经济价值都高的作品。[①] 从价格是价值的表现形式来看，一个地区或城市只有大力发展原创性文化作品，才能取得更加有利的市场地位。只有文化产品产生的核心内容发展了，这个区域的其他文化产业才能得到相应的延伸发展。

从供给市场来看，具有供给成本初创性较高的特点。文化产业作为以创新和创意为核心内容的产业，需要不断地创造新的文化作品以满足消费者的精神需求，因而对原创者的创作者要求较高，比如我国文学名著《红楼梦》就前后足足写了十年，"字字看来皆是血，十年辛苦不寻常"。正因为初创成本较高，风险较大，文化产业的版权制度的建立才显得尤为重要。通过版权制度的建立对文化产品原创作者的经济权益加以有效的保护，这对创作者也是一种激励，有利于促进更多的人才投入文化作品的创作中来。

从消费市场来看，文化产品是需求价格弹性非常高的产品，因而，价格的调节对需求市场能够起到极大的刺激和调控作用。许多国

---

① 戴维·索罗斯比：《经济学与文化》，王志标、张峥嵘译，中国人民大学出版社2011年版。

外学者的研究证明文化产品的价格调节对消费需求市场能起到有效的调控作用。西班牙学者在《电影需求》(1997)中分析电影需求下降的原因时发现,西班牙的电影作为一种奢侈品拥有较高的需求弹性,电影票价的提高影响了消费者的需求,都转向电视市场,因而电影票价的提高推动了电视市场的发展。① 由此说明文化产品的需求市场受价格的调控影响作用非常大。

三 文化产业空间集聚的形成条件

在文化产业专业分工的基础上,文化产业空间集聚的形成还需要具备以下几个基本条件:(1)特定文化产品生产—消费者选择群体的大小;(2)交易效率和信息交流的优先性;(3)收益规模递增性。以下对三个条件分别进行阐述。

(一)特定文化产品生产—消费者选择群体的大小

在新古典经济学的界定条件下,文化产业具有生产者—消费者群体同一性。文化产业的交易主体具有共时性,即在生产的同时消费也进行了,比如演唱会或某些大型的文娱活动。文化产业本身就具有生产者—消费者共时性的特点,按照格雷厄姆·默多克(2011)的话说,文化产品的生产和消费借助于互联网的支持改进了商业文化产品的生产价值,由此产生了一个新的文化角色:生产者—消费者或"生产消费者",这与杨小凯所倡导的"超边际理论"原理非常吻合。新兴古典经济学所运用的超边际理论,用另外一个词语也可以把它叫作"关于选择的理论",它所显示的是一种"非此即彼"的选择理论,利用角点解②很好地解决了新古典经济学派所不能解决的规模收益递增问题,此理论常运用于解释产业聚集及区域的网络结构问题。因此,消费者在消费文化产品时,其实就是在选择一种价值观念和文化理念,生产者若能获得更多消费者的认同,那么他的产品将具有更大的消费者群体,因此,文化产品更接近于一种基于选择的网络性。选

---

① Gapinski, *Cinema Demand in Spain: A Cointegration Analysis*, 1997, 21 (1): 57 – 75.
② 角点解是一种极端的情况,在新兴古典经济学中,它是指当一种商品不被消费(或选择)而只消费另一种商品时,最优选择点出现在预算约束线的端点上的情况。

择的群体越多，自组织网络结构就越大。

（二）交易效率和信息交流的优先性

文化产业空间集聚的形成往往以内容生产为核心层，文化产品的制作为依附关系，是指以项目网络为组织形式形成的文化产业集聚体。企业选择进入特定的文化产业空间集聚体，是在基于项目生产组织网络过程中，交易的便捷性和信息交流的可获得性。传统产业的交易成本或交易费用，主要是指交通运输、契约合同文书以及相关的政府交易制度等，但是，文化产业的交易成本主要由产权及其衍生的版税和相关交易制度构成。由于现代网络技术的发达，网站论坛、社区、微信、微博等信息传递和沟通平台更接近于无缝接入，文化产品和信息的传递就更高效、更省时。在全球经济时代，虚拟网络催生了虚拟社群的形成。但伴随现代信息技术兴起的虚拟社群的发展，并不意味着文化产业实体空间集聚的消亡；相反，两者之间是一种相互促进的作用关系。正如费尔德曼（Feldman，1942）所言，"知识穿过走廊和街道要比跨越大陆和海洋容易得多"。作为以文化内容创作为核心的文化产业空间集聚，面对面地交流是产生新思想的源泉，头脑风暴是这种创作交流的常见形式。

因此，交易效率的便捷性和信息交流的可获得性，是以内容生产和创作为核心的文化产业企业倾向于空间集聚的重要条件。交易效率的便捷性，一方面要指向地理区位优势，另一方面又要指向经济水平发展所带来的市场拓展的便捷。信息交流的可获得性主要受到不同交流群体之间的文化观念、认知差异的影响。文化产业空间集聚是不同文化企业的生产聚合体，企业之间通过信息交流和产品交易相互作用，形成一种在区位上与其他企业相接近的向心力，从而推动了文化产业空间集聚的形成。

（三）收益规模递增性

以马歇尔为代表的新古典经济意义下产品消费是建立在资源稀缺的前提下的，因此，有边际效益递减的倾向。但是，文化产业却有与此相反的情形，文化产品具有共享性和无限的可复制性。同一文化产品可以被多个人同时占有和使用。并且在使用过程中不会消耗它，只是利用它，在使用过程中还会产生新的文化产品，因此具有边际收益递增的倾向。在文化产品的消费过程中还会产生一种学习效应和外部性，也就是说，消费者在消费特定的文化产品中可以从中提升自己的文化修养和艺术涵养等，从而为自己的创作和产出提供了灵感或源泉，这也是文化产业优于其他产业的魅力所在。这其实是文化产业聚集及其外部性的表述。新经济地理学代表人物克鲁格曼（1990）指出，"经济活动最突出的地理特征便是集中"。任何一个地方的经济发展都因聚集和集中而产生城市经济和更高级的产业结构如文化产业，经济要素在具备规模性和专业化之后，经济增长的向量都向这种具有低交易成本、高外部收益的新经济形式靠拢，并得以集中"喷发"。

第二节 文化产业空间集聚形成过程分析

一 文化产业空间集聚的超边际分析

参照一个简化版的杨小凯—赖斯模型（1994），假定生产文化产品（产品1）、工业产品（产品2）和农业产品（产品3）三种产品，其中，产品1和产品2都是土地集约型产业，产品3是农业产品，属于土地依赖型产业。所有M个生产—消费者是事前相同的，他们可以选择专业化生产不同的产品。这里将只选择生产文化产品的人称为C型人，将选择工业品生产的成为E型人，将选择农业产品生产的人称为R型人。单位产品的交易效率系数是K，不同类型的交易之间K值不同，取决于人们的居住模式决策。令C型人和E型人之间的交易效率为k，R型人之间的交易效率系数为r，C型人、E型人和R型人之间的交易效率系数为s，且k>s>r。

每个消费者—生产者的效用函数为：

$$u = (x_1 + Kx_1^d)(x_2 + Kx_2^d)(x_3 + Kx_3^d) \qquad (3.13)$$

每个消费—生产者的生产函数和工作时间禀赋约束为：

$$x_i + x_i^s = \max\{l_i - \alpha, 0\} \qquad (3.14)$$

且：$l_1 + l_2 + l_3 = 1$，$\alpha \in (0, 1)$ 是生产特定产品的固定学习费用，下标 i 代表特定的产品 i，且 i=1，2，3，$l_i \in [0, 1]$，是一个人在生产产品 i 时的专业化水平，s 代表售卖的数量，d 代表购买的数量。

考虑生产者—消费者的供给与需求，在以上 1、2、3 种产品之间的买卖选择，假定卖产品 i 且买产品 j，用 i/j 表示；卖产品 i 且买产品 j 和 t，用 (i/jt) 表示。根据文定理，以上函数将产生三种类型的模式，第一种类型为自给自足的模式（用 A 表示）如图 3-1a 所示，第二种类型只在两种产品之间分工将产生 6 种模式，即 (1/2)、(2/1)、(1/3)、(3/1)、(2/3) 和 (3/2)，如图 3-1b 所示。第三种类型在三种产品之间实现分工，有三种模式，即 (1/23)、(2/13)、(3/12)，如图 3-1c 所示。以上模式组合产生了四种分工结构，即不存在分工结构、自给自足模式下的 A 结构、只在文化产品和工业产品之间的分工模式 P_1、在工业产品或文化产品和农业产品之间的分工模式 P_2，以及完全分工状态下的分工模式 D。用超边际分析方法分别求出结构 A、结构 P_1、结构 P_2 及结构 D 四种分工结构下的 8 个模式的角点解（见表 3-3）。同时根据市场出清和效用均等化条件，得出四种分工结构下的角点均衡解（见表 3-4）。

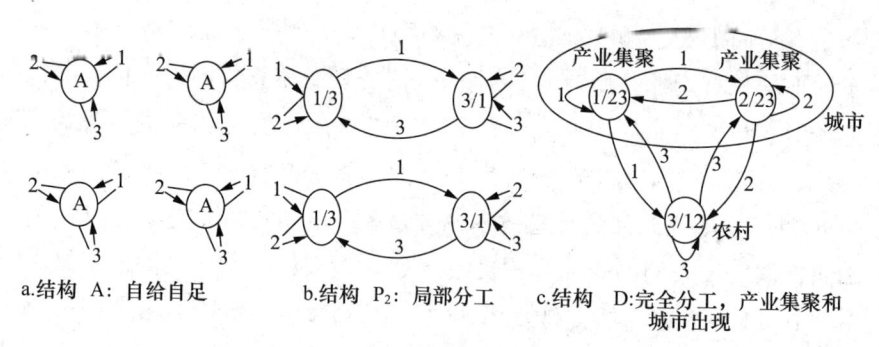

a.结构 A：自给自足　　b.结构 P_2：局部分工　　c.结构 D：完全分工，产业集聚和城市出现

图 3-1　文化产业空间集聚从分工演进中出现

对均衡角点解中的人均真实收入进行比较，根据姚定理，得到一般均衡及其超边际比较静态分析结果（见表 3-5）。

分析结果显示，结构 P_2 的人均真实收入总是大于 P_1。在局部分工

表 3-3　　　　　　　四种分工结构下的 8 个模式的角点解

模式	自给数量	专业化水平	供给	需求	间接效用函数
A	$x_i = (1-3a)/3$	$l_i = 1/3$	—	—	$[(1-3a)/3]^3$
(1/2)	$x_1 = x_2 = (1-2a)/3$	$l_1 = (2-a)/3$	$x_1^s = (1-2a)/3$	$x_2^d = p_1 x_1^s / p_2$	$[(1-2a)/3]^3 r\, p_1/p_2$
(2/1)	$x_2 = x_3 = (1-2a)/3$	$l_2 = (2-a)/3$	$x_2^s = (1-2a)/3$	$x_2^d = p_2 x_2^s / p_1$	$[(1-2a)/3]^3 r\, p_2/p_1$
(1/3)	$x_1 = x_2 = (1-2a)/3$	$l_1 = (2-a)/3$	$x_1^s = (1-2a)/3$	$x_2^d = p_1 x_1^s / p_2$	$[(1-2a)/3]^3 s\, p_1/p_2$
(3/1)	$x_2 = x_2 = (1-2a)/3$	$l_2 = (2-a)/3$	$x_2^s = (1-2a)/3$	$x_2^d = p_2 x_2^s / p_1$	$[(1-2a)/3]^3 s\, p_2/p_1$
(1/13)	$x_1 = (1-3a)/3$	$l_1 = 1$	$x_1^s = (1-2a)/3$	$x_1^d = p_1(1-a)/3p_i$	$[(1-a)/3]^3 ks\, p_1^2/p_2 p_3$
(2/13)	$x_2 = (1-3a)/3$	$l_2 = 1$	$x_2^s = (1-2a)/3$	$x_i^d = p_2(1-a)/3p_i$	$[(1-a)/3]^3 ks\, p_2^2/p_1 p_2$
(3/12)	$x_2 = (1-3a)/3$	$l_1 = 1$	$x_2^s = (1-2a)/3$	$x_i^d = p_2(1-a)/3p_i$	$[(1-2a)/3]^3 s^2\, p_1^2/p_2 p_1$

表 3-4　　　　　　　　四种分工结构下的角点均衡解

结构	相对价格	售卖不同产品的人数	人均真实收入
A	—	—	$[(1-3a)/3]^3$
P_1	$p_1/p_2 = 1$	$M_1 = M_2 = M/2$	$[(1-3a)/3]^3 r$
P_2	$p_1/p_2 = 1$	$M_1 = M_3 = M/2$	$[(1-3a)/3]^3 s$
D	$p_2/p_1 = 1$	$M_1 = M_2 = M/[2 + (s/k)^{1/3}]$	$[(1-3a)/3]^3 (s^4/k^2)^{1/3}$
	$p_3/p_1 = (k/s)^{1/3}$	$M_3 = (s/k)^{1/3} M/[2 + (s/k)^{1/3}]$	

表 3-5　　　　　　　一般均衡及其超边际比较静态分析结果

$k < k_0\, s < s_0\, s \in (s_0, s_2)\, s > s_2$	$k > k_0\, s < s_2\, s > s_2$
均衡结构　A　　P_2　　D	A　　D

注：当且仅当 $k < k_0$, $s_0 \equiv [(1-3a)/(1-2a)]^2 < s_2 \equiv [(1-2a)/(1-a)]^2/k^2\, s_2 \equiv [(1-3a)/(1-a)]^{3/4}/k^{0.5}$。

的情形下，C 型人与 E 型人互相交换文化产品与工业产品，且同时自给农产品的结构不会是均衡的，因为在这种局部分工模式下，所有人都是 R 型人（农产品供给者），他们之间的交易成本系数大于结构 P_2 中 R 型人和 C 型人、E 型人之间的交易成本系数。这与假定的两个 R 型人之间的交易效率要低于 C 型人、E 型人与 R 型人之间的交易效率。因此，有可能成为均衡结构的只有 A、P_2 和 D。随着交易效率的提高，一般均衡结构从自给自足(A)演进到农民和工人之间的局部分工(P_2)，再逐步演进到专业化的工业制造者之间的分工，以及职业农民与工人之间的完全分工(D)。在完全分工状态下，城市出现，且文化产业出现了专门的产业从业者，以实现其在空间上的集聚状态。因此，文化产业在空间上的集聚从分工中出现的一个充分条件是，在非土地密集型的城市生产体系中，能够出现足够高水平的分工。

综上可见，文化产业空间集聚是在城市化充分发展的基础上，社会产业分工的高级形态。在完全分工状态下的城市产业出现文化产品和工业产品的分工集聚，并且人均真实收入和交易效率都相比于局部分工状态和自给自足状态下要高。

二 文化产业空间集聚的网络效应

(一)网络效应理论

分工的网络效应源自劳动分工中"迂回生产过程"的不断增加，即是指生产力与参与分工网络的人数有关，分工网络中，每个人的专业化水平和模式的决策不仅影响到他本人的生产率，也影响到他人产品的市场，因而也影响到他人关于生产和专业化的决策。杨格曾明确强调分工的好处就是所谓的网络效应(Young, 1928①)。在杨格看来，作为迂回生产方式的整体，产生了现代经济中的报酬递增。从一个网络效应的全面观点出发，市场容量决定生产力，从而也决定人均真实收入。英国经济学家斯科特认为，"生产结构在功能上是由投入产出相联系的迂回网络结合起来的"。② 罗森(Rosen, 1978)将分工经济称为"1+1>2"的效应，它是一种人与人之间的互补经济。③ 这意味着，整个社会的均衡总量生产力会随着分工网络的扩大而提高。新古典经济学奠基人物马歇尔在对稀缺资源的供给需求边际分析之外，以"外部经济"来解释分工的网络效应。

---

① ［美］阿林·杨格：《报酬递增与经济进步》，贾根良译，《经济社会体制比较》1996年第2期。

② ［英］艾伦·J.斯科特：《城市文化经济学》，董树宝、张宁译，中国人民大学出版社2010年版。

③ 杨小凯：《经济学：新兴古典与新古典框架》，社会科学文献出版社2003年版。

在新兴古典经济学框架下,产业分工的发展使产业的分工网络和交易网络同时扩大,在与分工相关的企业产品交易都集中在一个区域内的情况下,分工所带来的正外部性就会吸引更大的交易网络集聚在特定的分工区域内,以实现交易效率的提高,解决因空间扩大而带来的分工经济和交易费用的两难问题,以进一步促进产业分工的正网络效应和集聚收益的递增。由此吸引更多的企业集聚于此,形成产业集聚。

当交易效率改进导致均衡的分工网络扩展时,个人或区域的专业化水平就会提高,从而市场范围扩大,与之相关的市场一体化程度、生产集中度、职业的多样化程度都会提高,最终实现商业化程度和贸易依存度、人与人之间的依赖程度和经济总量就会提高。分工的网络效应说明了随着分工的深化,中间环节的产品将不断增加,为了追求经济效益的最大化,各分工环节的专业化程度将越来越高,前后产业链也将不断完善,最终将形成一个完整的产业体系。在分工网络效应的作用下,大量的中小企业因产业链依附于领头企业而形成垂直型产业集聚,随着专业分工程度的不断提高,不断派生出更多相关的新产业和新企业的集聚,在分工和就业不断扩大的基础上,产业空间集聚得以扩大。

(二)文化产业氛围

将文化产业的影响落实到单个的主体上,就可见文化是通过文化观念、文化制度和文化产品对个体加以影响,不同的个体之间由于相同的文化偏好和价格选择,组成了一个特定的文化圈层,而众多的不同文化圈层形成了经济空间有差异的区域文化特性,最终形成文化产业氛围。

由图3-2可知,文化观念与经济发展处于这个系统的两极,而相对价格和文化制度相当于这两者的传导单位,而经济发展最终又会影响到文化观念,从而实现新一轮的文化影响机制。文化观念、文化制度和文化产品三者形成特定的文化圈层,若干个不同层次的文化圈层构成空间上的独特文化氛围,最终实现对经济发展的影响。世界上知名的文化产业氛围如"第三意大利"城市圈的传统手工业、迎合大众

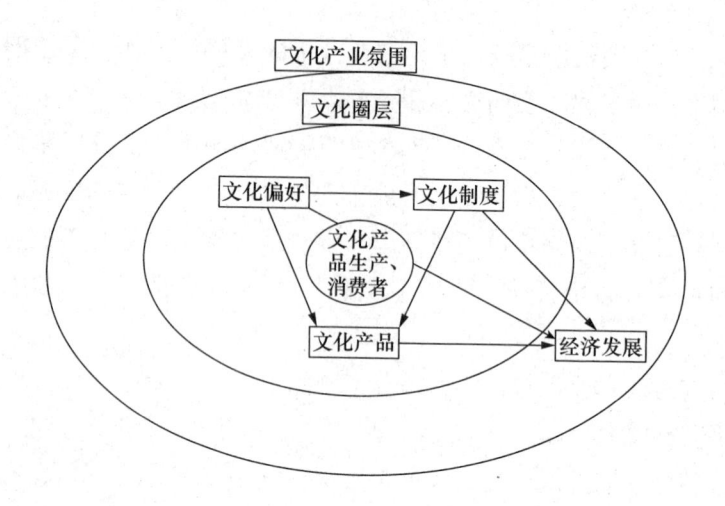

图 3-2 文化产业氛围形成

的、非正式的和中产阶级品位洛杉矶文化以及延续 17—18 世纪优良技术与艺术品质悠久传统的巴黎文化，都深深地打上了文化产业的地方特性，形成了具有地方特色的文化产业氛围。探寻它们盛行世界的原因，马歇尔产业氛围的形成及由产业聚集所形成的金融外部性，正是这个问题的答案。所谓马歇尔产业氛围，也就是一组以生产体系为中心的社会制度与产业体系，它首先与一个潜在的、无地域性的生产结构有关；其次与特殊地点的经济地理有关。在这期间能产生一种能提供大批资源的外部性或公共利益，这些资源促使从业者接受相关技能、习惯和敏感性，有助于继续保持相应技艺的鲜活，同时为创造活动和创新活动提供平台。这种氛围也减轻了社区内部沟通的任务，并可能成为企业或从业者群体聚在一起解决日常问题的共同基础。尤其是文化产业，以后福特制弹性生产为特性的垂直非一体化生产，其以区域特性为主的生产方式的灵活性和创意性，以及全球范围的营销张力，使文化产业对于区域内的产业氛围的形成，即制度的便利和交易成本的节省有极大的青睐。

(三) 文化产业经济空间

文化产业氛围与文化产业分工的网络效应共同组成文化产业经济空间。经济空间的产业体系都是集中交换的地点，它不仅是简单的商品交易地点，而且还是商业信息、实践知识、技术知识等内容的交换场所。这种交换既可以是正式的内容知识贸易交换，也可以是非正式的信息交流。在规模收益递增效应的作用下，特定区位中形成因聚集而产生的充分的外部经济，由此循环进一步吸引更多的关联经济，最终组成一个纯粹的文化产业经济空间。其形成结构如图3-3所示。

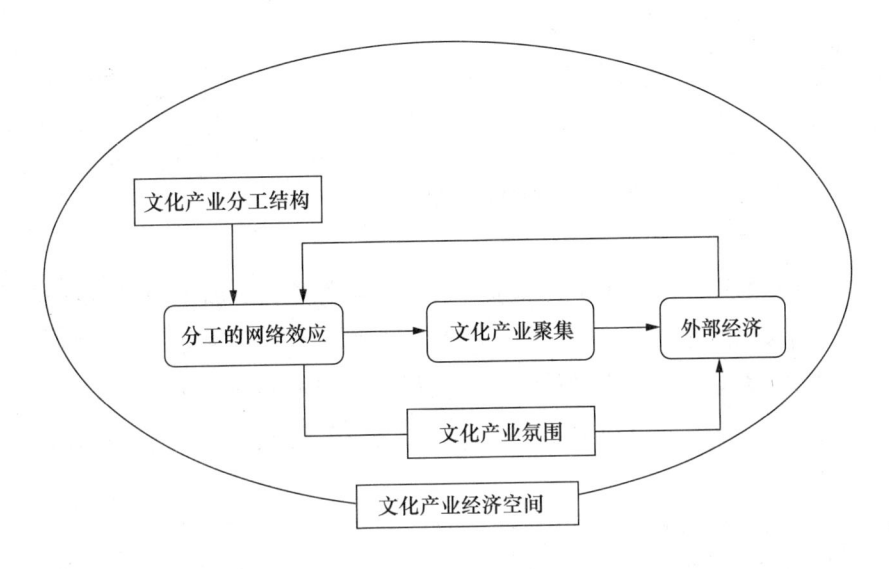

图 3-3　文化产业经济空间

在图3-3中，文化产业分工的网络效应，是作为发动机的形式内置于文化产业经济空间之中的。在文化产业的生产与交易的网络集聚的基础上，与文化区位环境相结合，形成马歇尔所谓的文化产业氛围，产生包含金融外部性和技术外部性的外部经济，进一步促进产生收益递增的产业规模经济。文化产业作为以文化生产的专业化为分工基础的产业门类，在某一类文化生产专业化的同时，经由分工网络效应的带动，不断产生新的文化产品生产的中间环节，而各个环节之间为了追求经济效益的最大化，以最大限度地节约交易成本，也必然选择在某个特定空间上的聚集。文化产业在空间上的集聚所形成的网络效应，在受到报酬递增和成本减少两个基本经济向量的制约的同时，还要受到文化产业氛围的影响。作为对市场和科层组织资源配置的另一种替代，文化产业专业分工的网络组织还包括对知识传递、创新活动等外部效应的网络内部化，作为经济、社会、文化集合体的组织形式受到特定区位环境的影响。在此基础上，特定的文化产业经济与特定的文化区位相结合，文化产业经济空间内部企业的关系网络镶嵌于地区文化网络之上，形成具有地域根植性的文化产业空间集聚。

第三节 文化产业空间集聚测度指标和方法

一 文化产业空间集聚测度指标

（一）指标选择原则

对文化产业集聚水平的测度，首先需要确定一组科学合理的指标体系，这些指标要能反映区域内文化产业集聚水平的客观情况，是对理论与实践分析的实证考量。这些指标的选择需要在特定的原则指导下进行，本书认为，文化产业空间集聚的指标应主要遵循以下四个原则。

1. 系统性原则

文化产业空间集聚的测度不是单纯地对某一个因素的测度，而是文化、经济和区位条件的综合考量。在指标设计过程中，要依据系统性原则，以整体、综合的、全方位多角度进行选择，同时各指标之间要能形成有机的联系，从而更能系统、全面地反映文化产业空间集聚程度。

2. 关键性原则

文化产业空间集聚的指标作为一个系统，具有多样性和复杂性，在指标选择的过程中不可能面面俱到。因此，需要从中选择一些具有代表性的能对文化产业空间集聚水平产生直接影响的关键指标。在关键指标的选择中，要注意紧扣文化产业空间集聚的主体，从文化、经济和区位指标中综合考虑、慎重选择，以起到指标测度的代表性作用。

3. 客观性原则

客观性原则,是指指标选择要能客观地反映文化产业空间集聚的真实情况。在计量模型测度的情况下,每个指标都要具有可量化性,尽量考虑便于获得或便于计算又能考量文化产业空间集聚水平的指标。在某些指标不便于量化的情况下要进行量化处理,或运用相近的指标替代,以提高测度的客观性和可信性。

4. 简明性原则

受文化产业空间集聚指标系统性、多样性、复杂性的影响,在指标选择的过程中,容易受一些不相干或不重要的指标影响,为了更好地测度真实客观的文化产业空间集聚水平,需要尽量选择简单明了、易于理解的指标,用尽量少的指标反映尽量多的内容,以达到简单、实用的效果。

(二) 指标设计

文化产业空间集聚本身是一个复杂的有机系统,需要合理界定文化产业空间集聚的测度指标及其评价体系,进行客观的定量分析。指标的选择与处理是文化产业空间集聚测度的首要问题。本书选用单项指标与复合指标相结合的方法,旨在全面反映文化产业空间集聚的动态变化及影响关系,主要包括经济指标、空间(区位)指标、文化指标和财政指标。依据前文的理论分析,影响一个区域形成产业集聚的主要因素是基于规模收益递增和交易成本的外部经济(或杨小凯所谓的网络效应)的存在,因此,本书将重点从文化产业产值、第三产业产值占 GDP 比重以及人均可支配收入来反映经济指标中收益递增的经济效益;空间区位,指标将依据人口密度、物流及运输的从业人员及法人单位数来评价;文化指标是反映文化产业基础和特性的指标,以古镇、博物馆、文化场馆和非物质文化遗产为主反映区域内的文化资源拥有情况,财政指标主要以地方政府专门出台的文化产业专项财政支持来体现政府对区域内文化产业的重视程度。在以上指标选定的基础上,构建了文化产业空间集聚的测度体系和评价框架,以便为下文分析成都市文化产业空间集聚做好理论与方法的铺垫,如表 3-6 所示。

二 产业集聚常用测度方法

（一）行业集中度指数（CR_n 指数）

行业集中度（Concentration Ratio，CR）又称行业集中率或市场集中度，是指某一产业中规模最大的前 n 家企业所占市场份额（如产值、销售额、职工人数、资产总额等）的总和。① 是对整个行业的市场结构集中程度的测量指标，用来衡量企业的数目和相对规模的差异，是市场势力的重要量化指标。根据使用的条件不同，主要有两种计算公式：

表 3-6　　　　　　　文化产业空间集聚指标体系

	指标	单位
经济指标	X_1 表示人均可支配收入	元
	X_2 表示第三产业占 GDP 比重	%
文化指标	X_3 表示古镇	个
	X_4 表示博物馆	个
	X_5 表示文化场馆	个
	X_6 表示非物质文化遗产	项
空间（区位）指标	X_7 表示人口密度	人/平方千米
	X_8 表示交通运输、邮政物流部门从业人员	人
	X_9 表示交通运输、邮政物流部门法人单位数	个
财政指标	X_{10} 表示地方公共财政支出	万元

(1) 在已知行业内各企业所占市场份额的情况下，其计算公式为：

$$CR_n = \sum_{i=1}^{n} S_i \tag{3.15}$$

式中，CR_n 表示规模最大的前几家企业的行业集中度；S_i 是第 i 个企业所占的市场份额，n 是这个行业中企业的总数。

(2) 已知行业内企业产值、销售额、职工人数等情况下，其计算

---

① 李太平、钟甫宁、顾焕章：《衡量产业区域集聚程度的简便方法及其比较》，《统计研究》2007 年第 11 期。

公式为：

$$CR_n = \frac{\sum (X_i)_n}{\sum (X_i)_N} \quad (N > n) \tag{3.16}$$

式中，CR_n 表示规模最大的前几家企业的行业集中度；X_i 表示第 i 家企业的产值、销售额、职工人数等；n 是产业内规模最大的几个企业的数目，一般取值为 4 或 8，表示产业内规模最大的前 4 家企业或者前 8 家企业的集中度；N 表示全部企业数。根据式（3.16）可知，CR_n 指数越高，产业集中度也就越高。

CR_n 指数测度产业集聚的优点在于计算方法简单，但也存在一定的不足。比如只反映了产业在市场空间维度上的整体集聚，没有包含具体企业地理分布的信息，因而不能反映地区之间的差别。因此，CR_n 指数与产业集聚度并不总是呈正相关性的，较高的 CR_n 指数不一定表明空间纬度上的产业集中；相反，较低的 CR_n 指数也有可能在地理空间维度上实现了产业集中。

（二）赫芬达尔指数（H 指数）

赫芬达尔指数（Herfindahl Index），又称赫芬达尔—赫希曼指数（Herfindahl - Hirschman Index，HHI），是测量产业集中度的综合指数。它是指一个行业中各市场主体市场份额的平方和，用来计量市场份额的变化，即市场中厂商规模的离散度。赫芬达尔—赫希曼指数的计算公式为：

$$H = \sum_{i=1}^{N} S_i^2 = \sum_{i=1}^{N} (X_i/X)^2 \tag{3.17}$$

式中，X 表示市场的总规模；X_i 表示第 i 个企业的规模；S_i 表示第 i 个企业的市场占有率；N 表示产业内的企业数。H 指数取值范围为 0—1，当某产业由一家企业垄断时，H = 1；当每个企业都有相同份额时，H = 1/N，表明该行业完全分散。实践证明，H 指数越大，表明市场集中程度越高；反之则越低。

赫芬达尔指数的优点在于对规模较大的企业比规模较小的企业给予更大的权重，因而能更准确地反映大企业对市场的影响程度，能真实地反映市场中企业之间规模差距的大小，并能反映企业支配力的变化。但是，该指数的缺陷是：对数据的要求较高，而且含义不直观。同 CR_n 指数类似，较高的赫芬达尔指数同样不能推导出较高的产业集聚度，较低的赫芬达尔指数也不能断言产业集聚一定不会发生，而且不能直观地反映产业在地理空间上的集聚分布特征。

（三）区位熵（LQ 指数）

区位熵（Location Quotientent，LQ）是经济空间分析中的一个重要指标，最早由哈格特（Haggett，1965）提出，用以考察特定经济活动在某个地区全部经济活动中的相对表现。区位熵主要用于地区特定产业的专业化测度。在已有产业集聚测度中，市场集中度指数、赫芬达尔指数、埃利森·格拉塞（Ellison - Glaeser）指数（E—G 指数）等在衡量产业集中度的过程中，只依赖于产业纬度，但不能提供产业在哪里集中的信息。区位熵可用来衡量产业的专业化规模聚集程度及其在上一级区域中的集聚优势程度。

区位熵指标的优势在于数据容易得到，计算简单，但是，在测量一个行业的区位熵到底多大时足以说明行业的地理集聚度，在这方面还没有一个统一的指标。同时，由于该指标是一个相对指标，无法估计行业集聚的绝对规模。因此，即使一个行业的区位熵很高，但是，它的产值或就业人数却可能非常小。区位熵测度参见本书第六章第一节有关内容。

（四）空间基尼系数

空间基尼系数是在基尼系数的基础上建立起来的。最先由克鲁格曼在研究产业集聚度时提出。克鲁格曼发现，产业活动的地理空间分布均衡性与收入分配的均衡性具有相似的特征。于是，借鉴基尼系数的计算原理构造了反映产业活动地理空间分布的空间基尼系数。其计算公式为：

$$G_i = \sum_{j=1}^{M}(S_j - X_j)^2 \quad (3.18)$$

式中，G_i 是 j 产业的空间基尼系数；S_j 表示地区 j 内产业 i 的产值或就业总量所占整个 j 地区内总产值或总就业量的比重；X_j 表示整个地区 j 的总产值或就业总量占全国（考察总区域）总产值或就业总量的比重；M 是地区数量。空间基尼系数的大小反映了特定产业在区域间的分散（或集聚）态势。G_i 越大，说明该产业在地理上的集聚程度越高。当 $G_i = 0$ 时，说明该产业在空间上呈分散状态；当 $G_i = 1$ 时，说明该产业在区域内的空间上呈集中状态。

空间基尼系数从产业活动的区域分布与总体经济活动的区域分布一致性的角度测度产业集聚程度，从操作层面看，比较方便，但也存在自身的不足。比如，由于没有考虑到企业规模或地理区域大小的差异而造成跨产业比较上的误差。另外，基尼系数只能用来计算一个行业在几个地区的空间分布，而无法衡量不同产业在一个地区的集聚程度。

（五）E—G 指数

E—G 指数（Ellison and Glaeser Index）是埃利森和格拉塞（1997）为了解决空间基尼系数容易出现集聚指标失真的问题，结合产业组织的差异，综合运用空间基尼系数和赫芬达尔系数的结果，提出的全新集聚指标。假设某经济体内有 M 个空间区域，其中，产业 i 有 N 个企业，埃利森和格拉塞建立的产业集中指数公式表示如下：

$$EG_{Yi} = \frac{G_i - (1 - \sum_{j=1}^{M} X_j^2) H_i}{(1 - \sum_{j=1}^{M} X_j^2)(1 - H_i)} \quad (3.19)$$

$$G_i = \sum_{j=1}^{Y} (X_j - S_{ij})^2 \quad (3.20)$$

$$H_i = \sum_{k=1}^{N} Z_k^2 \quad (3.21)$$

式中，i、j、k 分别表示产业 i，区域 j、企业 k；EG_{Yi} 表示 i 类产业的 E—G 指数；G_i 表示产业 i 在 M 个区域内的空间基尼系数；S_{ij} 表示在区域 j 中产业 i 的产值占经济体中该产业总产值的比重；X_j 表示区域 j 中所有行业总产值占经济体所有行业总产值的比重；Z_k 表示企业 k 的产值占产业 i 总产值的比重。通过 E—G 指数的计算公式不难看出，赫芬达尔指数越大（市场集中度越高），E—G 指数就越小。一般认为，当 $EG_{yi} > 0.05$ 时，被认为产业出现了高度集中，该产业内企业显著地相互接近而产生了空间集聚；$EG_{yi} < 0.02$ 被认为该产业不存在

地理集中，产业内企业无相互接近性，是随机分布的。

根据埃利森与格拉塞所定义的产业集聚——产业的地理集中，E—G指数主要用于市场集聚度较低的一般性制造性产业集聚度的测度。E—G指数由于其完美的数学形式被众多学者所青睐，成为目前产业集聚测度中应用较为广泛的测算方法之一。但E—G指数也有自身的不足之处。首先，由于E—G指数的设计是以空间基尼系数为基础的，空间基尼系数在产业集聚中存在的问题在E—G指数中依然存在。其次，E—G指数在设计中没有考虑因资源优势所导致的产业市场空间集聚因素的存在，从而更多相关产业集聚的信息没有被统计到，从而导致了统计失真的问题。

三 文化产业空间集聚测度方法

文化产业空间集聚的测度，不仅要反映产业的集聚程度，还要反映产业集聚在空间上的分布，以及影响文化产业在空间上形成集聚状态的因素。因此，本书对文化产业在空间上的集聚测度将综合运用以下三个方面来进行。

首先，通过区位熵确定各区域的专业化程度。本书的理论基础是专业分工理论，因此，在产业测度的方法选用上也将选用以专门测度区域专业化程度的区位熵进行测度。

其次，利用莫兰指数（Morlan'I），进行空间自相关检验，以此来确定各区域的产业是否具有空间依赖性。在确定有空间依赖性和相关性的基础上，再利用空间计量经济模型，设定影响文化产业空间集聚的指标体系，运用空间滞后模型（SLM）和空间误差模型（SEM）对变量进行估计。

最后，对估计值进行分析，确定成都市文化产业空间集聚的影响因素。具体的测度方法将在本书第六章详细介绍。

本章小结

本章分析了文化要素以价值观念、生活方式等形式依托文化艺术工具（如钢琴、画作、舞台等）参与到社会大分工中去，形成文化产业专业分工，在杨小凯"选择的理论"超边际模型的分析下得出了文化产业在空间集聚受生产者—消费者选择系统的影响模式。文化产业空间集聚形成过程示意如图3-4所示。

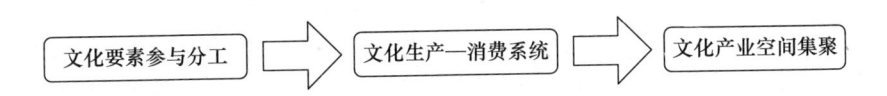

文化要素参与分工 ⇒ 文化生产—消费系统 ⇒ 文化产业空间集聚

图3-4 文化产业空间集聚形成过程示意

首先，从文化产业的专业化入手，在新兴古典经济学框架下对文化产业空间集聚形成的基础和条件进行分析。在文化产业分工的超边际分析过程中，进一步印证了文化产业是在城市经济充分发展基础上的社会分工高级形态，同时也明确了交易效率对文化产业专业分工和产业集聚过程中的重要性。

其次，结合新兴古典理论对文化产业空间集聚形成的网络效应进行了分析。文化产业的网络分工效应来源于文化产业内部的分工结构，同时也是文化产业经济空间形成的核心动力。在文化产业分工的网络效应中，各个环节之间为了追求经济效益的最大化，最大限度地节约交易成本，在文化产业的地方区位环境影响下，直接促成了文化产业在特定空间上的集聚。

最后，对文化产业空间集聚的测度方法进行了分析。本章介绍了常用的产业集聚测度方法，对行业集中度指数、区位熵、空间基尼系数以及E—G指数分别做了简单的介绍和评价。接下来，结合本书的研究情况，提出了适合文化产业空间集聚测度的研究路径。通过本章对文化产业空间集聚超边际经济模型和产业集聚测度的分析，为后文进一步分析文化产业空间集聚的内在因子、运行机制和评价体系确立了清晰的目标对象和分析坐标。

第四章 文化产业空间集聚机理与机制研究

第一节 文化产业空间集聚的内在机理

一 文化产业空间集聚因子分析

根据前文的分析,文化产业空间集聚的形成,是文化产业分工专业化分工的网络效应扩展而成的。文化产业分工的网络效应,作为循环累积的自组织存在,主要受到经济因子、文化因子与区位因子三方面的共同作用。产业集聚的实现,首先需要有推动相关要素向特定区位集聚的经济外部性存在。经济外部性的产生主要基于共享性和交流性,产生文化产业集聚外部性的影响因素主要在于公共空间(基础设施)的便利性、劳动市场的共享性和专业服务、信息流动的共享性。基础设施的便利性主要是基于区位因子的对便捷的交通条件的选择,劳动市场的共享性主要是基于经济因子对于专业市场劳动分工所带来的报酬收益的选择,信息流动的共享性则是基于文化因子对于文化群体和交流对象的选择,如图4-1所示。

(一)经济因子是文化产业集聚形成的产业动因

文化产业空间集聚不仅是文化生产能力在空间上运动集聚的结果,也是经济发展水平高度发达的反映,一些特殊区域(或城市),比如巴黎、纽约、伦敦等的文化产业已经成为全球文化产业集聚的核心经济区。从产业发展来看,这些城市之所以能形成文化产业的集聚,首要的是经济发展水平达到了一定的程度,人们的消费结构和消费水平已经超越了基础的温饱型,转而追求精神财富和精神自由。第

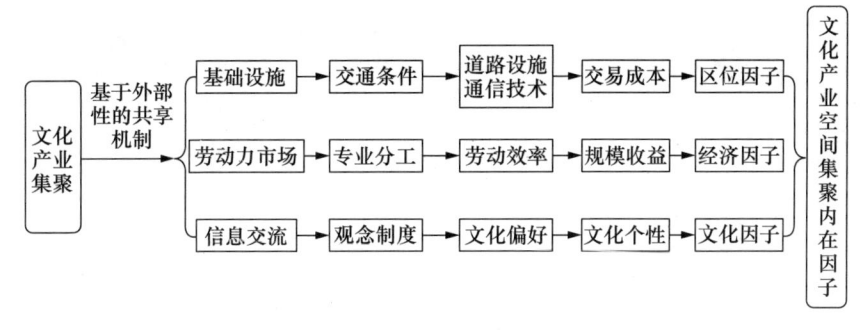

```
                    ┌──────┐  ┌──────┐  ┌──────────┐  ┌──────┐  ┌──────┐
              ┌────→│基础设施│→│交通条件│→│道路设施  │→│交易成本│→│区位因子│─┐
              │     │      │  │      │  │通信技术  │  │      │  │      │ │
┌────┐ ┌────┐ │     └──────┘  └──────┘  └──────────┘  └──────┘  └──────┘ │ ┌──────┐
│文化│ │基于│ │     ┌──────┐  ┌──────┐  ┌──────┐    ┌──────┐  ┌──────┐  │ │文化产业│
│产业│→│外部│─┼────→│劳动力│→│专业  │→│劳动效率│→│规模收益│→│经济因子│─┼→│空间集聚│
│集聚│ │性的│ │     │市场  │  │分工  │  │      │    │      │  │      │  │ │内在因子│
└────┘ │共享│ │     └──────┘  └──────┘  └──────┘    └──────┘  └──────┘  │ └──────┘
       │机制│ │     ┌──────┐  ┌──────┐  ┌──────┐    ┌──────┐  ┌──────┐  │
       └────┘ └────→│信息交流│→│观念制度│→│文化偏好│→│文化个性│→│文化因子│─┘
                    └──────┘  └──────┘  └──────┘    └──────┘  └──────┘
```

图 4-1　文化产业集聚内在机理及因子分析

三产业得到充分的发展，包括就业人数和经济产值相比于第一产业和第二产业都有充分的优势。在此基础上，文化产业才有良好的产业基础，从而集聚更多的文化产业从业人员，推动文化产业在区域空间上实现集聚。从企业来看，最主要的原因还是在于经济规模收益递增。规模收益得益于经济成本和经济收益两方面。交易成本是经济成本的重要组成部分。在文化经济一体化的作用下，文化观念要素与空间区位要素对文化经济系统产生直接的影响。文化观念所决定的文化积淀与文化氛围是交易成本中制度成本的重要组成部分，由空间距离所决定运输费用也是交易成本的重要影响因素。同时，由文化产业集聚所产生的金融外部性和技术外部性，又是文化产业空间集聚之所以产生的规模收益递增的原始动力。因此，文化产业空间集聚也是文化产业企业对企业本身的交易成本和规模收益综合权衡的结果。经济因子在具备规模性和专业化之后，经济增长的向量都向这种具有低交易成本高外部收益的新经济形式靠拢，得以集中喷发，从而促进了文化产业空间集聚的形成。经济因子对文化产业空间集聚的诱发机理如图 4-2 所示。

（二）区位因子是文化产业集聚形成的空间动因

特殊的地理区位，是一个城市意识形态和观念文化诞生的摇篮，由此产生的商业形式和分工结构形成区域内的特色经济，最终实现对总体经济效益和社会福利的影响。大城市是经济活动最前沿、最具活力的地方，而这些经济活动正以大量的商业活动及产业集聚区的形式

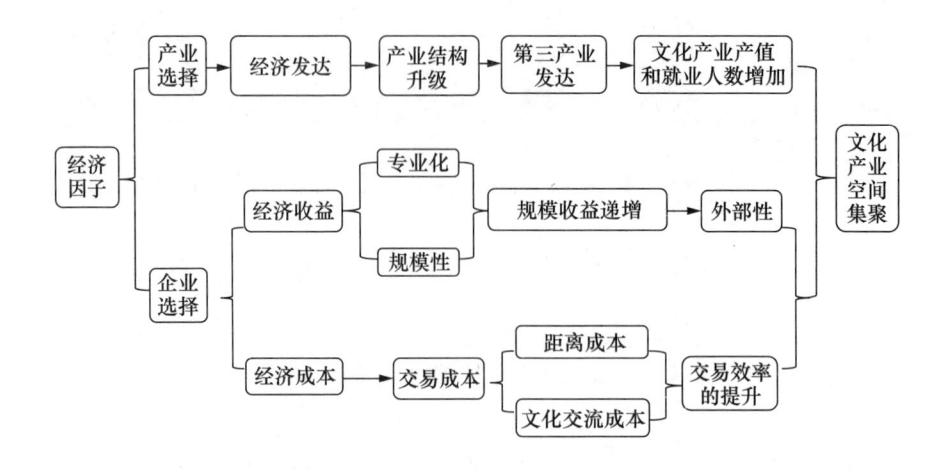

图 4-2 经济因子对文化产业空间集聚的诱发机理

展开。城市所特有的文化属性和经济秩序越浓缩于地理环境之中,区域的垄断力量就越通过当地独特的生产过程和产品构成表现出来,将垄断力量品牌化就能大大提升城市竞争力,借此实现城市文化产业发展的区位优势,从而为区域内文化产业的发展开拓更广阔的国内国际市场提供竞争优势。

作为文化专业化分工的结果,文化产业在不同区域也有其不同的专业偏向和文化特质。在越来越频繁的商品交易中,各地区不同的资源禀赋、地理位置和生产传统,使彼此形成了不同的产品专业化分工和文化氛围(在这里更多的是指文化产业的地方专业化),城市气质的独特性决定了文化产业的独特优势。受文化产业地域根植性的影响,反映在地方区位上就逐渐形成文化产业生产体系和产业集聚区。不同空间区位背景下的城市(区域)具有不同的文化积淀,不同的社会经济结构和发展水平孕育了不同的文化生态圈,构成了各个地域独具特色的文化产业发展优势。

在地理区位垄断优势形成的过程中,文化产业企业更倾向于向交易密集型的区位集聚。一般而言,文化产业集聚区的形成主要倾向于三个方向:一是传统手工艺品制作中心,以意大利佛罗伦萨为代表等地中海手工艺发达的城市为主;二是通过某项特色的主题文化或旅游经典打造的旅游文化圣地，如美国的赌城拉斯维加斯、中国的峨眉山、九寨沟等世界知名旅游景点；三是以东京、纽约、伦敦、上海、北京等为代表的大城市，这些地区在后福特全球经济的秩序中正在迅速成为文化生产的重要中心。比如，就影视业来说，既有美国特色的好莱坞大片，也有以功夫著称的香港大片，还有擅长打温情牌的韩剧，也就是说，一个区域的地方文化特质决定了这个地方的专属文化产业方向，长此以往就形成了自己的区域垄断性。区位因子对文化产业集聚的诱发机理示意如图4-3所示。

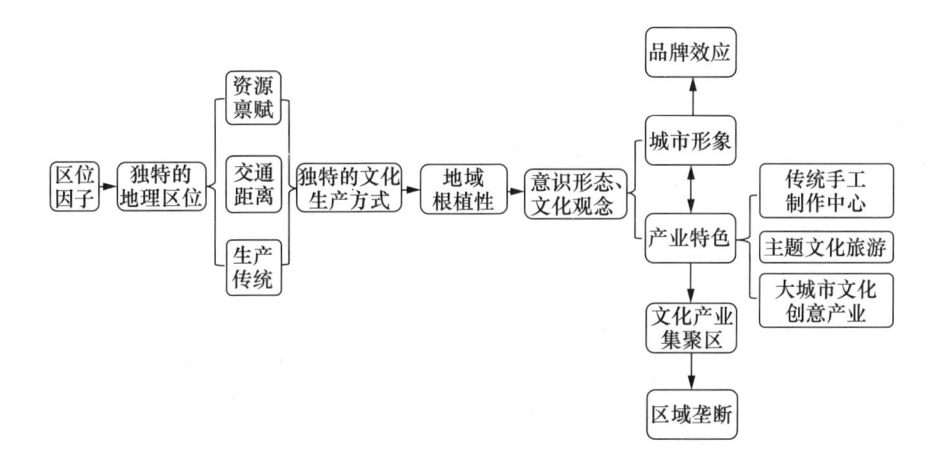

图4-3　区位因子对文化产业空间集聚的诱发机理示意

（三）文化因子是文化产业集聚形成的精神动因

作为以文化因子为基础的分工，任何一个文化产业空间集聚体的构成都是从最小的个体文化因子专业化开始的。任何一件文化作品，都是以文化产品所蕴含的文化要素为基本元素，反映的是创作者的理念认知和精神信仰。人的动机，也就是精神出发点，是存在于环境形态与价值标准之间关联的关键点。因此可以说，文化观念是文化作品的形成的精神内核，而这种精神内核往往表现为一个城市（区域）的文化资源。

城市之间文化资源禀赋上的差异是影响城市文化产业优势发展的

重要因素。但是，各地区间由于社会经济的开放性，文化资源自身并不具备独占性和垄断性。由于受现代信息技术和传媒技术全球化推广的影响，文化资源很容易被其他文化产业发达的国家或地区作为文化元素而加以创新利用，比如电影、时装设计等，因而，在现代文化产业竞争中，一个城市拥有文化资源的同时，还要能切合时代需求特性，利用现代文化产业载体的先进技术，在内容上进行大胆创新，以创造出受全球化消费者所喜爱的文化作品。因此，在文化资源开发过程中，需要注意对城市文化特质的挖掘和发扬，以便于发展出有区域特色和城市文化特质的文化产业。当代城市化进程的显著特征就是文化与经济发展的高度融合。一个城市的文化产业空间集聚是城市经济和文化综合发展的结果，是人们对这个城市的物质资源和文化资源整体开发与运用的反映。现代化经济产品的文化形式和意义正成为文化产品生产的关键性要素，而传统的文化也正在变得商业化，比如对原生态音乐和非物质文化遗产的产业化开发，这也证明现代经济生产过程与产品持续增加的文化内涵之间相互交织的作用，越来越多的商品充满审美的和符号的内容，经济领域与文化领域的融合度越来越高。

　　文化资源的核心内容主要包括文化特质和文化形象两方面。文化形象是通过文化资源对城市文化特质的整体形象反映。所谓文化形象，是指蕴含在一切环境与氛围中的文化现象与文化符号，因此，文化氛围是文化形象的重要构成。一个城市的文化氛围越活跃，其所生产的文化活动或文化产品就更具创新性与吸引力。不同类型的城市文化特质往往拥有不同的文化氛围。根据佛罗里达的研究，开阔、开放和包容性的文化空间更能激发和释放人们的创意才能。一个城市对于社会经济和外来经济文化融合的开放包容程度与经济发展的质量高低紧密相关，一个宽容的城市有利于创造更多的工作机会，促进经济振兴发展，因此，越是宽容、开放的城市，就越容易促进文化产业在空间上的集聚，文化因子对文化产业空间集聚的诱发机理示意如图4-4所示。

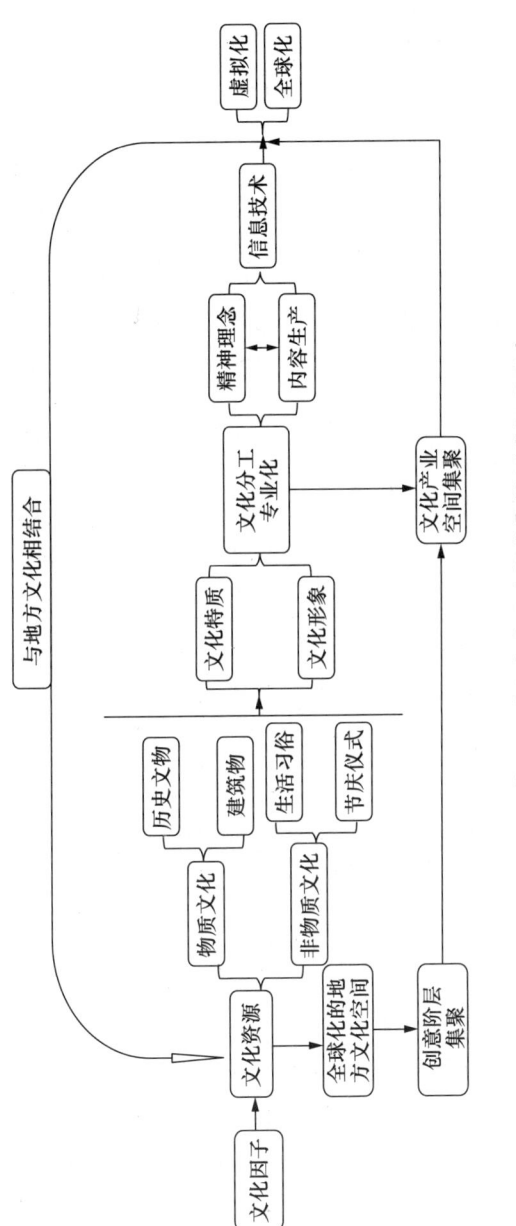

图 4-4 文化因子对文化产业空间集聚的诱发机理示意

二 文化产业空间集聚内在机理

（一）三大因子的内在逻辑及相互作用

文化产业在空间上的集聚不单纯是产业、企业或人的集聚，而是经济、区位和文化三大因子相互影响、共同作用下形成的（见图4-5）。文化因子通过文化资源形成独特的文化观念特质，这种特质往往由本地传统的生活空间和生活方式直观地映射出来。生活空间既包括历史文化街区、古镇、古村落等传统文化空间，同时也包括博物馆、美术馆、影剧院等现代化的场馆空间。生活方式作为特定文化观念的表征，主要包括传统的历史民俗文化和现代化的生活方式，文化创意群体作为这两种生活方式的挖掘者和发扬者，往往选择在特定的文化空间集聚，形成文化创意聚落。

经济因子的运动主要选择经济较发达的区域，在文化产业分工条件下，通过文化因子的植入，形成具有地方特色的文化创意产业生产消费系统。文化产业由于本身的产业特性，往往具有生产和消费的即时性、共享性和可复制性。文化创意群体作为生产—消费系统的劳动力群体，在经济效益驱使下，集聚在一起进行文化创意产业生产，主要包括文化内容创作、文化创意产品的开发生产以及文化体验基地的开发和运作。最后，在产业链的推进下形成文化创意在产业上的集聚。

区位因子的运动主要受到交通便捷和运输成本的推动。企业往往会选择基础设施完好、交易制度健全、信息交流高效的区位进行生产。基础设施的建设主要涉及高速公路、公共交通等方面的建设，文化产业的交易制度最重要的一项是产权交易制度，因此，是否有完备的产权保护制度是文化产业企业在区位选择中比较重要的一环。文化产业作为一种知识外溢型企业，信息交流是创意人士提升自身创意水平和知识的必要途径。传统的信息交流主要是面对面的交流，但是，随着现代信息技术的发达，虚拟的网络空间交流也越来越占据重要地位。在交易效率和交流效率共同推动下，形成特定区位的文化产业在实体空间上的集聚。

以上三大因子并非独立存在的。文化因子中独特的地域文化资源

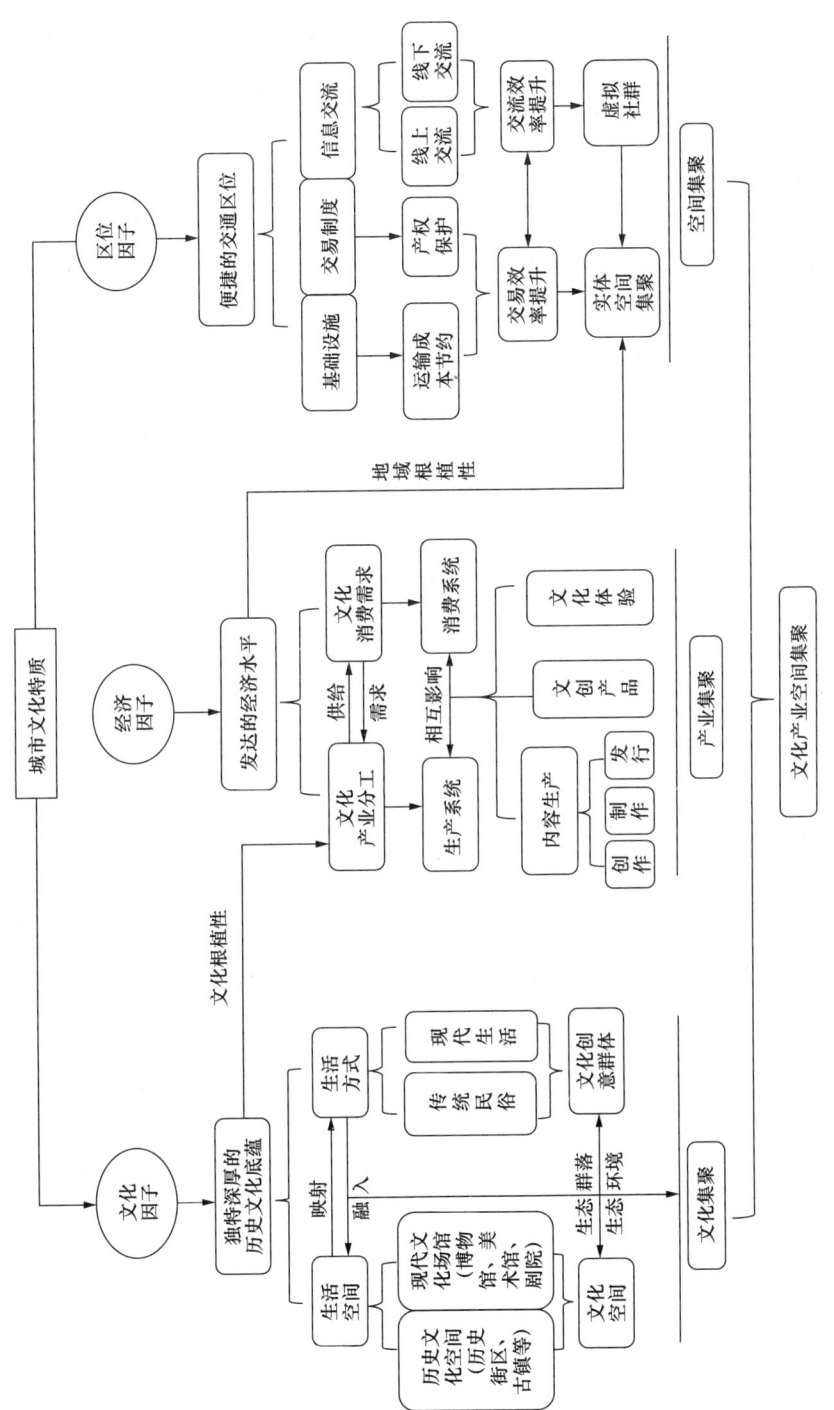

图 4-5 文化产业空间集聚运行机理示意

形成了文化产业经济因子中独特的文化根植性，同时受益于区位因子的运动，交易效率和交流效率的提高促进了地域根植性。经济因子作为文化因子和区位因子的选择载体，以产业体系的形式固定下来，最终形成了文化产业空间集聚的形成。

在三大因子运动作用下，后福特式区域及文化经济显示出完善的个体身份。各类文化生产的环境——不管是否以商品形式——都植根于锚定特殊地点的独一无二的从业者社区。比如印度东北部纳斯德瓦尔（Nathdwara）的婆罗门画家、当代巴黎或好莱坞的电影聚居地集聚的大量影视创作群体。[①] 经由这些群体形成社会再生产的活跃中心。在社会再生产中，关键的文化能力得到维护与循环，并持续发挥作用，最终形成具有独特地域标签的文化产业集聚。

(二) 交易效率是三大因子运行的黏合剂

交易效率最先由新兴古典经济代表人物杨小凯在萨缪尔森冰山交易技术概念的基础上提出。杨小凯定义的交易效率是指市场中任何一笔交易，由于广义交易成本的存在导致 $1-k$ 部分损失，而只得到 k 部分，k 就是交易效率系数，而 $1-k$ 就是交易成本系数。张红军等认为，交易效率由制度、技术和自然、地理等条件综合而成。[②] 他们认为，政治制度、基础设施和教育水平是影响交易效率的三个重要方面。本书认为，在文化产业集聚的过程中，交易效率是通过对观念制度、基础设施和人文素养的影响实现对经济因子、文化因子和区位因子的影响，从而影响文化产业空间集聚的形成，具体如图4-6所示。

交易技术和交易制度是影响交易效率的两个重要方面。由图4-6可知，观念制度通过正式制度如政策法规制度和非正式制度如观念习惯制度对文化产业交易过程中的交易成本产生影响。通信技术、道路设施和公共建筑则是影响文化产业交易活动的技术性因素。人文素养，通过受教育程度直接影响受众对文化产业交易的接受度和认知

---

① [英] 艾伦·J. 斯科特：《城市文化经济学》，董树宝、张宁译，中国人民大学出版社2010年版。

② 张红军、尹伯成、孙楚仁：《交易效率工业化与城市化——一个理解中国经济内生发展的理论模型与经验证据》，《经济学》（季刊）2006年第4期。

度。交易效率在通过对观念制度、基础设施和人文素养的提升下，实现对经济因子、区位因子和文化因子运动的影响，从而促进专业分工的发展。随着地理集中占优势，社会凝聚的基础就会被加强，有特色的商业文化和产业共同体就容易出现，文化产业在空间上的集聚也随之产生。

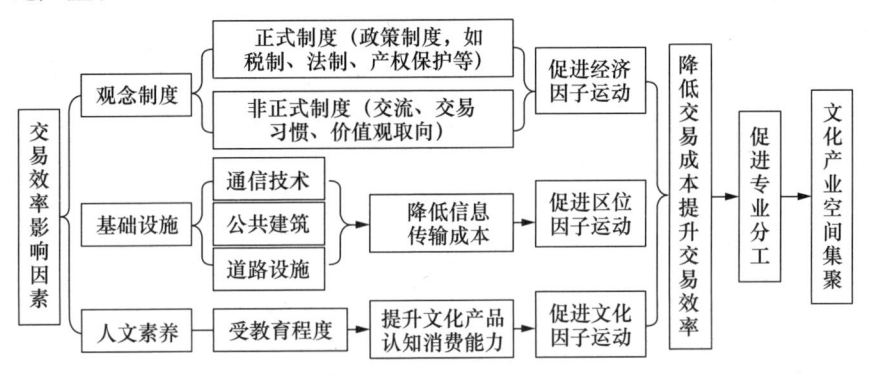

图 4-6　交易效率对三大因子的促进作用

三　文化产业空间集聚机理与传统产业集聚的区别

（一）文化产业空间集聚动因比传统制造业更复杂

从以上对文化产业空间集聚的机理分析可见，文化产业空间集聚是在基于文化因子、经济因子和区位因子三者相互融合、共同促进下形成的文化产业空间集聚。三大因子共同促成文化集聚、产业集聚与空间集聚的实现，从而内生出特定区域的文化产业空间集聚。传统产业集聚主要是单纯的受成本与收益的影响而形成的。企业基于产业集聚所带来的劳动力成本、运输成本、原材料成本等外部性和受本地化市场效应驱使而集聚在一起。虽然传统产业也会遵循马歇尔的产业氛围和外部性效应，以及克鲁克曼的路径依赖理论，但这些理论的根源还在于经济收益。而文化产业的空间集聚中，经济因子是根植于文化因子的，文化因子又根植于区位因子，区位因子又受经济因子的推动，可见，文化产业空间集聚的动因相比于传统产业更加复杂。

（二）文化产业空间集聚的组织方式比传统制造业更灵活

文化产业空间集聚的生产组织要遵从后福特制下的柔性生产，而传统产业生产的组织模式是福特制标准化生产。由于文化产业的产业特性是以文化创作为核心的产业模式，文化创作作为以文化观念（意识）为主导的精神性生产活动，其创作主体本身是人，人的精神和灵感是需要捕捉和挖掘的，这就决定了文化产业的生产组织模式不可能像传统工业生产那样实行标准化流程化作业；相反，只能依照人的灵感天性出发来进行弹性生产创作。传统产业的组织模式是在基于标准化、流程化作业下的机械化生产，其产品形式是单调统一的工业制品。在后现代经济背景下，文化产业是以满足消费者的精神需求为主，传统的大规模重复生产、整齐划一的产品，被认为是没有个性、没有特色的表现，消费者的需求更倾向于以物品为载体的文化表达，这也要求文化产业集聚的组织方式更加灵活。

（三）文化产业空间集聚比传统制造业更具有可持续性

文化产业空间集聚是以人的文化创作为核心内容的产业集聚模式。在文化产业集聚过程中所需要的最大的成本就是人力资源。而传统产业集聚则是以工业化大规模生产的形式集聚在一起的，传统工业生产是一种资源耗竭型生产模式，需要大量的原材料和廉价的劳动力，同时对生产资源如水、电、煤等有极大依赖和浪费，在生产过程中也会因为大规模的生产而对环境造成不可弥补的破坏。总体而言，是一种粗放式的低级生产模式。文化产业空间集聚在基于灵活积累的后福特制生产模式下，一方面，专注于创作主体人的培育，大大提升了整个社会的文化素养和水平；另一方面，小规模定制化生产是以销定产的模式，避免了工业化大生产模式下不必要的浪费，因而，相比于传统产业集聚，文化产业在空间上的集聚是一种更加环境友好型的可持续的产业集聚模式。

第二节 文化产业空间集聚的推进机制

文化产业空间集聚除内在的文化、经济、区位因子作用之外，还要受到政府、市场和社会力量的推动。接下来，将从政府作用机制、市场推动机制和社会推动机制三个方面对文化产业空间集聚外力作用机制进行分析。政府作用机制主要涉及政府的政策引导、资本金融机制和协调规划机制，市场作用机制主要涉及价格作用机制和市场要素流动机制两方面，社会作用机制主要分析社会参与机制和社会组织机制两方面的作用。通过三方面作用机制的分析，为后文更进一步分析成都市文化产业空间集聚的作用机制做好理论铺垫。

一　文化产业空间集聚机制的界定

（一）机制的内涵

"机制"一词最早源于希腊文，英文单词表述为 Dynamics、Dynamic mechanism 或 Dynamism，原指机器的构造和工作原理，是系统内部的一组特殊的制约关系。将机制的概念应用不同领域，会产生不同的机制作用，在社会领域有社会机制，在经济领域有经济机制，而在产业集聚领域则有产业集聚机制。从国内外研究成果来看，对产业集聚机制的研究主要集中在产业集聚的生成和产业集聚的发展动力机制两个方面。本书主要研究文化产业集聚的发展动力，将从政府、市场和社会三大作用机制对文化产业空间集聚机制的形成加以分析。

（二）文化产业空间集聚机制内涵

文化产业空间集聚运行机制是指构成文化产业空间集聚的要素及要素之间的相互联系、相互作用的内在联系。文化产业空间集聚形成的模式具有多样性，不同模式的空间要素结构是不同的，彼此之间相互作用和影响的路径也存在多样性，但是，其背后的运行原理却是客观存在的，并且具有普遍性，推动文化产业空间集聚形成的政府作用机制、市场资源配置机制和社会公众参与机制有一定的统一性和相似性。因此，探索文化产业空间集聚机制是明确文化产业空间集聚运行主体、厘清空间要素交流障碍、提高文化产业空间集聚效率的有力保障。文化产业空间集聚的优化机制需要协调文化产业空间运行主体的各方利益与矛盾，引导相关利益方达成既定目标利益的一致性，由此需要设计一套行之有效的机制来约束、引导和调控各种空间行为，使这种机制能够构成一个完整的"自组织系统"，自动调节文化产业空间集聚的结构和形态，从而达到既定的目标。

（三）文化产业空间集聚机制要素

文化产业空间集聚运行机制涉及空间运行的各个行为主体，主要包括政府、企业和创意者，因此，需要从政府作用机制、市场配置资源机制和社会公众协调推动机制三个方面探索文化产业空间集聚运行机制。在中国特殊的国情下，政府对文化产业空间集聚运行调整具有至关重要的作用，政府投资产业可以形成产业区，从而构成新的文化产业集聚；而政府制定的规划和政策可以引导文化产业集聚在空间上的调整升级；政府还充当企业与居民之间文化活动、作品交易的推动者等。市场是文化产业集聚的主要动力，是文化产业空间集聚机制的主要着力方，受市场配置资源机制作用的影响，文化产业空间集聚的重要因素主要是经济效益、文化资源要素与区位条件；社会公众作为文化产业空间集聚的消费主体是推动文化产业发展的根本动力。文化产业高度推崇个体创造性，因此，社会公众通过"创造新观念、新技术或新作品"的方式推动文化产业整体的创造性和创新性，从而实现对文化产业的直接推动，同时也有利于文化事业和文化"软实力"的提升，因此，社会公众是文化产业集聚行为的重要主体。文化社会公众的数量决定了文化产业空间集聚的大小和规模。

因此，明确政府、企业和社会公众是文化产业空间集聚运行机制中的行为主体，需要从政府、市场和社会三个方面对文化产业空间集聚运行机制加以构造和设计，在运行机制设计中构建政府、企业和社会公众的具体作用。

二 文化产业空间集聚的政府作用机制

（一）政策调控机制

政策是政府调节社会经济行为的具体措施，通常依据相关法律法规制定，对社会经济运行主体起到一定的约束力，从而达到政府调控的目的。在经济学研究中，已有经济学家从不同角度对政府作用机制的重要性加以分析和研究。凯恩斯（J. M. Keynes）是宏观经济发展中强调政府干预的先驱人物，主张政府在市场失灵的情况下对市场经济加以调控引导；弗里德曼（J. Friedmann）认为，市场机制会导致区域差距扩大①，在其中心—边缘模型中强调了政府作用的重要性；在波特（M. E. Porter）的钻石模型中政府是区域竞争力的重要一极，因而有不可忽视②的作用；新产业区理论代表人物皮埃尔和赛伯强调了政府在产业区形成中的作用，建议政府通过竞争与合作的平衡制度建立来发挥引导作用。③

国内外文化产业集聚的成功案例都证明，政府在文化产业空间集聚的过程中起着非常重要的作用，尤其是日本、韩国，它们是亚太地区国家中政策主导型的文化产业集聚的典型，在这些国家发展文化产业过程中，政府主导的特点十分明显。综合这些国家的文化产业政策来看，政府对文化产业空间集聚的作用方式主要是通过各种经济发展规划、文化发展规划和地方性文件来实现的。文化产业在我国还处于发展初期，市场还不是很成熟，而其中又以中小型企业为主，因此，市场的发展不具有整体性、规划性和长远性，需要政府通过政策工具加以约束、规范、引导，通过政策杠杆优化文化产业的结构和空间布局，引导文化产业资源要素在空间上的有序配置。

因此，文化产业空间集聚是在政府制定的一系列产业政策和区域发展政策引导下形成的。往往由政府根据地方文化、经济发展需要，确定文化产业集聚发展区，并制定相应的产业扶持政策，引导扶持企业根据政府规划，确定自身的发展方向和战略，为文化产业空间集聚指明宏观的方向性策略。

（二）财政金融机制

财政金融机制是政府通过金融杠杆、财政优惠或限制政策对特定产业企业的发展给予扶持或打压的手段。任何产业的发展都离不开与金融资本市场的对接，离不开财政金融政策的支持，文化产业作为前

---

① Friedmann, J., *Regional Development Policy: A Case Study of Venezuela* [M]. Cambridge: The MIT Press, 1966: 15.

② Porter, M. E., *The Competitive Advantage: Creating and Sustaining Superior Performance* [M]. NY: Free Press, 1985: 123-222.

③ Piore, M. and Sabel, C., *The Second Industrial Divide: Possibilities for Properity* [M]. New York: Haper & Row, 1984.

沿性新兴产业，对资本有较高的要求。政府通过实施财政扶持和金融杠杆政策来实现对文化产业发展的扶持。

财政扶持主要是通过政府财政对文化产业发展企业划拨的专向财政扶持基金政策。就财政扶持而言，主要是对发展前瞻性较好的相关文化企业实行税收、贷款、贴息等多方面的扶持，包括对重点企业、重点项目实行财政专款扶持政策，以更加有效地实现和贴近政府的整体发展规划，使文化产业在空间集聚和发展上能与其他产业更加合理高效的融合。

金融扶持主要是通过银行、信贷、基金会等机构对文化产业企业的贷款融资渠道给予优惠放宽的政策，比如，美国的基金会就是一种成熟的文化产业金融扶持机制。作为发达国家文化产业金融政策扶持的典范，美国政府对文化产业的金融扶持主要是通过基金会的形式实现的。在发展过程中，需要资本扶持的企业可通过基金会（如美国国家基金会、博物馆学会、国家艺术基金会等）组织以项目可行性报告的形式申请资金资助。通过企业可以获得政府拨付的一半创业基金，以实现对传统文化艺术的保护和新兴创意文化项目的扶持。[①]

政府通过财政、金融杠杆撬动的文化产业投资与示范机制能够起引导鼓励作用，对文化产业的投资带动和金融政策鼓励，会在区域内产生示范效应和溢出效应，从而吸引更多的企业选择该区域，并带动相关文化生产生活性服务业的聚集，由此带动产业链的不断延长和完善，推动文化产业在空间上集聚的形成。

（三）协调规划机制

文化产业空间集聚规划的内容主要有三个方面：一是对大的区位规划，即选择什么样的城市作为文化产业空间集聚地。如前文分析所述，目前的文化产业大多向经济发达的城市和区域集聚，而在集聚的城市中，一个城市的文化资源充分与否直接影响着它的文化产业空间集聚效果。因此，在政府的文化产业空间集聚规划中，首先要选择文化生产能力、扩散能力和社会建构能力都较强的区域，以实现文化产

---

① 余晓泓：《美国文化产业投融资机制及启示》，《改革与战略》2008年第12期。

业空间集聚的核心带动。二是要确定规划区域的产业结构。政府需要根据不同集聚点、不同核心文化产业的性质,确定并培育不同的文化产业集聚区。每个文化产业集聚区都应有自己特色的文化产业经济功能,在不同的集聚区之间应形成不同的分工和协作,从而形成多个竞争有序、互补合作的文化产业功能集聚区。三是对文化产业集聚区大小规模和集聚形态的规划。应根据城市发展的需要,在确定文化产业功能分区的基础上,确定文化产业空间集聚的形态和模式,这个区域的文化产业集聚无论是以园区的形式还是聚落的形式表现,抑或是大型公司的投资带动来表现,不同的细分产业和不同的空间区位都应有不同的文化产业集聚形态。因此,应根据文化产业集聚体所在的城市区位、交通条件、制度环境等软硬件设施,规划不同规模形态的产业集聚体系,以便于形成因势利导、有效控制的文化产业生态群落集聚。

由于我国对文化和文化产业的理解很长一个时期都局限在意识形态功能层面上,因而之前很长一个时期没有从国家战略层面上对文化产业发展加以规划,而事实上文化产业的发展将影响国家战略利益的全局,往往反映了一个国家和地区的规划主体的大局观,因此,基于文化产业发展规划的文化产业空间集聚规划在本质上是一种战略规划,需要各级政府在充分把握国际内外文化产业前沿发展形势的基础上,针对地方区域的实际情况,制定出因地制宜的文化产业及文化产业空间集聚战略规划。在规划的过程中,需要考虑规划理念的创新性和规划方案的实用性。就理念创新性而言,就是要善于打破常规、跳出传统框架和束缚,对文化产品的内容和表现形式加以创新性的引导;文化产业规划方案的实用性体现在:要对文化产业的发展做一个全盘的分析,深入分析本地文化产业发展的资源条件和历史文化优势,同时也要参考文化产业在本地整体产业发展中的地位和作用,在经过区域产业权衡比较之后,依据差异化视角,为本地文化产业集聚发展构建一个全新的空间与产业结构规划。

三 文化产业空间集聚的市场作用机制

(一)价格调节机制

价格作为市场资源配置的重要手段,通过需求与供给双方的推动实现市场均衡。价格调节机制是文化产业空间集聚的基础作用机制，在文化产业空间集聚形成过程中，土地价格和房租是企业选择合理空间集聚的重要参考。企业和个人对文化空间的选择其实是一种空间消费，而土地作为空间消费的重要载体，土地价格直接影响文化产业空间集聚的区位选择。在没有政府介入的纯市场行为下，文化产业在空间上往往倾向于集聚在地价相对便宜的地区，比如北京的宋庄、成都的蓝顶艺术区等。在自身不具备土地购买实力的情况下，文化产业也倾向于通过对旧城中心的废旧建筑进行租赁改造来实现空间集聚。

（二）供求均衡机制

供求均衡机制是指在市场经济中，市场的商品供求关系同价格竞争等市场要素变化之间的有机联系，其作用主要是通过供求之间的动态平衡博弈来推动均衡市场的形成。

文化产业在空间上集聚的形成是通过与向心力和离心力双向推动作用来实现的。信息的外部性和文化产业网络效应是促进企业选择文化产业在特定空间集聚的主要原因。借助于空间上的集聚，文化产业企业可以共享基础设施、劳动力市场，并能获得充分的信息交流，从而实现生产成本和交易成本最低化，并能通过马歇尔效应实现经济收益的持续递增。在空间集聚达到一定饱和度时，离心力开始发生作用。随着园区集聚企业的增多，地价和房租上涨、交通拥堵等现象产生，导致了集聚的不经济。部分企业开始选择在另外的区域或空间集聚。在向心力和离心力两种相反的力量作用下，文化产业空间集聚市场均衡实现。

（三）市场竞争机制

市场竞争机制是市场机制存在和发挥作用的前提条件，有利于促使市场主体提高劳动生产率，推动资源合理流动，实现供需矛盾平衡。著名的霍特林（Hotelling, 1929）理论认为，是空间竞争导致了企业集聚的产生。在经典的两个竞争对手出售相似产品的案例中，每个竞争者都在市场中消费者更为密集的区位上接近竞争对手而受益。在运费随距离增加的假设条件下，两个竞争者只能通过布局在消费者分布区间的中位数来实现均衡。如果消费者密度呈均匀分布状态，消费者空间分布的中位数就是市场的中心。因此，在竞争机制的推动下，两个竞争对手在空间上集聚是解决市场竞争的最优方案。

基于此，文化产业空间集聚中，市场竞争机制的实质是园区企业对文化空间的竞争。文化企业在集聚的状态下更有利于客户市场的开拓。

四　文化产业空间集聚的社会作用机制

（一）公众参与机制

公众参与是指每个公民直接参与到文化建设中来。在城市文化产业发展过程中，需要创新制度安排，引入全民参与机制，从社区入手，开展全民参与文化活动，通过打造惠及全民的文化创意空间设施和消费平台，让更多市民有更多的机会和条件直接接触和消费文化产品。由于文化产业具有半公共品性质，因此，文化产业集聚的公众参与机制需要政府和市场两方面的推进。

就文化产品的公共性来看，政府需要鼓励和引导公众参与到公共文化服务建设中来。通过行业协会、志愿者组织等多种途径，激发参与公共文化服务建设的积极性，以提供更多品类丰富的公共文化服务，满足群众不断增长的社会文化消费需求。

就文化产品的商业性而言，在文化产业集聚的过程中，需要成熟的社交网络、专业评论体系和专业服务体系的形成，从而促进文化产业消费社会化网络的实现。在互联网金融模式带动下发展起来的文化产业众筹模式，是当前社会参与机制中的一种新模式。众筹模式，即大众筹资，是一种通过向群众募资，以支持个人或组织发起的某个创意或某件作品。文化产业的创意众筹主要为文化创意企业、艺术家通过利用互联网和即时社交传播工具向公众展示他们的创意，获得社会大众的关注和支持，最终以"团购＋预购"的形式获得所需的资金援助。

（二）社会组织机制

文化产业集聚的直接推动力量是创意群落。创意群落是文化产业发展的空间表达,并为之提供创新灵感。① 在这个平台上,群落内部因具有共同语言和思想背景,专业人员之间日常生活沟通和交流也有共同的基础,企业间的沟通变得更轻松。在文化产业全球化背景下,创意群落的概念也跟"创意城市"的概念相联系,创意群体在空间上的集聚就形成创意集群,城市的创新或创意集群已经成为一个空间的品牌标志,它们更多的是以"创意场"的身份出现,为各种文化创意产业专业人才提供空间场所,从而对于文化产业空间聚集发展产生极大的推动力。国际一线城市如伦敦、纽约、东京等都有自己独有的"创意场"。在这些城市的某个特定区域中存在大量的剧院、美术馆、艺术家俱乐部等社会机构,这些机构为创意阶层提供了广泛的网络化社交平台和专业的社会服务体系。与之相对应的,还有大量的文化艺术人才培训机构与中介机构,这些外围的服务机构与核心的专业机构一起,共同组成了发达的社会文化创意网络,为这些城市的文化创意生产与交流起到了极大的推动作用,从而带动了整个城市文化创意经济的发达。

第三节 文化产业空间集聚的组织模式

依据文化产业空间集聚推进机制作用力的不同,文化产业也呈现不同的空间集聚模式。总体来看,文化产业空间集聚主要有市场主导、政府主导和协力主导三种,这三种集聚模式在主导力量、资源利用和集聚要素三个层面都有很大的不同,其特征区别如图4-7所示。

一 市场主导模式

市场主导模式主要以市场自发形成的文化产业空间集聚为主。市场主导的文化产业空间集聚主要是受成本因素、环境因素和消费市场因素推动而形成的。市场主导的文化产业空间集聚体现出高度的专业

---

① Pumhirn, N., "Reflection on the Disposition of Creative Milieu and Its Implications for Cultural Clustering Strategies", 41st ISOCaRP Congress, 2005.

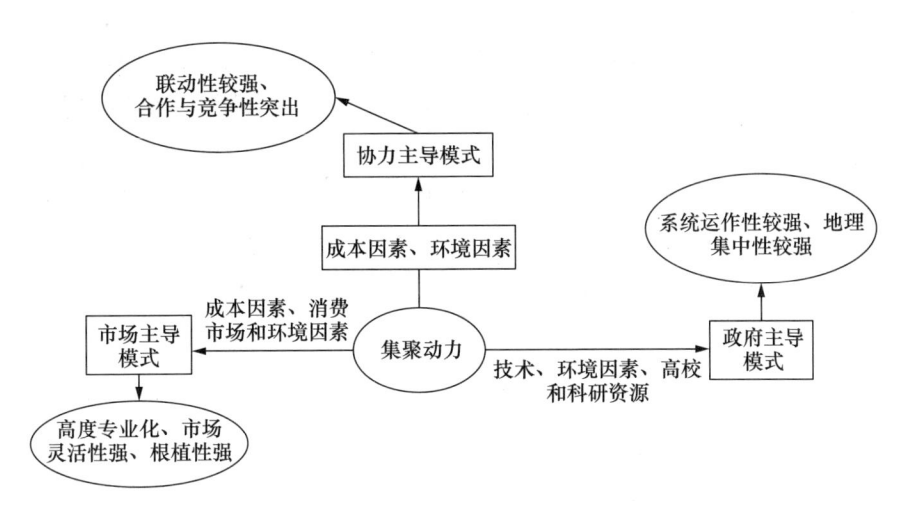

图 4-7 文化产业空间集聚组织模式

化，市场灵活性较强，并具备较强的地域根植性，一旦其聚集模式确定，便会产生一定的路径依赖，依托循环累积效应最终得以成长发展。一般在艺术产业发展的早期大多为市场主导的模式，如北京的宋庄和成都市的蓝顶艺术中心。

二 政府主导模式

政府主导的文化产业空间集聚动力主要依托当地的文化资源要素和科研资源，在政府利用政策杠杆、金融杠杆等调控手段的基础上，对文化产业发展的土地、资本、人才等要素加以整体规划和协调，在对城市整体空间发展和产业结构规划确定的基础上，实行文化产业空间集聚发展的宏观推进机制，如图 4-8 所示。政府主导模式的优点在于系统推进力量较强，在文化产业空间集聚的前期发展能起到很好的示范引导作用。

三 协力主导模式

协力主导模式是政府与市场合力并进的集聚模式。通常适合于文化产业在特定空间区位上的集聚已经成型且有一定规模。在协力主导模式下，政府依据市场发展的现有基础对区位空间的软硬件环境加以培育和提升，包括对集聚区内景观设施、楼宇建筑、道路设施等硬件的改造，以及对集聚区内的文化和品牌整体打造，在对基础设施加以改造提升的基础上以招商引资的形式吸引更多的同类企业入驻。从市场方面来说，在基于产业氛围环境、区位成本因素和创意人才集聚的整体考虑下，更多的企业会在产业发展的外部经济吸引下主动地加入区位集聚中来，更多的企业入驻对集聚区的品牌提升效应更大。当然，更有助于政府对该区位的进一步推动和扶持。因此，在协力主导模式下，政府与市场处于相互推进相互提升的状态，如图4-9所示。

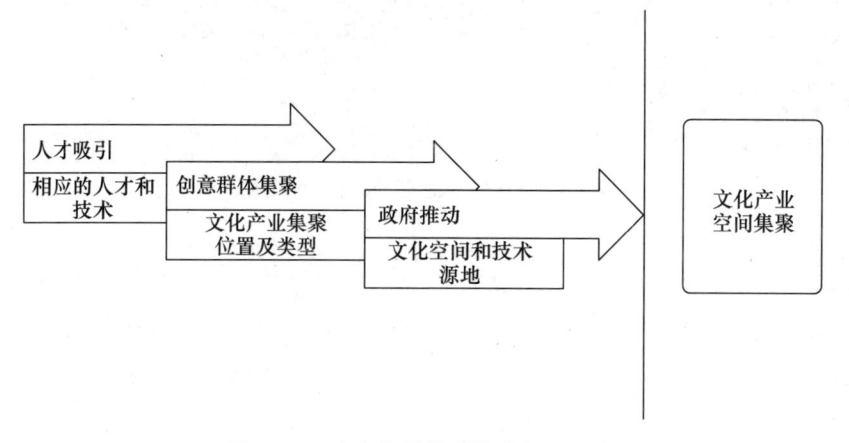

图4-8　政府主导模式推进机制示意

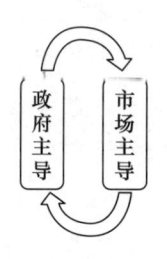

图4-9　协同动力模式

本章小结

一个城市或区域文化产业空间集聚的形成，最原始的动力来源于生产—消费系统的产生,而生产—消费系统的产生是在基于内在机理和外在机制作用的双重推动下形成与壮大的。基于第三章分析的结果,本书总结了影响文化产业空间集聚机理形成的三大因子为经济因子、区位因子和文化因子,结合影响文化产业空间集聚的三大机制,包括政府作用机制、市场资源配置机制和社会公众协调机制,并对文化产业空间集聚的组织模式进行了分析。在此,本书构建了推动文化产业空间集聚的内外部两大推动作用。经济因子、区位因子和文化因子是内在的机理推动,政府机制、市场机制和社会机制是动力系统形成的外在机制推动。文化产业空间集聚是一个客观复杂的社会经济现象,除内在机理、外在机制对文化产业空间集聚的动力系统存在影响外,内在机理和外在机制间的相互作用对成都市文化产业空间集聚的发展也存在至关重要的影响(见图4-10)。

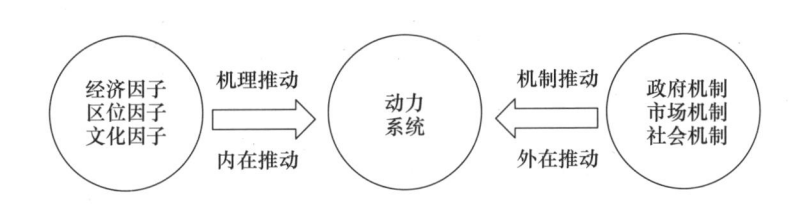

图 4-10　文化产业空间集聚动力系统

本章研究文化产业空间集聚的内在机理和外在推进机制,既是研究文化产业空间集聚优化内容的基础上构建对策研究的框架结构,又为分析成都文化产业空间集聚的机制现状提供理论支撑。政府作用、市场行为和社会公众对文化产业空间集聚演变起着至关重要的作用,文化产业空间集聚的模式分析也为后文分析成都市文化产业空间集聚模式提供了分析蓝本。

第五章 成都市文化产业空间集聚总体格局分析

第一节 成都市在全国文化产业空间集聚中的地位

一 成都市在全国文化产业空间集聚中的地位分析

（一）中国文化产业发展现状

随着文化体制改革的不断推进，文化产业发展环境日益优化，中国文化产业近年来得到了长足的发展，主要体现在以下四个方面。

1. 产业规模不断扩大

相关资料显示，在2004—2013年十年间，中国文化产业发展呈现成倍增长的态势。十年间，法人单位增加了近三倍，从业人员增加了1倍，增加值增加了4.8倍。到2015年，中国文化产业增加值为25829亿元，占GDP的3.82%，年均增长10.0%，比同期GDP增速高2.3个百分点，如图5-1所示。

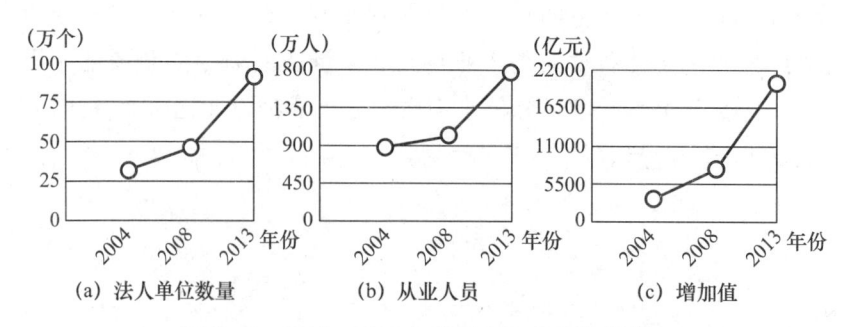

图5-1　2004—2013年我国文化产业增长情况

资料来源：国家统计局网站。

2. 产业结构不断优化

当前我国的文化产业发展的优势产业为文化信息服务业和文化创意设计服务业。随着我国新型工业化和信息化的加快发展,"互联网+文化"发展势头迅猛,跨界融合成为文化产业发展最鲜明的特点。2013年,文化信息传输服务业以36.5%的增速发展,在文化产业的比重达到10.1%。文化创意和设计服务业在2013年文化产业产值贡献中的比重达到17%。

3. 骨干企业得到壮大

随着文化产业的发展,文化产业内部呈现资源也不断整合。骨干企业迅速壮大,规模和数量都得到了实质性增长,2015年,文化产业骨干企业已达4.7万家,从业人员达到829.6万人,营业收入达到73690.9亿元,为我国文化产业的发展起到了实质性的推动作用。

4. 产业发展呈阶梯状分布

在2004—2013年的十年间,我国文化产业发展呈现出明显的"东先中赶西跑"的阶梯发展态势。从产业资产规模来看,过去十年里,东部地区的资产规模从2004年的1006.55亿元增长到2013年的4502.25亿元,其规模比重是西部地区平均值的7—8倍。

(二)中国文化产业集聚的空间格局

中国文化产业在空间上主要集聚在环渤海、长三角和珠三角地带[1],主要地域分布集中在北京、上海、广东等一线经济区域,并形成了特色鲜明的产业集聚空间。中部地区的湖南、湖北,西部地区的四川、陕西也具备良好的产业基础。全国各类文化产业园区、基地已达350个,软件和动漫产业基地主要集中在中东部区域中心城市,以及西安、成都等少数西部省会城市。根据2004—2009年北京、上海、深圳、长沙、西安和成都6个城市的文化产业增加值及GDP比重绘制的各城市对比图(见图5-2),可以明显看出我国当前的文化产业发展呈现由东到西阶梯递减的状态,也进一步印证了我国文化产业在向

---

[1] 郭俊娅:《文化创意产业空间演变将呈现三大趋势》,http://www.ce.cn/culture/whcyk/gundong/201111/15/t20111115_22839146.shtml。

北上广区域集聚的事实。

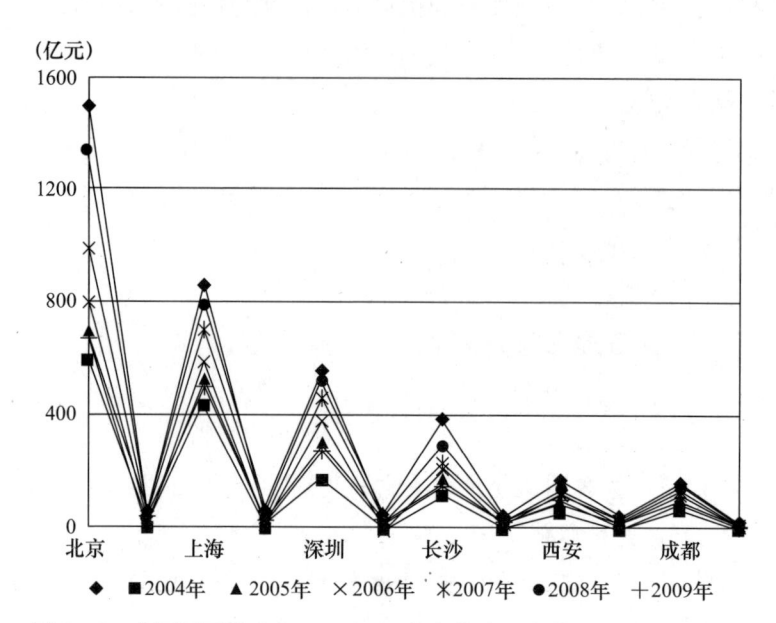

图 5–2　全国重要城市 2004—2009 年文化产业产值及 GDP 比重对比
资料来源：根据国家统计局网站相关数据整理。

随着东部地区经济发展峰值的到来，经济发展开始进入扩散阶段。文化产业由发达城市开始向周边扩散和转移，全国各地文化产业蓬勃兴起。尤其在国家明确提出将建设成渝城市群的重庆和成都为国家级中心城市以来，更多的资源和要素将进一步向西部地区倾斜，这必将带动我国文化产业的空间发展呈现出多极化趋向。在多极化发展的驱动下，随着区域中心城市产业集聚效应不断增强，区域之间的差异化定位及分工将逐渐明晰。各个城市在文化产业发展中有必要找准自己的独特优势，以实现进一步的集聚发展。

（三）成都市在全国文化产业空间集聚中的地位

1. 就文化产业增加值而言，与一线城市还有差距

成都的文化产业经济总量，与全国一线城市如北京、上海、广州、深圳等相比，还相对较低。从文化产业增加值来看（见图 5–3），2013 年，成都的文化产业增加值，与北京、上海、广州、深圳

和长沙相比，明显偏低。北京市的文化产业增加值甚至比成都高出5倍以上。这说明我国东西部经济发展的巨大差距，我国文化产业发展主要集聚在北京、上海、深圳和中部城市长沙。同时也表明成都市在全国文化产业发展中还没有形成集聚优势，未来还有很大的发展空间。

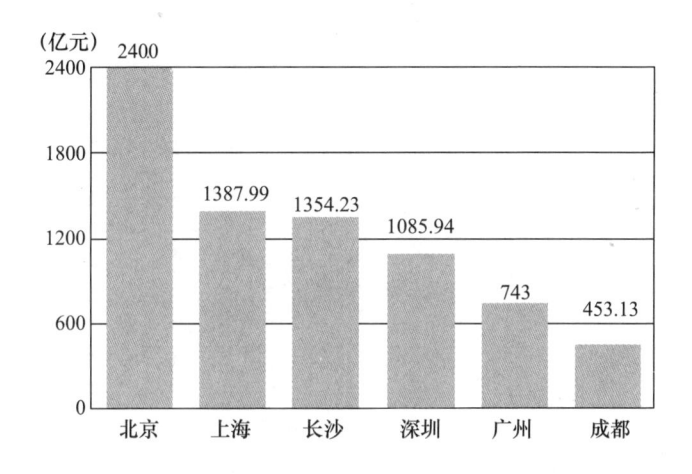

图 5-3 成都市文化产业增加值与北京、上海、广州等一线城市比较

2. 就法人单位而言，已形成鲜明的集聚之势

根据北京、上海、深圳、广州、长沙、重庆和成都7个城市的文化、体育及娱乐业法人单位数及其区位熵测算结果，这7个城市均已形成鲜明的文化产业集聚。而且成都市作为西部国家级中心城市，其文化、体育及娱乐业法人单位区位熵已高达15，仅次于北京市，比上海、深圳、广州、长沙和重庆都要高，可见成都市作为创业之都，为文化产业相关企业提供了良好的创业氛围，在某种程度上已形成一定的文化创意集聚之势，如表5-1所示。

综上所述，就全国范围而言，成都市文化产业与北京、上海、广州等一线发达城市相比，还有一定的距离，还没有成为全国领先的文化产业集聚城市。但是，就西部城市而言，成都市在文化产业集聚方面已经走在了前面，甚至超越了邻居重庆市。作为西部国家级中心城市，在文化产业方面，已经形成一定的集聚优势。

表5-1　文化、体育及娱乐业法人单位数及区位熵比较

城市	法人单位总数	文化、体育及娱乐业法人单位数	区位熵
北京	631000	27000	20
上海	411000	6266	7.5
深圳	237736	2121	4
广州	199249	3119	7.5
长沙	80045	1875	11.5
重庆	255300	5682	11
成都	95800	2881	15

资料来源：根据北京、上海、深圳、广州、长沙、重庆、成都等各市的《第三次全国经济普查报告》整理。

二　成都市在四川省文化产业空间集聚中的地位分析

（一）四川省文化产业发展的总体现状

四川省地处我国西南腹地，与陕西、贵州、云南、西藏、青海、甘肃、重庆等省份交界，北接"丝绸之路经济带"、南邻"长江经济带"，具有先天的区位优势。作为"中国西部综合交通枢纽"和"中国西部经济发展高地"，经济总量连续多年位居西部地区第一。在文化产业发展方面，2013年，四川省共有文化产业法人单位26330个，法人单位增加值为938.43亿元，从业人员达到48.8万人，在西部地区稳居第一。根据2015年发布的中国西部省份文化产业发展指数，四川省在生产力指数、影响力指数和综合指数方面，都位居西部地区之首，且明显高于西部地区其他省份。但相比于东部沿海地区的发达省份，还存在一定的差距。在全国31个省份中，四川省文化产业发

展的指数值在 0—10，在全国区域省份排名中处于第三梯队①（见表 5 – 2）。

表 5 – 2　　　　　　我国文化产业发展三大梯队地区

类型	地区名称	指数值
第一梯队	北京和上海	85—90
第二梯队	广东、山东、江苏和浙江	26—52
	辽宁、山西、湖南、河南、福建、湖北和天津	20—26
第三梯队	安徽、四川、河北、重庆、吉林、云南、江西、陕西、黑龙江、广西、海南和内蒙古	10—20
	宁夏、甘肃、西藏、贵州、新疆和青海	0—10

资料来源：《中国文化产业发展指数（CCIDI）研究成果报告》。

另外，就市场主体来看，四川省文化产业的骨干企业相比于其他发达地区还比较弱小，在文化企业 30 强的地域分布中，四川省入围企业处于最末的地位，如图 5 – 4 所示。② 同时，四川省文化产业的发展还存在资本投入不足、资源依赖性较强、产业附加值较低、创意人才缺乏等问题。

（二）成都市在四川省文化产业空间集聚中的地位

四川作为全国重要的文化资源大省，具有丰富的文化资源类型，各类文化资源因其种类的相异性和区域分布的相对完整性，形成了区、带结合，相对集中的空间组合布局。根据《四川省文化改革"十二五"规划纲要》，四川省的文化产业发展布局呈现"一核四带"的布局趋势和"5 + 2"重点文化产业行业布局。③ "一核四带"中的"一

---

① 教育部哲学社会科学研究重大课题攻关项目"我国文化产业发展战略研究"课题组：《中国文化产业发展指数（CCIDI）研究成果报告》，http：//cciidi. sjtu. edu. cn/news_view. asp？newsid =365。

② 《光明日报》文化产业研究中心：《中国文化企业 30 强调查报告》，http：//www.cssn. cn/wh/ttxw/201505/t20150527_ 2011600_ 3. shtml。

③ "5 + 2"重点文化产业发展布局，即做大做强文化旅游产业、出版发行产业、影视产业、演艺娱乐产业和印刷复制产业，重点培育动漫游戏产业和创意设计产业。

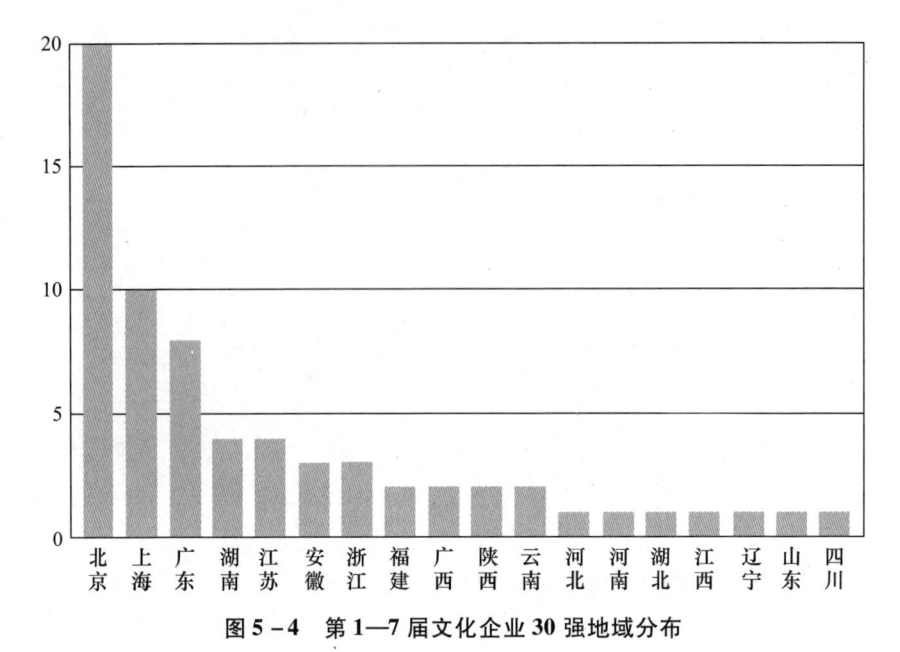

图 5-4　第 1—7 届文化企业 30 强地域分布

资料来源：根据新华网相关发布资料整理。

"核"是重点建设以成都为中心的文化产业核心发展区，"四带"是以红军长征路线、川陕革命根据地、伟人故里、将帅纪念园为主要内容的红色文化产业带、以古巴蜀文化和三国文化为代表的历史文化产业带、以"藏羌彝文化走廊"为核心区域的民族文化产业带和以汶川地震恢复重建区为依托的重建文化产业带，通过"一核四带"的产业布局，将成都和川西、川中、川南、川东北 4 个片区整体结合起来，打造四川省文化产业特色发展区。由此可见，成都市在四川省文化产业发展布局中处于核心地位（见表 5-3）。

从表 5-3 可见，成都市的文化产业法人单位在四川省的占比在 2011—2013 年呈增长之势，到 2013 年已达四川省文化产业法人单位数的 30%。文化产业从业人数占比有所下降，但比重也一直保持在 35% 以上，文化产业增加值更是在 2011 年度占据四川省文化产业增加值的半壁江山还多，2012 年、2013 年也连续两年占据 48% 的比重。综上可见，成都市文化产业在四川省已形成明显的集聚优势，但是，随着城市化的不断发展，成都市以外的其他城市文化产业也有所发展，导致了成都市作为四川省文化产业集聚地，开始一定程度的扩散。

表 5-3　成都市、四川省 2011—2013 年文化产业基本指标比较

		法人单位数（个）	从业人员平均人数（万人）	增加值（亿元）
2011 年	四川省	21819	56.93	607.97
	成都市	5180	24.12	322.86
	比重（%）	23	42	53
2012 年	四川省	23174	46.06	839.50
	成都市	5974	16.77	403.95
	比重（%）	25	36	48
2013 年	四川省	26339	48.8	938.43
	成都市	8042	17.62	453.13
	比重（%）	30	36	48

资料来源：四川省统计局。

第二节　成都市文化产业空间集聚的历史演变

一　成都市城市空间背景

成都市总面积为 12390 平方千米，位于被龙门山脉、龙泉山脉和邛崃山脉环绕的成都平原中部，四川盆地西部。东北和东南面，分别与德阳市、资阳市相邻，南接眉山市，西南紧邻雅安市，西北紧接阿坝藏族、羌族自治州。属于典型的内陆地带。截至 2015 年，成都市下辖 9 区 4 市（县级市）6 县，即金牛区、成华区、青羊区、武侯区、锦江区、龙泉驿区、青白江区、温江区和新都区，都江堰市、邛崃市、崇州市和彭州市，金堂县、大邑县、新津县、双流县、郫县和蒲江县。区域范围内历史悠久，文化资源丰富。

成都市作为典型的以平原为主的城市，其城镇经济发展结构呈现出典型的"屠能模式",即以成都市中心主城区为集聚点,向周边区县呈环状放射式发展。因此,按照发展惯例,被分为三个圈层(见表5-4)。

表 5-4　　　　　　　　　成都市三圈层区县分布

圈层	区县
第一圈层	锦江区、青羊区、金牛区、武侯区、成华区、成都高新区、天府新区、成都直管区
第二圈层	龙泉驿区、青白江区、新都区、温江区、双流县、郫县
第三圈层	都江堰市、彭州市、邛崃市、崇州市、金堂县、大邑县、蒲江县、新津县

根据成都市"全域开放""三圈一体"的战略部署,成都城市空间结构布局呈现为"一轴(贯穿城市南北的城市中轴线)、双核(中心城区和天府新区)、六走廊(成新走廊、成青走廊、成龙走廊、成温邛走廊、成灌走廊和南部走廊)"的全域城镇空间结构,形成"多中心、组团式、网络化"城镇群和"两山"(龙泉山和龙门山)、"两环"(绕城两边绿带和第二绕城两边绿带)、"两网"(市域的水网和绿道网)、"六片"(指市域内六大发展走廊)的生态格局。

为了更好地促进城镇区域协调发展,从"全域成都"和"三圈一体"经济战略思路出发,成都市已经规划构建了由 1 个特大中心城市、7 个卫星城市和 6 个区域中心城市组成的全新城镇体系。特大中心城市为中心城区和天府新区(直管区)构成的成都主城区;7 个卫星城市为第二圈层区县城市和第三圈层的都江堰市和新津县等 7 个城市;6 个区域中心城市为除都江堰和新津之外的三圈层其他城市。

以下将成都市行政区范围内的 19 个区县作为空间研究单元,通过成都市 19 个区县地理分布示意图的分析,对成都文化产业空间结构进行横向与纵向比较分析,并在此基础上对成都文化产业空间集聚形态、组织模式和结构特征进行分析,最后总结出成都文化产业空间集聚的现实格局特征。

二 成都市文化产业空间集聚的历史演变

文化产业作为一门新兴产业，其发展历程到现在也不过几十年的时间。由于成都市深处中国西南内陆地区，虽然国家从20世纪80年代初就实施了改革开放的经济政策，但是，由于受区域经济发展不均衡的影响，以及国家"分三步"走的发展战略，使成都市在20世纪90年代仍然处于计划经济为主、市场经济缓慢发展的阶段，而文化领域作为意识形态领域，其改革及发展的步伐明显要滞后于经济发展，因此，本书对成都市文化产业集聚的空间发展将以国家正式提出"文化产业"一词为起点，即2000年为分析的起始阶段。结合国际国内文化产业发展的宏观背景，本书将成都市文化产业及其空间演变的研究阶段划分为三个阶段，即2001—2005年（"十五"规划）的文化产业空间集聚的萌芽阶段、2006—2010年（"十一五"规划）的文化产业空间集聚的形成阶段和2011—2015年（"十二五"规划）的文化产业空间集聚的发展阶段，以下将分别对三个阶段的文化产业发展及空间变迁加以分析。

（一）成都市文化产业空间集聚的萌芽阶段（2001—2005年）

1. 形成红星路报业传媒产业集聚区

这个阶段，除固有的历史旅游文化资源如武侯祠、杜甫草堂、博物馆、文化宫等文化景观设施和建筑外，以新闻出版和传媒业为主导的早期成都文化产业集聚初步形成。在政府的大力支持和市场培育下，早期的成都市文化产业空间集聚以红星路为空间载体，以四川传媒集团和成都传媒集团为核心带动形成的新闻传媒机构聚落区，代表性的媒体有华西都市报社、成都日报社、成都商报社、成都晚报社等新闻报刊社，以及以成都时代出版社、先锋杂志社、青年作家杂志社、城市改革与发展杂志社等为代表的杂志社。这个阶段诸多报业杂志企事业法人单位聚集的单元地理集聚阶段初步形成。

2. 西部印务产业基地初步呈现

受传媒报业产业发展的直接影响，印刷业成为这个阶段成都市新兴的重点文化产业。印刷行业在成都新闻出版行业中所占比重高达

80%,创造的利润占74%,从业人员占85%。截至2005年,成都市印刷行业协会会员总数达425家,已经形成一定的产业集聚效应。位于锦江区工业园区的西部印务产业基地略显雏形。西部印务产业基地占地达60余亩,有全国一流的印刷车间,有世界一流的新闻报纸印刷设备,专业从事报刊印刷及商务印刷,代表性的企业为四川五牛印务有限公司和成都九兴印刷包装有限公司,分别入选"中国印刷企业100强"。① 五牛印务有限公司承担了成都日报报业集团所属报纸的印刷,2003年,工业总产值9371.8万元,利润总额4747.3万元,上缴税金2321.4万元,是成都报业和商务印刷的龙头企业。成都九兴印刷包装有限公司由四川全兴集团有限公司、永发(香港)印务有限公司和江氏投资有限公司共同投资经营,总投资达2亿元人民币,占地面积90亩,员工总数1035人,拥有世界先进的印刷生产线,主要从事医药、糖酒等包装产品及出版物的印刷。2003年,工业总产值达13050.8万元,销售收入10922.9万元,利润总额1258.2万元,上缴税金729.2万元。以上两家公司已经成为当时成都市纸制品包装印刷和出版物印刷的龙头企业。因此,这个阶段成都市印刷行业的集聚模式以龙头企业为带动,众多中小企业集聚的产业集聚模式。

3. 全国首个数字娱乐产业基地

作为全国游戏玩家和电子竞技选手数量最多、最密集、水平最高、电子竞技赛事频繁的城市,成都市是全国三大数字娱乐中心之一。成都数字娱乐软件园创建于2003年,并率先在全国提出了"数字娱乐产业基地"的概念。在中央、国务院相关部委的肯定和支持下,成都市数字娱乐软件园先后被文化部、科技部和信息产业部批复为国家动漫游戏产业振兴基地国家数字娱乐产业示范基地。

(二)成都市文化产业空间集聚的形成阶段(2006—2010年)

这个阶段,成都市文化产业集聚已经形成文化产业园区、文化产业带等多样化形式。就产业园区而言,到2010年,成都市已经形成成都东区音乐公园、红星路35号文化创意产业园区、三圣乡文化创

---

① http://news.pack.cn/qydt/gnqydt/2005-12/2005122208495334.shtml.

意产业园区、宽窄巷子、锦里、UK028 家居文化艺术创意产业街区、洛带古镇、平乐古镇、街子古镇、黄龙溪古镇、成都安仁中国博物馆小镇 11 个文化创意产业园区、基地和重大项目。

(三) 成都市文化产业空间集聚的发展阶段 (2011—2015 年)

2010 年，天府新区规划成立，成都市城市中心由几千年来的单中心城市演变为以天府广场和天府新区成都起步区为中心的双中心的城市。因此，自 2010 年开始，成都市文化产业的空间发展开始向天府新区文化承载能力的转移。在空间分布上，呈现出以天府广场为老城区中心的传统文化产业集聚、以天府新区成都起步区为中心的现代文化产业集聚和大成都范围内"一极七区多园"的文化产业空间集聚分布模式。

1. 老城区文化产业集聚

老城区是成都两千多年不易城址、不易城名之所，成都历史文化名城的载体，有一脉相承的文化传承和丰富的历史文化资源，城区所独有的川剧文化、古蜀文化、唐宋文化、佛教文化、三国文化、道教文化、非遗文化等资源以及众多的古建筑历史遗迹，是成都特色和成都文化的活证明。因此，在成都现代服务业高度发展和高度集聚的推动下，老城区的文化产业与文化资源正在与现代商业、旅游业相融合，积极转型为国际化的有成都特色的文化艺术中心、文化创作创新演艺中心和历史文化旅游胜地。

2. 天府新区文化产业集聚

根据成都市"再造一个产业成都"的目标，作为国家级开发区的天府新区被划定为先进制造业和现代文化产业核心区。天府新区规划建设的重点文化项目包括科学城、天府软件园、秦皇寺中央商务区、新川创新科技园、西部国际博览中心和成都大魔方等重大文化项目。位于秦皇寺中央商务区的铁像寺水街，作为现代创意文化、商业、餐饮聚集的典范，已被打造为成都时尚休闲集聚区的又一张名片。

3. 一极七区多园的文化产业集聚

2012 年，成都市发布的《文化产业"十二五"专项规划》确定了以空间为载体，以重大项目为依托，以大型骨干企业为推手的文化产业的空间集聚模式，明确"一极七区多园"的文化产业空间区位分布。"一极"为"东村"即东部新城文化创意产业综合功能区，项目规划范围东至绕城高速，西至沙河，南至老成渝路三环路内段及成龙路南侧，北至成渝高速五桂桥段及成洛路，项目覆盖成华区沙河堡片区、锦江区三圣片区及龙泉驿洪河、十陵部分片区。规划面积为41平方千米，作为规划中全新的城市商业副中心，将以传媒、影音娱乐、动漫游戏和文博艺术四大文化创意产业为主，培育形成新的文化创意产业增长极。在成都市"十二五"规划中，东部新城文化创意产业综合功能区被列为文化创意产业重大工程，并明确提出，成都市在"十二五"期间，将重点推进东部新城文化创意产业综合功能区建设，汇聚文化创意企业，培育功能性产业集群。"七区"分别为高新区以文化科技为主的文化创意产业区、锦江区以创意设计为主的文化创意产业区、成华区以数字音乐为重点的文化创意产业区、青羊区以文博旅游为主的文化创意产业区、双流县以动漫为主的文化创意产业区、都江堰市以文博旅游为主的文化创意产业区和大邑县以文博旅游为主的文化创意产业区。"多园"即依托各地历史文化街区、天府古镇、非物质文化遗产、地方特色文化等文化资源，打造各具特色的文化产业园。

三 成都市文化产业空间集聚模式的演变

在成都市文化产业空间集聚演变过程中，政府与市场在不同的阶段扮演着重要的推进作用，但是，随着时间的演变，政府与市场的角力呈现出一定的变化，在市场经济尚未成熟之际，政府往往起主导作用，在市场形成的过程中，又往往体现出市场主导的作用，而在平稳期，也会有政府市场协力主导的作用。

（一）第一阶段（2005年以前）：市场主导，政府引导为辅

2005年以前，由于市场发展不够成熟，当时成都文化产业空间集聚的主要模式是市场主导型。就中心城区来看，主要以楼宇经济为主，2005年成都市文化产业的统计资料显示，文化产业法人单位的空间构成高度集中在中心城区。文化产业类企业主要集中在二环内，以红星路的《四川日报》为主的四川报业集团和以《成都日报》为核

心的成都报业集团，构成成都的报业文化区。在市场主导的基础上，政府力量开始介入，西部印务产业基地规划的出台就是这一阶段政府力量推动的典型案例，以锦江区为中心的以印刷加工、物流配送和印刷人才集聚一体的西部印务产业基地初具雏形，成为西部印刷业发展的核心集聚区。

（二）第二阶段（2005—2010年）：政府主导，市场融入阶段

2005—2010年，是成都市文化产业的大力发展阶段，尤其在产业集聚和空间载体建设方面，在政府的大力推动下有了长足进展。随着成都市文化产业以"市场自发＋政府引导＋企业入主"三方力量共同作用的形式发展，其聚集形态也逐渐演变为"产业基地＋重大项目＋楼宇经济"三种形态共同作用的形式，从而使文化产业空间集聚更为多样化和灵活性。到2010年，成都市已经规划出成都东区音乐公园、红星路35号文化创意产业园区、三圣乡文化创意产业园区、宽窄巷子、锦里、UK028家居文化艺术创意产业街区、洛带古镇、平乐古镇、街子古镇、黄龙溪古镇、成都安仁中国博物馆小镇11个文化创意产业园区、基地和重大项目，初步形成了文化产业集聚的空间格局。

（三）第三阶段（2011—2015年）：协力主导阶段

发展到第三阶段，成都的文化产业在空间上的集聚已经基本成熟，成都东郊记忆公园、红星路35号等以政府为主导的依托旧工厂改造而成的文化创意产业集聚区已经有大量的中小企业入驻，并且具有自身明确的定位，红星路35号的工业设计集聚、东郊记忆的中小型演出展览集聚定位都分别吸引了更多的相关专业机构或个人的入驻。而之前以市场为主导的蓝顶艺术中心主要依托成都知名的艺术家群落而形成的园区，但同时又是依托于政府的大力扶持，兼具资源依赖性特征。由以上分析可知，成都文化产业集聚的组织模式因条件成熟而发生模式转换和混合，最终呈现出政府与市场协力主导的产业集聚模式。

第三节 成都市文化产业空间集聚的现实格局

一 成都市文化产业发展的整体现状

(一) 保持良好的增长态势

在建设中西部最有影响力、全国一流和国际知名的"文化之都"的城市目标指引下,成都市文化产业发展保持了良好的增长态势。根据成都市统计局发布的数据,成都市文化产业近年来保持了良好的增长态势。2013年,成都市文化产业增加值为453.13亿元,占GDP比重为4.97%,比上年增长11.8%,文化产业法人单位数为8042个,从业人员达24万人。在2004—2013年的十年间,成都市文化产业增长了约5.9倍(见图5-5)。这证明成都市文化产业发展已经初具规模,并保持逐年增加的发展趋势。同时成都市文化产业在四川省域范围内形成鲜明的集聚态势,2011—2013年,成都市文化产业法人单位增加值占四川省当年法人单位增加值连续三年在48%—53%。2013年成都市文化产业增加值在四川省的区位熵为1.39,证明成都市在四

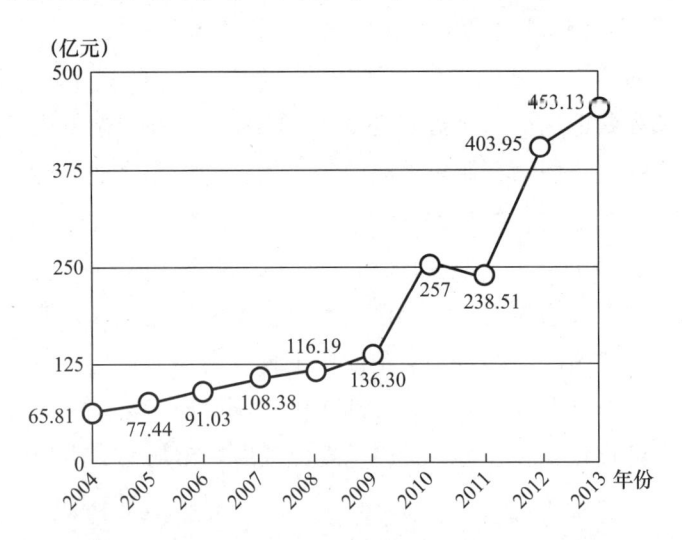

图 5-5 2004—2013 年成都市文化产业增加值趋势

资料来源:成都市统计局。

川省文化产业发展中已经起到了明显的产业集聚效应（见表5-5）。

表5-5　　2011—2013年成都市法人单位增加值与四川省比较

年份	法人单位增加值（亿元）		比重（%）
	成都市	四川省	
2011	322.86	607.97	53
2012	403.95	839.50	48
2013	453.13	938.43	48

资料来源：成都市统计局网站、四川省统计局网站。

（二）产业体系初步形成

在《成都市文化产业发展"十二五"规划》中，明确了成都市文化产业发展的七个重点产业，包括传媒业、文博旅游服务业、创意设计业、演艺娱乐业、原创艺术业、出版发行业和动漫游戏业。根据2011年成都市统计局相关数据（见图5-6和图5-7），在七个重点产业中，文博旅游服务业一枝独秀，是成都文化产业当前发展的主导产业。但是，除文博旅游业之外，其他产业都表现平平，尤其是创意设计、数字传媒业与发达城市相比，还存在很大的距离。

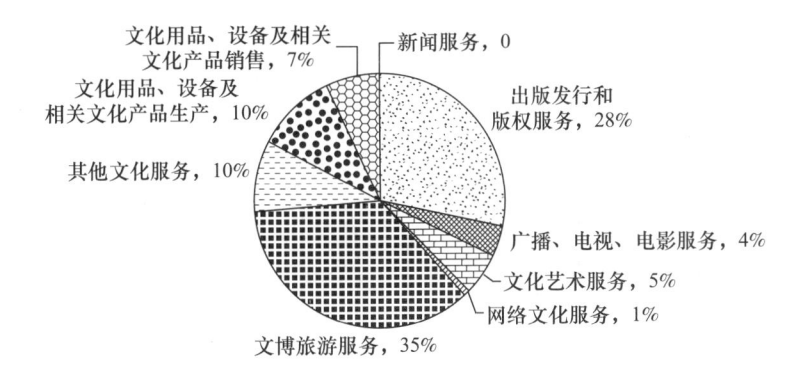

图5-6　2011年成都文化产业主要行业从业人员比重

（文化用品、设备及相关文化产品销售，7%；新闻服务，0；文化用品、设备及相关文化产品生产，10%；出版发行和版权服务，28%；其他文化服务，10%；广播、电视、电影服务，4%；文化艺术服务，5%；网络文化服务，1%；文博旅游服务，35%）

资料来源：成都市统计局。

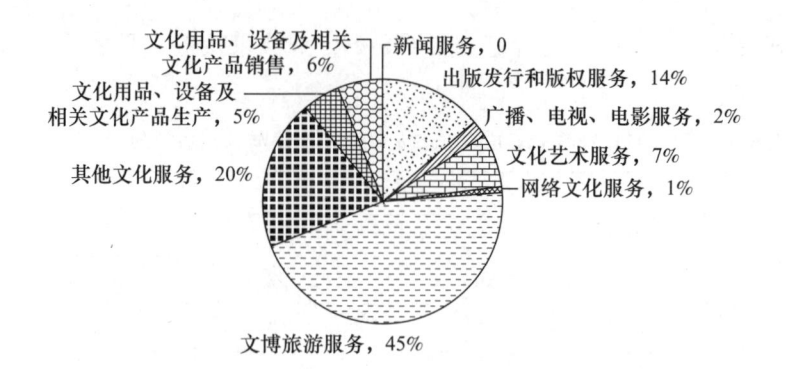

饼图数据：
- 文化用品、设备及相关文化产品销售，6%
- 新闻服务，0
- 出版发行和版权服务，14%
- 文化用品、设备及相关文化产品生产，5%
- 广播、电视、电影服务，2%
- 文化艺术服务，7%
- 网络文化服务，1%
- 其他文化服务，20%
- 文博旅游服务，45%

图 5-7　2011 年成都文化产业主要行业法人单位数比重

资料来源：成都市统计局。

（三）呈现产业空间集聚态势

在文化产业规模逐渐壮大的同时，成都市文化产业也呈现出明显的空间集聚态势。截至 2014 年，已建成青羊区绿舟文化产业园区、成都浓园国际艺术村、红星路 35 号文化创意产业园、蓝顶艺术中心等（见表 5-6）国家、省、市级以上文化产业示范园区（基地）33 个，其中，国家级 7 个，省级 17 个，市级 9 个。

表 5-6　成都市市级以上文化产业园区（基地）名单（截至 2014 年）

级别	园区（基地）	主营	区位
国家级示范园区	四川省成都青羊绿舟文化产业园区	文博旅游	青羊
国家级示范基地	成都武侯锦里旅游文化经营管理公司（成都市锦里）	文博旅游	武侯
	四川安仁建川文化产业开发有限公司（建川博物馆聚落）	文博旅游	大邑
	成都市三圣花乡	文博旅游	龙泉
	成都市兴文投资发展有限公司（金沙遗址博物馆）	文博旅游	青羊
	成都洛带客家文化产业开发有限责任公司（洛带镇）	文博旅游	龙泉
	成都演艺集团有限公司（大魔方、亚洲演艺中心）	演艺	高新
省级示范园区	安仁（中国）博物馆小镇	文博旅游	大邑

续表

级别	园区（基地）	主营	区位
省级示范基地	成都桃花故里农家乐经营管理有限公司	文博旅游	龙泉
	成都文旅资产运营管理有限责任公司（宽窄巷子历史文化保护区）	文博旅游	武侯
	四川天晟商业经营管理有限公司（文殊坊）	文博旅游	青羊
	成都许燎源现代设计艺术博物馆	创意设计	锦江
	四川省锦城艺术宫	演艺	锦江
	国家动漫游戏产业（四川）振兴基地	动漫设计	高新
	成都文创投资发展有限公司（红星路35号文化创意产业园）	创意设计	锦江
	黄龙溪文化古镇	文博旅游	双流
	成都浓园文化艺术传播有限公司（成都浓园国际艺术村）	艺术原创	武侯
省级示范基地	成都传媒文化产业园区运营管理有限公司（成都东郊记忆）	文博旅游	成华
	成都绿舟文化旅游投资管理有限公司（成都国际非物质文化遗产博览园）	文博旅游	青羊
	成都蓝顶创意产业有限公司（蓝顶艺术中心）	艺术原创	锦江
	成都龙潭裕都实业有限公司（龙潭水乡）	文博旅游	成华
	成都天府华侨城实业发展有限公司欢乐谷旅游分公司（成都欢乐谷）	休闲旅游	金牛
	成都市琉璃旅游投资开发有限责任公司（街子古镇）	文博旅游	崇州
省级实验园	锦江区文化创意产业园	创意设计	锦江

资料来源：成都市政府门户网站（http://www.chengdu.gov.cn）。

从区县产业发展的分布来看，2013年成都市经济普查数据显示，处于第一圈层的锦江区无论是从就业人数、资产规模还是产业增加值来看，都比其他区县有明显的优势；从大成都的范围来看，锦江区已经成为成都市所有区县中的文化产业集聚地（见表5-7）。

根据金牛区商务局发布的成都市五城区现代服务业比较优势指数表（见表5-8）可知，锦江区在文化娱乐业方面相比于其他区域有着绝对的优势。因此，无论是从产业指数还是从 GDP 比值来看，成都市文化产业比重都倾向于锦江区。

表 5-7　成都市各区（市）县文化产业法人单位数、就业人数和资产规模

区（市）县		法人单位数（个）	就业人数（人）	资产规模（亿元）
第一圈层	锦江区	230	10095	66.25
	成华区	160	1912	2.4
	武侯区	324	5400	22.53
	金牛区	272	6624	8.74
	青羊区	320	7594	69.20
第二圈层	龙泉驿区	165	1412	3.14
	温江区	126	1940	5.88
	青白江区	61	426	0.26
	双流县	157	4237	10.34
	郫县	230	1631	1.70
	新都区	147	2407	0.80
第三圈层	都江堰市	93	752	2.48
	彭州市	99	712	0.43
	金堂县	44	328	0.17
	大邑县	74	1325	21.62
	蒲江县	22	150	0.09
	新津县	71	844	0.8

注：邛崃市、崇州市因数据缺失，未列入。

资料来源：成都市各区（市）县第三次全国经济普查报告。

表 5-8　　成都市五城区现代服务业比较优势指数

行业	金牛区	锦江区	青羊区	武侯区	成华区
交运仓储邮政	1.70	0.24	0.73	0.93	1.81
信息传输、计算机服务和软件业	1.27	1.08	1.24	1.40	1.53

续表

行业	金牛区	锦江区	青羊区	武侯区	成华区
金融业	0.76	1.53	2.05	0.88	0.71
租赁和商务服务业	1.28	2.21	2.24	1.95	0.84
科研、技术服务业和地质勘查业	3.07	0.29	1.58	1.83	1.22
批发和零售	1.26	1.76	1.92	1.29	0.83
住宿和餐饮业	1.06	1.03	1.04	1.22	0.86
房地产业	1.08	2.00	1.08	1.63	0.67
居民服务等	1.20	0.75	0.88	1.05	1.22
文化体育和娱乐业	1.41	3.19	1.21	0.96	1.28

资料来源：成都市金牛区商务局：《加快我区生产性服务业发展对策研究》。

综上分析，成都市文化产业空间集聚遵循了一般的文化产业集聚模式。从空间区位来看，成都文化产业呈现以锦江区为代表的中心城区为集聚区，向第二、第三圈层逐层递减的扩散模式，形成了以锦江区为核心，第一圈层为主导，第二、第三圈层因地制宜发展的文化产业空间集聚格局。

二 成都市文化产业空间集聚的区位分布

根据 2010 年颁布的成都市产业功能区规划，文化创意产业被列为五大战略性产业之一，并以产业功能区的形式明确了文化产业发展的空间载体。[1] 其中，锦江区被确定为以传媒和工业设计为主的文化创意产业区、成华区是以数字音乐为重点的文化创意产业区、青羊区是以文博为主的文化创意产业区，第二圈层的双流县（高新区）是以动漫为主的文化创意产业区，第三圈层的大邑县被确定为安仁文博旅游区、蒲江县为印务包装产业区（见表 5-9）。

锦江区文化产业的空间格局主要为以红星路及其沿线为创意产业发展轴，以三圣乡国家文化产业示范基地为艺术原创集聚点，红星路

---

[1] 成都市投资促进委员会：《成都产业功能区规划》，http://www.chengduinvest.gov.cn/detail.asp?ID=9572。

35号国家广告产业园为广告创意产业集聚区、锦江区创意产业商务区以及红星路沿线产业带为数字传媒和现代印务集聚区。成华区重点发展数字音乐、摄影艺术等与时尚生活相结合的产业集聚,主要依托在原有的红光电子管厂基础上改建的东郊记忆为产业园区载体。青羊区文化产业主要集聚在非遗文化博览园、西村大院、宽窄巷子附近的魁星楼创意街区,双流(高新区)的动漫产业主要集聚在天府软件园、天府新谷、数字娱乐软件园等园区,大邑安仁的文博旅游业主要以安仁古镇和建川博物馆为依托,蒲江县在包装、印务产业的基础上已经形成了以艺术与民俗文化相结合的艺术村落。

表5-9　　　　　　　　成都市文化创意产业功能区划

区（市）县	区（市）县管产业功能区
锦江区	以传媒和工业设计为主的文化创意产业区
成华区	以数字音乐为重点的文化创意产业区
青羊区	以文博为主的文化创意产业区
双流县（高新区）	以动漫为主的文化创意产业区
大邑县	安仁文博旅游区
蒲江县	印务包装产业区

资料来源:根据成都市产业功能区规划整理。

三　成都市文化产业集聚的类型

成都市文化产业在空间上集聚的形态具有多样性。从目前来看,主要有历史文化型、旧城改造型、科技创意型和艺术村落型四大类型。历史文化型主要是以历史文化资源为依托,在原有的文化资源基础上创新开发新的产业空间,比如以宽窄巷子、锦里等为代表的历史文化街区。旧城改造型主要由政府或企业将中心城区废弃不用的老建筑加以改造翻新而成,旧城改造型空间的最大好处就是能最大限度地保留城市原有的文化氛围,为文化创意工作者创造场所的文化氛围。比如青羊区的明堂、金牛区的436文化创意机构以及锦江区的红星路35号等。科技创意型主要以政府规划为导向建立的科技与文化相融合的产业园区或基地,比如高新区的数字娱乐产业园。艺术村落型主要由艺术家带头推动的艺术原创集聚地,比如三圣乡的蓝顶艺术区、许燎源现代创意设计艺术博物馆、浓园国际艺术村以及蒲江县的明月村等。对成都市文化产业集聚类型分类具体如图5-8所示。

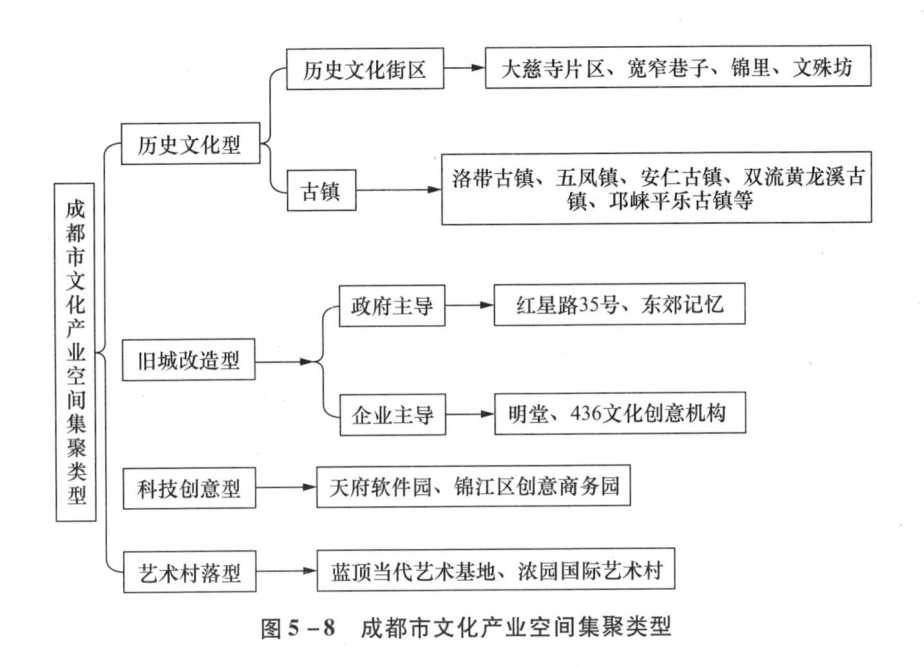

```
                        ┌─ 历史文化街区 ──→ 大慈寺片区、宽窄巷子、锦里、文殊坊
          ┌─ 历史文化型 ─┤
          │             └─ 古镇 ──→ 洛带古镇、五凤镇、安仁古镇、双流黄龙溪古
          │                          镇、邛崃平乐古镇等
成都市    │
文化产业  │             ┌─ 政府主导 ──→ 红星路35号、东郊记忆
空间集聚 ─┼─ 旧城改造型 ─┤
类型      │             └─ 企业主导 ──→ 明堂、436文化创意机构
          │
          ├─ 科技创意型 ──→ 天府软件园、锦江区创意商务园
          │
          └─ 艺术村落型 ──→ 蓝顶当代艺术基地、浓园国际艺术村
```

图 5-8 成都市文化产业空间集聚类型

四 成都市文化产业空间集聚的产业分布

成都文化产业空间集聚依据不同的产业内容而呈现不同的产业组织模式。在发展过程中,充分注重文化传承、旧城改造与产业发展相结合,依托园区、楼宇、老厂房、历史街区等载体,以历史文化遗产与文博旅游业结合,现代创意设计演艺业与体验经济相结合的模式,通过重大产业项目的带动,在传媒业、文博旅游服务业、创意设计业、演艺娱乐业、文学与艺术品原创业、动漫游戏业、出版发行业七大行业形成了专业分工的产业结构,且均有不同程度不同形态的集聚。

(一)文博旅游服务业

成都市的文博旅游服务业在空间上的集聚主要表现为历史文化街

区、博物馆聚落和古镇的形式。

　　历史文化街区以少城片区的宽窄巷子、大慈寺片区的远洋太古里、文殊院片区的文殊坊、九眼桥片区的水井坊历史文化街区、武侯祠的锦里街区为代表，这些街区均是依托一定的古建筑或古庙堂打造的将现代商业与旅游经济、文化经济、体验经济完美融合的全新业态。让静态的文化、文物、文态得以复活再生，将成都几千年的文化资源与文化传承通过消费者体验观光、消费的形式加以发扬传承。但它们又各有特点，其中最具代表性的当数宽窄巷子和远洋太古里。

　　宽窄巷子是成都市首创的第一条历史文化街区，原址为清朝康熙年间留下的官兵驻地宿舍，2003年确立主体工程改造，2008年改造完工。项目由宽巷子、窄巷子和井巷子三条城市老街及45个清末民初风格的四合院组成，并有花园洋楼、精品酒店等穿插其间，形成独具成都特色的院落式情景消费街区。三条古街分别代表三种不同的成都生活，宽巷子打造的是老成都的"闲生活"，窄巷子打造的是老成都的"慢生活"，井巷子打造的是老成都的"新（时尚）生活"，是原味成都生活的浓缩再现。

　　大慈寺片区的远洋太古里是依托修建于唐朝的大慈寺古庙和六幢古建筑打造而成的以成都传统文化为表征的国际化商业名片，也是成都市打造国际购物天堂的名片，是成都市国际时尚生活与成都传统文化完美融合的商业典范。项目位于大慈寺路以南、纱帽街以东，紧邻成都商业最中心最繁华的春熙路商圈。通过保留古老街巷与历史建筑，以"现代诠释传统"的设计理念将成都的文化精神注入建筑群落之中，真正实现历史与现代、国际与成都、开放与自由完美融合。项目聚集了众多国际一线品牌，包括爱马仕、古驰、卡地亚、范思哲等世界顶级时尚品牌旗舰店，以及国际一线餐饮、书店、化妆品等知名品牌。2015年，成都市发布了关于将成都建设成为具有国际影响力购物天堂"行动计划"，行动计划中，"春熙路—大慈寺—水井坊—合江亭"一带将通过5年的时间打造为百亿级锦江国际新城商圈、国家5A级旅游景区，以春熙路盐市口商圈、红星路大慈寺商圈和锦江国际新城商圈为核心的锦江区将在15年之内打造成为世界级购物街区、国际购物天堂和世界旅游目的地核心区。由此可见，以远洋太古里为代表的大慈寺商圈在成都国际化进程中的地位与分量。

博物馆是成都市文博旅游服务业的又一重要空间集聚形态。博物馆是一个城市的历史文化、民俗文化的缩影。据新华网统计①，截至2015年5月，成都已登记备案的国有博物馆有45家、非国有博物馆78家，博物馆总数量达到123家，其中，包括国家一级博物馆4家，国家二级博物馆2家，国家三级博物馆7家（其中包括5家民办博物馆），位居全国第一。同时3个博物馆群正在规划建设中，未来成都市有望成为国内有影响力的"文博旅游之都"。在这些博物馆中，最有代表性的是位于大邑安仁的建川博物馆集聚群。建川博物馆集聚群区内有30余个主题展馆，被誉为中国第一也是最大的民办博物馆聚落。加上刘氏庄园等历史文化项目的集聚，安仁古镇也因此成为中国首个博物馆小镇。

从成都市民间博物馆的经营内容来看，范围广泛，涉及雕塑、陶瓷、织绣、林木、家具、书画、中药等众多门类，私人博物馆事业的发达体现了成都人民对收藏文化的热爱，收藏是源于热爱，源于兴趣，也正因如此，催生了成都市民间博物馆的发达，同时也印证了成都人好耍爱玩的特性。

天府古镇群落。天府古镇是成都历史文化名镇的统一称谓。在成都市第二、第三圈层散落着大大小小的古镇达25个之多。这些古镇在农耕文化、古蜀文化、宗教文化、民俗文化、移民文化、饮食文化、建筑文化等方面都有非常深厚的成都特色与印记。自20世纪90年代开始，成都市便开始对历史文化名镇进行保护和开发，先后投资数亿元进行基础设施、古镇形态等方面的保护和改善，到目前已成功申报6个国家级历史文化名镇，11个省级历史文化名镇、8个市级历史文化名镇②（见表5-10）。

---

① 成都要家：《成都博物馆总量居全国城市第一位，18家免费》，http://www.sc.xinhuanet.com/content/2015-04/21/c_1115043823.html。
② 成都商报：《25座天府古镇，各有特性》，http://sc.sina.com.cn/news/b/2014-05-25/0952211499_4.html。

表 5-10　　　　　　　　　成都市天府古镇名单

龙泉驿区洛带镇	金堂县五凤镇	蒲江县西来镇	邛崃市大同乡	崇州市崇阳镇
青白江区城厢镇	金堂县土桥镇	新津县永商镇	邛崃市火井镇	崇州市怀远镇
新都区新都镇	彭州市小鱼洞镇	大邑县新场镇	邛崃市茶园乡	崇州市街子镇
新都区新繁镇	彭州市新兴镇	大邑县安仁镇	邛崃市临邛镇	崇州市元通镇
温江区寿安镇	彭州市白鹿镇	郫县唐昌镇	邛崃市平乐镇	双流县黄龙溪镇

资料来源：新浪四川（http://sc.sina.com.cn/news/b/2014-05-25/0952211499_4.html）。

通过以上分析可知，成都文博旅游服务业的发展，在很大程度上依赖于历史文物资源，比如历史文化街区、博物馆、古镇等资源，空间附着性和不可迁移性是这些项目的重要特性，因此，成都文博旅游服务业的空间集聚是由历史文物所在区域决定的。这些历史文物作为文博旅游服务业发展中的核心元素，传承着不同时期成都的文化生活状态和生产状态。但是，由于自身的产业特性和空间特性，在成都文博旅游服务业发展中存在对历史文物过度依赖和创新开发不足的状态。在以上所提及的三种状态的文博旅游服务业中，开发较好的主要是以锦里、宽窄巷子、大慈寺—太古里为代表的历史文化街区和以洛带、黄龙溪、平乐等为代表的天府古镇，这些项目通过商业将古代与现代、历史与时尚相结合，很好地融汇了成都休闲的文化气质和以茶馆、游乐为休闲主题的产业业态，但是，在博物馆经营方面却相对缺乏活力和创新性。比如金沙遗址博物馆，是古蜀国文化的历史再现，但成都市民对于金沙遗址博物馆的兴趣仅在于春节期间的大庙会，在平时是很难得有心去逛博物馆的。因为博物馆的文物都在陈列馆里，文物是与现代人们的生活相脱离的。成都博物馆要走出经营的困境，就要打破历史文物与人民生活相隔离的状态，在两者之间找到融合的桥梁和纽带。

（二）传媒业

成都传媒业包括文化出版、广播、新闻传媒等相关产业，成都传媒业的空间集聚主要依托成都传媒集团、博瑞传媒集团等大型企业集团集聚形成。"十二五"期间，成都传媒业增加值实现年均20%以上的增长，2015年成都传媒集团年产值达到70亿元。成都传媒业主要集聚在锦江区，形成了"一区一带"的空间集聚格局。"一区"即锦江创意产业商务区，园区内入驻了四川省内最大的骨干传媒企业总部，包括创意成都总部、新华之星文化总部和成都传媒总部，三大总部分别以成都博瑞传媒公司、新华文轩出版公司和《成都日报》报业集团为代表企业，投资规模17.4亿元，占地规模达104.5亩。项目的形成将带动四川出版集团、新华文轩集团、梦工厂等一批大型的出版传媒企业总部入驻，形成成都市乃至四川省的文化传媒产业集聚。"一带"即沿红星路一带形成的数字媒体、网络广告、数字内容原创、数字创意设计、在线新闻等产业现代化数字传媒产业带。

随着移动互联网的普遍运用，微信公众号、微博公众号等新媒体、自媒体的不断崛起，对传统的报业杂志和文化出版业产生了一定程度的冲击。曾经叱咤全国报业的《成都商报》《成都晚报》《华西都市报》都相继受到了不同程度的影响，因此，新的媒体兴起对成都传媒业提出了新的挑战，有必要在新一轮竞争中积极布局，重回当年的辉煌。

（三）出版发行业

成都出版发行业依托传统传媒业的产业带动而有了良好的发展。在依托原有的锦江区印务产业基地基础上，出版产业依托传媒业在锦江创意产业商务区已凸显集群发展的态势。目前已入驻的出版印务企业有博瑞印务、新华彩印、成都日报社印刷厂、四川日报印务中心、华侨新苑和四川联翔印务6家企业，形成了完整的传统出版、印务、发行和物流产业链。根据成都市文广新局规划，成都未来将加快发展数字出版业，成都现代印务基地、东村国际书街等重点印务项目正在加快推进，全国领先的出版发行中心正在形成。

（四）创意设计业

成都创意设计产业的集聚主要依托废旧的工厂改造而成。代表性的有红星路35号文化创意产业园、成都东郊记忆创意集聚区、文旅"领·Show"创意设计园、东村设计创意产业园等创意产业集聚体。

这些创意产业集聚的形成大多主要以政府为推手，以产业为带动，在空间打造成型之后，引进一批在国内外具有影响力的设计企业、设计师工作室，并不断地吸引成都本土的创意设计企业入驻，建成全国一流的创意设计基地，并通过举办有影响力的设计主题展会，打造"成都设计"品牌名片。

（五）演艺娱乐业

成都演艺娱乐业的空间集聚主要表现为演出中心、电影院线等空间形态。目前，成都比较有代表性的演出中心有交子音乐厅、西婵国际剧场、华美紫馨剧场和锦城艺术宫等演出剧场。大多数剧场的舞台设施设备已经达到国际国内先进水平，常年承办歌舞话剧等各类文艺演出。成都东郊记忆音乐公园是成都市近年来重点打造的以"音乐互动体验消费"为特色的数字音乐企业集聚区，也是中国目前唯一以音乐互动体验和数字音乐为主题的产业集聚园区。未来成都还将新建3—5个大型综合性剧院，打造中西部演艺娱乐中心，力争演艺娱乐业综合实力居全国同等城市前列。

（六）动漫游戏业

成都动漫游戏业主要依托天府软件园、天府新谷、数字娱乐软件园等园区形成产业集聚。截至2015年年底，高新区已集聚动漫游戏企业400余家，年营业额达到82.4亿元，同比增长35.97%。作为有"游戏第四城""开发者之城"和"手游之城"称号的成都动漫游戏业，以游戏产品研发为核心，包括发行、运营、渠道等，目前已经形成了完整的产业链。未来成都动漫游戏业将通过跨界融合的方式，沿产业链布局泛娱乐生态。在推进动漫游戏业发展过程中，成都高新区分别从科技、人才、知识产权等领域给予了政策鼓励，并以联盟的形式将科研机构、设计企业及设备生产商家紧密联系起来，形成产业创意人才聚集体，以此推动成都动漫游戏业的发展。

（七）原创艺术业

成都市是中国原创艺术的重镇，被誉为"当代艺术第三城"。原创艺术的空间集聚主要集中在蓝顶艺术中心、浓园国际艺术园区、西村大院和北村艺术家聚落等重量级艺术聚集区。成都市原创艺术聚落的形成主要是依靠艺术家自发形成、政府扶持的模式。蓝顶艺术中心是中国当代艺术聚落的典型代表，由中国著名当代艺术家周春芽、郭伟、赵能智、杨冕等于2003年创立，发展到现在已经形成以艺术家为主，建筑设计、平面设计、数字动漫等创意人士组成的多达300多人的原创艺术聚落。由艺术家聚集带动的艺术商业、画框生产、艺术会所、艺术品物流配送等相关行业的兴起，艺术经济产业链已经完整的形成。在艺术家工作日开放日基础上发展起来的成都蓝顶艺术节经过几年的发展，也日趋成熟。蓝顶艺术中心不仅形成了艺术家群体的聚落，更形成了有成都特色的艺术氛围。成都浓园国际艺术村建成于2005年，园区以公司招募艺术家成立工作室的形式运作。园区产业艺术产业链涉及艺术创作、艺术交流、艺术品拍卖、艺术鉴赏等领域，经过几年的发展，已经集聚了油画、雕塑、书画和摄影等领域的艺术家200多位，已形成良好的艺术产业集聚态势。西村大院项目位于青羊区贝森路，由成都著名艺术家刘诗昆于2014年投资修建，由西村创意基地发展起来。园区集复合型办公区、创意企业孵化器、艺术品展览、艺术交易于一体，同时有城市运动休闲、酒店、图书馆等配套设施。园区将被打造为创意商业、时尚潮人创意集聚的创意社群。

在成都市成熟的原创艺术空间集聚发展的基础之上，成都市将进一步建立文学与艺术品原创发展基金，探索建立全国性的文学、艺术品原创和交易平台，将成都打造成我国中西部地区文学与艺术品原创中心。

第四节 成都市文化产业空间集聚的组织路径

一 以休闲文化为内核，文博旅游为主导

成都市3000多年的文化积淀，铸就了成都市丰富的历史文化遗产和资源，与成都人休闲娱乐的历史遗传相融合，成就了成都文博旅游服务业的发达。从历年来的统计数据表现来看，成都市文化产业体现出向文博旅游服务业集聚的态势。根据2011年成都文化产业主要行业发展情况来看，成都市文化产业发展相对较好的行业是出版发行

和文博旅游服务业，尤其是文博旅游服务业，占据了文化行业 GDP 将近 50% 的比重。这跟成都市休闲的城市文化氛围是相匹配的，迎合了成都市民好游玩的文化特性（见表 5-11）。

表 5-11　　2011 年成都文化产业主要行业发展情况

行业	单位数		全部从业人员平均人数	
	绝对数（个）	占全市比重（%）	绝对额（万人）	占全市比重（%）
新闻服务	3	0.06	0.01	0.04
出版发行和版权服务	740	14.29	6.80	28.19
广播、电视、电影服务	111	2.14	0.97	4.02
文化艺术服务	351	6.77	1.27	5.27
网络文化服务	62	1.20	0.29	1.20
文博旅游服务	2313	44.65	8.45	35.03
其他文化服务	1015	19.59	2.15	8.92
文化用品、设备及相关文化产品生产	250	4.83	2.47	10.24
文化用品、设备及相关文化产品销售	335	6.47	1.71	7.09
合计	5180	100.00	24.14	100.00

资料来源：成都市统计局。

根据成都市各区（市）县特色文化、项目及园区概览（见表 5-12）可以看出，休闲文化几乎覆盖成都各个区域，这其中包括有原有的历史文化资源场景、创意改造的废旧工厂、乡村休闲观光等种类，也可以看出成都市文博旅游的表现形式是多样而灵活的，且分布在成都市市域范围内的各个圈层。在成都市加快推进国际化购物天堂建设目标的进程中，成都市政府明确提出了要积极促进文化特色与消费体验融合、商业形态与文化旅游融合，形成消费、文化、旅游与服务四位一体的体验式消费环境，由此不断提升成都市作为国际消费中心城市的文化氛围和国际影响力,成都市文博旅游服务业的良好表现为此提供了坚实的文化空间基础。

二 以历史文化为依托,旧城改造为契机

成都市文化产业主要聚集在中心城区的锦江区、青羊区和武侯区。这也充分印证了文化产业向老城区聚集的理论学说和国际惯例。区内历史文化街区项目,比较有代表性的有锦江区的大慈寺历史文化街区、青羊区的宽窄巷子、武侯区的锦里。

表5-12 成都市各区(市)县特色文化、项目及园区概览

圈层	区县	特色文化	项目及园区代表
第一圈层	锦江区	文化创意	红星路35号国家广告创意产业园、528艺术东村
	青羊区	历史文化街区、非物质文化遗产	西村、魁星楼文创街、明堂、非遗博览园、峨影1958
	武侯区	三国文化、科技文化	武侯祠、锦里、南郊公园、浓园国际艺术村
	金牛区	游乐文化	欢乐谷、436文化创意机构
	成华区	工业文化	东郊记忆
第二圈层	龙泉驿区	客家文化、水果节庆文化	洛带古镇、国际桃花节、桃花故里桃文化陈列馆、洛带艺术粮仓
	清白江区	文化产品物流基地	青白江文轩物流基地、青白江文传西部文化物流配送基地
	温江区	娱乐文化	国色天香公园、西蜀文化产业园、悦榕国际高端文化创意中心、四川文化创意产业园
	双流县	饮食文化节、教育文化	黄甲麻羊节、四川大学喜马拉雅文化及宗教研究中心、川大匹兹堡学院国际校区
	郫县	古蜀文化、农家乐	望丛祠公园、农科村农家乐发源地、万云汇互联网娱乐云计算产业基地
	新都区	佛教文化、音乐文化	宝光寺、杨升庵及桂湖、保利公园198、四川省丝绸博物馆、新都文广中心、香乐天下、世纪城市文化创意产业园、美坤三国动漫项目

续表

圈层	区县	特色文化	项目及园区代表
第三圈层	崇州市	历史名镇旅游	街子古镇、崇州市白酒文化博览园、羊马奥普文化产业创意基地
	金堂县	水文化、农业文化	端午龙舟赛、柑橘文化节、黑羊节
	大邑县	博物馆文化	安仁博物馆小镇
	蒲江县	古窑文化	明月村、西来古镇
	新津县	水产美食文化	水上运动节、新津水产美食节
	都江堰市	道源养生文化、都江堰水文化	青城山—都江堰世界双文化遗产、实景剧《道解都江堰》、多媒体音乐剧《青城》《灵岩山文化产业园》、乌木艺术博物馆、万达文化旅游城项目、法国酒文化国际交流中心
	彭州市	地质奇观	龙门山旅游文化
	邛崃市	佛教文化、古镇文化	天台山—中国佛教衙门、平乐古镇、邛窑文化产业园

资料来源：2010年《成都市城市文态建设总体规划》，根据2015年成都市新建项目，园区有所调整。

锦江区大慈寺历史文化街区的打造是近两年成都市充分利用历史文化资源与现代商业形态相结合的成功典范。该区紧邻成都经济最核心最繁华的地段春熙路商圈，依托始于唐代的大慈寺和历史古建筑群进行的国际化商圈打造。目前区内已集聚了成都国际金融中心（IFS）、远洋太古里、崇德里等项目众多国际化项目。

青羊区内聚集了以非物质文化遗产公园为外围重点推动，以宽窄巷子、文殊坊、琴台路、金沙遗址公园、杜甫草堂、青羊宫、西村创意大院等众多内核聚点为协力的文化产业空间集聚模式。尤其是宽窄巷子，是通过对清朝八旗军营宿舍遗址改造而成，以文化艺术的手法还原老成都原味生活与风貌，成功地将文化与旅游相结合打造的历史文化街区。依托宽窄巷子和少城片区，将在旧城改造的基础上，遵循"城市修补"的方式，将少城片区打造为"少城民俗国际体验区"。

武侯区以三国文化为主，形成了以武侯祠、锦里、望江楼为代表的历史文化旅游集聚区。锦里由成都武侯祠博物馆恢复修建，街道全长550米，为武侯祠文博旅游区（三国历史遗迹区、锦里民俗区、西区）的一部分，以三国文化和四川传统民俗文化为主要内容打造的清末民初仿古建筑群，堪称"成都版清明上河图"。现为成都市著名步行商业街，与重庆解放碑、天津和平路、武汉江汉路、北京王府井等全国一线城市的商业步行街齐名。2005年锦里被评选为"全国十大城市商业步行街"之一，2006年被文化部授予"国家文化产业示范基地"。

以上这些历史文化街区，都是在原有废旧的街道或社区的基础上重新植入历史文化元素，以现代化的产业运营复活中心城市的文化艺术氛围。利用旧城改造促进文化产业在空间上的集聚是成都文化产业集聚的另一个特征。锦江区的红星路35号、成华区的东郊记忆是旧址改造的成功典范。红星路35号是由成都文创投资发展有限公司于2007年对位于红星路一段的闲置厂房——成都军印印刷厂进行租赁、改造、运营而成的。项目外观运用德国设计师提出的"空间折点"的理念打造，为项目增添了文化创意气质，使其更切合"西部首座文化创意产业集聚园"的称号。园区内目前已聚集300多家创意企业，基本形成工业设计、数字娱乐和广告设计三大主力产业集群。

成华区的东郊记忆是位于成华区二环路东外侧建设南支路4号，建筑面积19万平方米，是在原国营红光电子管厂旧址上由成都传媒集团投资改建而成的文化创意产业园区，于2011年9月正式营业。园区遵循"修旧如旧，旧房新用"的原则，将计划经济时代的工业美学与现代商业建筑完美融合，利用废旧机床、玻壳半成品、废旧罐体、管道等工业遗产加入艺术元素，将东郊记忆营造出兼具怀旧和时尚气息的艺术氛围。园区参考北京798艺术区的运营模式，目前集合了音乐、美术、戏剧、摄影等多元文化形态，主打工业遗址主题旅游，并与中国移动无线音乐合作，推进艺术文化展演聚落的形成。现已被评为成都国家级文化和科技融合示范基地示范园区，并成功创建国家4A级旅游景区，是成都市工业文化旅游的典范。

三 以空间调整为蓝本，重大项目为推手

成都市文化产业在空间上的布局除依托自身原有的历史文化资源

外，还在政府产业规划的蓝本控制下，以重大项目为推手，借助楼宇建设和主题公园开发的模式，以无中生有的手法，带动和促进了数字传媒、动漫游戏、非物质文化遗产等文化产业在规划区内实现空间上的集聚，产生了一批新的文化产业空间集聚形态。这类项目主要以锦江创意产业商务区、成都数字娱乐软件园、青羊绿舟文化产业园和成都东村为代表。

锦江创意产业商务区是以数字出版业为主导的文化创意产业空间，区内引进新华发行集团、博瑞传播、《四川日报》和《成都日报》等省市骨干企业，初步形成了出版传媒总部聚集态势。园区内已经形成五冶大厦、锦江创意大厦、创世纪、中鼎国际、银海芯座、火炬动力港、博瑞创意、南山总部经济中心、新华之星等高端甲级写字楼集群。成都数字娱乐软件园是在四川省政府、成都市政府的大力支持下，于2003年由华诚信息产业集团投资建设、数字娱乐软件园工作委员会运营管理的数字娱乐产业示范基地。园区内已形成涵盖网络游戏、手机游戏、视频游戏、动漫动画、3G新业务、数字音乐、新媒体影视、流媒体、游戏引擎、IPTV、人才培训等多个领域的产业集群，被科技部授予"数字娱乐产业化基地"。青羊绿舟文化产业园是以国际非物质文化遗产博览园为核心，与园区内的运动、绿岭、中华情、滨河四大公园相结合形成以文化旅游和总部经济为主体的复合式主题文化产业园。成都东村，是《成都市文化产业发展"十二五"规划》中的重点规划项目，根据规划位于成都中心城区的东南部，距双流国际机场15分钟车程，是成都市城市向东向南发展的重要方向。按照市委对东部新城文化创意产业综合功能区的总体定位，成都东村的发展目标，是以文化创意产业为主要特征，将文化产业与城市形态完美结合，融合智能化和低碳环保理念，具有独特的城市风貌和文化韵味，充分展示创意设计的"城市中的城市"，建成成都最好、全国一流、国际知名的文化创意新城。

在以上项目的带动下，以主题产业为核心的文化产业园区对成都市文化产业的空间集聚起到了极大的推动作用。成都文化产业在主题文化产业园区的集聚和推动下，很好地实现了产业集聚。由产业集聚带来的经济外部性为园区内的企业提供良好的"经济外溢"效应和"技术共享平台",在基于成本节约和人力资源便捷以及行业氛围的推动下,企业都愿意搬入相应的主题文化产业园区,从而进一步推动了园区的文化产业集聚,带动了就业和政府的税收增长,最终实现了经济的整体良性循环。

四 以艺术生活为基础,文化创意为引领

成都文化产业的集聚除政府规划调整,以项目为主导推进外,还有另外一条路径,就是文化创意者受特定区域文化的吸引自发形成的产业集聚。这种集聚路径适合艺术村落型文化产业集聚,代表性园区有蓝顶艺术区、魁星楼街的明堂、浓园国际艺术村。这类园区集聚的共性是将艺术创意融入社区生活,或者说是某一特类的艺术家受特定地方的文化气质所吸引而选择集聚在一起,逐步发展成为业界内知名的产业集聚空间。

蓝顶艺术区是 2008 年由知名当代艺术家周春芽、郭伟、赵能智、杨冕等在机场附近租用当地的闲置厂房作为自己的工作室,因为厂房是铁皮蓝顶而命名为"蓝顶艺术区",在几位领军人物的带领下,艺术区逐步发展壮大,成为中国著名的当代艺术群落,后来在政府的引导下迁往三圣花乡,发展成为"成都蓝顶当代艺术基地"。蓝顶艺术区内规划包括公共艺术机构、美术馆、艺术中心、产权式工作室和租赁式工作室,雕塑、摄影、动漫等相关衍生行业基地和时尚商业、旅游业等服务机构,形成了完整的产业链。目前已发展成为当代艺术家创作和生活的聚集区,具有自然与人文双重景观的时尚展示区、休闲旅游区、艺术生活方式体验区,是艺术与生活完美融合的典范。

相比于蓝顶当代艺术基地的大家气质,位于魁星楼街的明堂更显市井气质。明堂位于少城片区宽窄巷子附近的魁星楼街,由被闲置的成都社会大学教学楼改造而成。项目由摄影、木艺、音乐、装置艺术在内的 30 多个小型创意工作室组成,是在"大众创业、万众创新"浪潮下的文化艺术类众创空间。项目通过文化艺术生态链的构建,举办为期半年的"Nu ART"(Nu 读音念 NEW)艺术节,吸引了来自世界各地的艺术家,繁荣了成都艺术文创生态圈,开创了成都社区文创

144 | 文化产业空间集聚研究

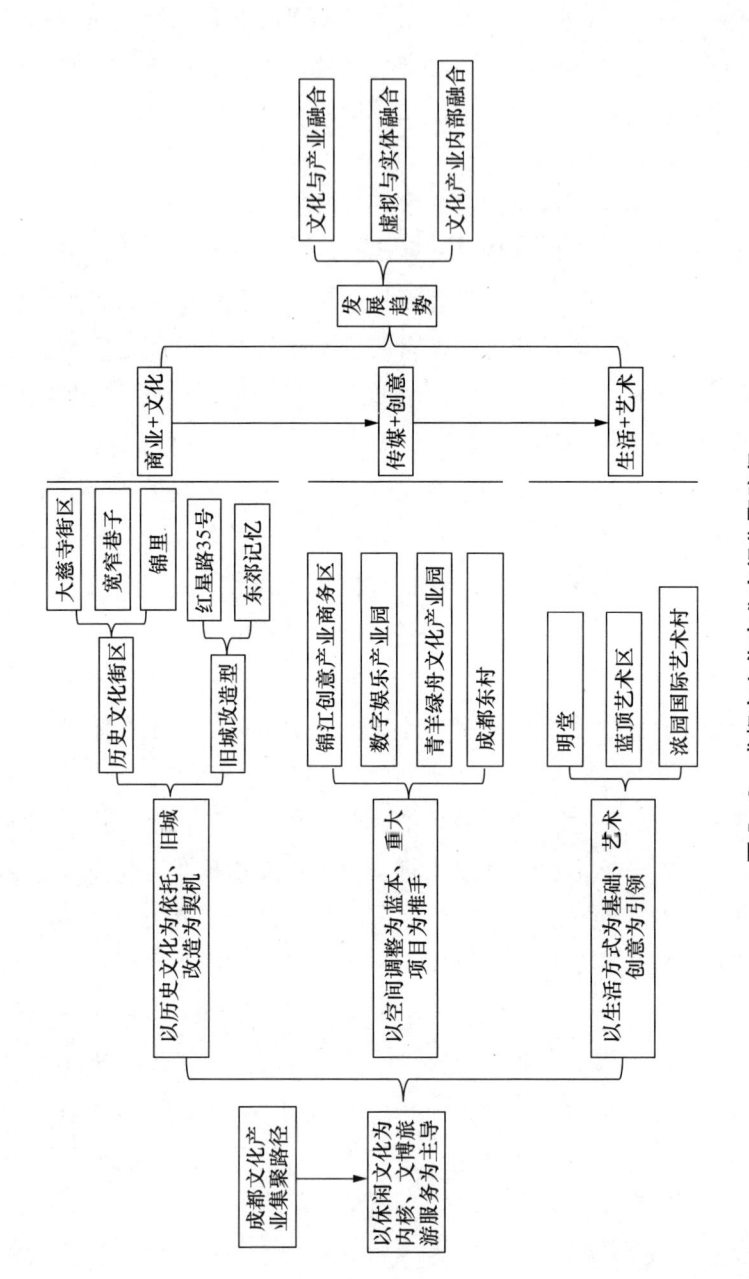

图 5-9 成都市文化产业空间集聚路径

产业的空间集聚。

浓园国际艺术村是由成都浓园文化艺术传播有限公司开发的主题文化艺术园区，项目位于成都武侯大道，占地160亩。目前，已有超过两百位在国际国内有一定影响力的艺术家在"浓园"设立了工作室，入驻机构达36家，成为众多艺术家的创作家园和精神家园，是四川省文化产业示范基地、首批文化重点旗舰企业，获得了2013年"中国最佳创意产业园区"称号。项目于2013年在双流县白河公园内打造了创意型文化艺术生活体验实体——天艺浓园艺术生活体验馆，园区内开放面积2000平方米，融合了艺术展览、文化交流、文化休闲、文化讲堂、文化传播、文物鉴赏等门类的综合性创意艺术体验场馆，是艺术与生活结合的又一典范，已成为成都市民休闲出游的重要场所。

将艺术融入生活，以艺术创意引领生活，是成都文化产业在空间上集聚的重要路径和模式。成都艺术家聚落的空间集聚是对成都文化、成都传统生活模式的现代化植入，是成都浓厚的文化底蕴和悠闲的生活方式对艺术家群体和创业者的吸引，是相对于政府以空间规划调整项目植入方式的一种更加亲民和具有社会文化根植性的产业集聚路径。

从图5-9可见，成都市文化产业空间集聚的路径，其核心是以休闲文化为内核、文博旅游服务为主导的产业发展路径，在这个前提下又遵循三大产业空间集聚路径，即以历史文化为依托、旧城改造为契机的城市文艺复兴模式；以政府空间调整为蓝本、重大项目为推手的无中生有模式；以生活方式为基础、艺术创意为引领的艺术生活模式。这三大模式又分别体现了文化与商业融合、文化与科技融合、文化与生活融合，随着互联网信息技术的发展，以移动传播为基础的新媒体、自媒体的崛起，更进一步促进了成都文化产业内部融合，同时也促进了虚拟产业集群的诞生和发展。比如成都国家广告产业园发起经营的艺哈，就是以"互联网＋文化创意＋产业融合"的服务思维，将成都市现有的实体艺术创意空间如许燎源现代创意设计艺术博物馆、UC37、清源际艺术中心、西村等文化艺术机构以360°全景的形式汇集到艺哈的线上空间,通过创意资源汇集、展示交流、孵化创新、营销互动为青年创业团队、高校学生创业开辟线上展示推广空间及线下实体孵化新渠道。成都文化产业的空间集聚已经呈现出虚拟与现实相结合的产业集聚模式。

第五节 成都市文化产业空间集聚存在的问题

一 互联网技术对传统产业集群的冲击

2016年1月,我国移动互联网用户总数已达9.8亿[①],已全面进入移动互联网时代。在移动互联网信息技术的冲击下,以自媒体为代表的新兴媒体正在崛起,每个人都可能成为新闻中心,每个人都可能成为新闻和事件的传播者。世界的信息网络正在去中心化,新闻和信息传播的渠道不再单纯地依赖于传统的报纸、电视和广播,移动互联网对传统媒体产生极大的冲击作用。随着手机终端的大屏化和手机应用体验的不断提升,手机作为网民主要上网终端的趋势进一步明显。在以移动互联网为代表的新媒体冲击下,传统报业媒体的影响力持续下降,仅2014年,全国报纸发行量就下降了25%[②],报业媒体已经出现断崖式下滑。在这种产业转换和升级的大背景下,成都传统的媒体行业也面临着洗牌和转型的压力,《成都商报》《华西都市报》等传统媒体,都分别开发了自己的移动阅读端,同时还推出了成都全搜索,以微博、微信、移动客户端等全网营销的方式力争使之成为成都媒体内容的旗舰平台。但是,由于成都几家主要媒体的APP均是基于传统媒体的融合客户端,如"看度""锦观""成都商报""谈资"等,不能跟上用户对移动互联网新闻的追求。

---

① 工业和信息化部:《2016年1月通信业经济运行情况》。
② 人民网:《中国报业"断崖式"下滑,2015年发展形势严峻》,http://world.people.com.cn/n/2015/0509/c1002-26974554.html。

基于以上原因，导致成都传媒业在新媒体领域的乏力，丧失了其在产业链上对其他上下游产业链中小微企业的吸附能力。定位为成都现代传媒业主要集聚区域的锦江区创意产业商务区目前仅有四川日报、成都日报、博瑞传播、新华发行集团、文轩连锁几家大的国有传媒集团入驻，但由于这些企业随着出版发行的萎缩，在新媒体行业又未能拔得头筹、取得竞争优势的情况下，没有多余的业务外包出来，因而不能形成产业集群模式下的分工网络。在追求经济效益最大化动机的驱使下，部分企业开始撤出园区，比如华侨新苑彩印包装公司就已计划搬迁到新的地方。① 这也是导致锦江区创意产业商务区不能起到产业的吸附作用，没有能够形成有效的产业集群的原因。

二　政府规划脱离产业发展的基础

综观在成都市政府规划协调下发展的文化产业园区，比如成都东村、成都非物质文化遗产公园以及锦江区创意产业商务区，都有一个共性，即这些园区都是在没有任何文化资源依托或文化创意群体的推进下成立的，是纯粹的无中生有模式。作为以文化为专业特性的文化产业集聚，必然要求其承载的空间载体有文化的支撑。这种支撑可以是深厚的历史文化底蕴，也可以是文化创意群体，如果纯粹以无中生有的模式，依靠政府的行政规划力量去发展，必然会导致园区文化支撑乏力，最终导致空心化的惨败经营。

以成都东村为例，作为《成都市文化产业"十二五"规划》的重点项目，成都东村的发展目标，是要以文化创意产业为主要特征，将文化产业与城市形态完美结合，融合智能化和低碳环保理念，具有独特的城市风貌和文化韵味，充分展示创意设计的"城市中的城市"，建成全国一流、国际知名的文化创意新城。根据规划内容，在区域范围内规划了成都文化产业的主要产业，包括传媒、创意设计、文博旅游、文学艺术品原创、演艺娱乐、出版发行等产业。成都东村产业项目及具体内容见表5-13。

---

①　成都锦江：《锦江区创意产业商务区2014年经济指标完成情况及2015年预测情况》，http://www.cdjinjiang.gov.cn/index.php?cid=1226&tid=25933。

表 5–13　　成都东村产业项目及具体内容

产业类别	项目名称	项目内容
传媒业	成都东村传媒文化中心	以传媒内容制作与传播为核心,引进国内外影视内容制作机构,融合线上与线下,跨界整合泛娱乐和创意内容,通过传统媒体和新媒体进行立体放送,建设现代传媒基地、内容集成与播控中枢、三网融合试点区
	东村国际文化创意港	以数码内容制作和演艺娱乐为核心,建设文化内容产业中心、数码内容体验馆、媒体交流中心,以及百老汇剧院、音乐版权中心、媒体内容制作大厦,打造集数码内容制作发行、手机游戏动漫研发、艺人培训、创意体验、现代商业于一体的文化创意产业聚集区
	东村新媒体产业园	以移动媒体、数字电视和互联网等新兴媒体为核心,重点发展新媒体数据、移动媒体内容、新媒体广告、卫星机顶盒服务、数字媒体数据服务、数字电视中间件、互联网数据服务、三维制作与虚拟现实服务,以及动漫出版、网络游戏等领域,搭建新媒体产业研发、孵化、金融、会展、培训等平台,打造以新媒体产业为主导的文化创意产业园
创意设计	文旅"领Show"创意设计园	以建筑设计为核心,建设"中国建筑设计博物馆",配置商务、商业、酒店等业态,配套休闲公园、公寓住宅等城市功能,打造集创意、设计、会展、生态、居住于一体的"设计总部基地"
	东村设计创意产业园	建设现代商务楼宇,以创意设计为核心,引进国内外知名的工业设计、建筑设计类企业和机构,完善信息交流、公共技术、展示交易、人才培训等公共服务,打造具有原创力和辐射力的创意设计基地
文博旅游	民办博物馆聚焦区	以民办博物馆和艺术原创为重点,以文博艺术与旅游业互动发展为导向,以博物馆岛、当代艺术谷地为载体,建设国内、最具特色的民办博物馆聚落,打造具有国际影响力的当代艺术创作、展示、交易和学术研究中心
演艺娱乐	东村国际演艺度假区	依托十陵生态公园,建设大型剧场、主题剧场和小剧场,超大规模的休闲度假酒店群,国际大型艺术装置空间,海外手工工艺品制作坊,打造以演艺娱乐为特色,集商业、手工艺品观赏体验、艺术品展示、酒店、居住于一体的国际演艺度假区

续表

产业类别	项目名称	项目内容
文化与艺术品原创	东村国际艺术城	以古民居历史建筑为载体，以艺术品原创与交易业为核心，汇聚知名艺术家工作室，具有国际影响力的美术馆、画廊、拍卖公司等艺术品收藏、展示、交易机构，以及相关联的文化创意企业，建设国际化的艺术品交易中心，打造国际艺术特色的商业街区
出版发行	东村国际书街	以书文化为主题，建设特色书街和文化综合体，集购、读、写、交流、休闲、观光旅游等于一体，打造综合性的国际书文化旅游目的地

资料来源：根据《成都市文化产业"十二五"规划》整理。

但是，自规划颁布以来，东村在文化产业方面的发展与规划初衷相去甚远。自2009年项目规划到2016年期间，除几个受规划驱使落地的房地产楼盘借机炒作，比如蓝润锦江春天、空中别墅四海逸家、锦蓉佳苑天阔、合能锦城、华都美林湾等，以及2015年开始主体建筑的绿地468公馆和华熙528，文化产业相关的建筑或项目一个都没有实现。事实证明，将文化创意产业规划在成都东村，并作为主导产业，是与成都市的城市文脉及文化产业的发展特性相悖的。

首先，从成都城市发展的文化机理来讲，素来有"东穷北乱南富西贵"的说法，文化产业作为对经济生活品位有一定要求的产业，其主力群体不是按当下的经济收入状况和收入水平来划分的，随着经济的发展和大量现代楼盘的推进，城东已经进入了中产城东，但是，相较于南富与西贵，依然存在一定的差距。因此，以东村作为整个大成都的文化产业唯一发展极，靠城东主流居民的文化意识与消费观念，是很难支撑起来的。

其次，一个地区文化产业的发展是文化、经济和区位三位一体的结果。区域内首先要有深厚的历史文化底蕴，对文化艺人才能起到吸引作用；经济要有产业支撑，这个产业支撑主要是第三产业中现代服务业和零售商业的支撑，没有一定的产业基础，仅靠无中生有的楼盘和人来支撑，短期内是很难出效果的。

最后，地理区位是文化产业发展的另一个重要因素，人们在选择看电影、看影展参观博物馆或是听演唱会的时候，也会考虑项目可到达的便利性。因此，有深厚的文化底蕴吸引艺人的入驻形成产业集聚，有发达的经济基础培养区域内居民的消费实力，有便捷的交通区位方便人们到达，是文化产业在空间上形成集聚的"铁三角"，对比这三点，成都东村可谓是一点也不沾边，也直接导致了成都东村文化创意集聚区的流产。

三 园区未形成有效的分工网络体系

新经济地理学理论认为，一个区域的产业集聚形成更多的是受"偶然因素"的影响，一旦在某个特定的区域产生之后，受累积循环机制和"路径依赖"效应的影响，这个特定区域的文化产业就具备了自带"发动机"的功能，同时也是一个"自组织体"，能够不断地通过外部效应扩展，最终形成文化产业在特定空间上的聚集，这种空间表现形式可以是产业带，也可以是产业园或松散的基于产业链关联的产业集聚区。但整体看来，成都市文化产业空间集聚内部还没有形成有效的产业纽带联系，根据对成都国家广告产业园入园企业的调研访谈结果，园区内部企业的业务主要来源于两个方面：一是企业自有客户资源；二是园区平台依靠省经信委等相关政府部门的带动推荐的成都市以外的地市级客户。园区内部企业之间甚至未曾一起开展过沙龙活动。这很大程度上违背了马歇尔产业氛围理论，由于企业之间的松散关系，未能形成有效的分工网络效应，外部性未能凸显，这在很大程度上削弱了园区企业的创新成长能力，从而不利于园区集聚能力的扩张。

由于园区内部分工网络效应的缺失，导致成都文化产业集聚很大程度上受限于文化资源的分布，除文化资源要素之外的经济要素、人才要素作用还没有充分地发挥出来。因此，成都文化产业空间集聚还处于资源依赖型的初级阶段。

从各大城市的文化产业定位来看，除成都以外的其他城市，都是以创意设计、数字内容、新媒体等产业为产业定位，充分考虑了文化创意产业的本质即是内容生产的事实。相应地，它们的优势产业都是与科技、金融和互联网紧密结合的（见表 5-14）。成都市无论从产业定位还是优势产业来看，都属于资源依赖型。相较于其他城市，内容创意产业比较缺乏。

表 5-14　　全国文化产业重点城市产业特色及空间分布

城市	产业定位	空间布局	优势产业
北京	面向世界的中国文化创意中心	一心多区多点	科技创意业
上海	全国领先的数字内容生产基地	一轴两河多圈	文化金融业、数字内容产业
深圳	南方创意设计之都	多点特色带动	互联网和数字文化产业
长沙	中部新媒体之城	一带一圈多点	新媒体产业
成都	西部文化旅游和创意娱乐中心	一极七区多点	文博旅游服务业、休闲服务业

资料来源：根据《中国文化创意产业地图白皮书》整理。

从成都文化产业园区（基地）的发展数量来看，国家级示范园区只有 1 个，规模效应和影响力还明显不足，同时受文化产业的地域根植性和经济因素、文化因素制约，成都市文化产业以文博旅游服务为主，在 33 个市级以上示范文化产业园区基地中，文博旅游服务类占据了一半以上，纯粹的以创意设计为主的园区只有许燎源现代创意设计艺术博物馆、红星路 35 号文化创意产业园、锦江区文化创意产业园和国家动漫游戏产业基地，只占将近 1/10 的份额，其余大多是资源依赖型，有的依赖历史文化资源，有的依赖自然文化资源，由此导致这些文化产业的园区（基地）的创新创意不足，这也就决定了成都文化创意产业还依然停留在初级阶段。

本章小结

成都作为西部国家中心城市和四川省会城市，其文化产业在四川省内已形成一定的产业集聚。成都市文化产业空间集聚呈现出以第一圈层为核心，向第二、第三圈层扩散的空间布局特色。随着成都市城市空间结构由单核城市演变为双核城市,成都市文化产业空间集聚也由最初的以天府广场为圆周核心,以红星路传媒产业集聚区为主的单核文化产业空间布局发展到以老城区文化集中地与天府新区文化中心相辉映的"一极七区多园"的文化产业空间集聚态势。

同时,根据成都文化产业的内部产业结构分析,成都的文化产业也形成了自身的产业特性,即是以休闲文化为精神内核,以文博旅游服务业为主导产业,以传媒业、出版业和动漫游戏业为内容产业的表现载体,以演艺娱乐业紧随大众市场娱乐需求,以创意设计产业通过广告创意与工业设计等实现文化产业与传统产业的融合,而原创艺术作为文化产业的高端业态,将成都市的城市文化特质与艺术很好地结合起来,形成了代表四川艺术前沿的"巴蜀派系"。本书从七大文化产业出发对成都市文化产业空间集聚的形态及问题加以分析,正是闲适的城市文化特质决定了成都文化产业主要以文博旅游服务业为主,以茶馆、咖啡等餐饮业态和商业街区相结合的历史文化街区更是成都文化产业空间集聚的重要表现形式,印证了成都人休闲好玩的文化特质。但相对于北京、上海、香港、东京、纽约等国际一线城市,成都市的文化产业在创意设计板块的产业发展还不够充分,而这也是未来成都文化产业发展和文化产业空间集聚努力的方向。

第六章 成都市文化产业空间集聚实证研究

第一节 成都市文化产业空间集聚水平测度

一 文化产业空间集聚的区位熵测度

区位熵（LQ）作为衡量一个地区的产业在空间区位上的专业化水平，能有效地反映一个区域的产业集聚程度，以及在一个较大区域内不同空间上的产业集聚水平。在发达国家的文化产业区位集聚水平测度中，已被广泛应用。

区位熵的计算公式为：

$$LQ_{ij} = \frac{E_{ij}}{E_i} \Big/ \frac{E_j}{E} \tag{6.1}$$

式中，E_{ij}是在地区j范围内产业i的总产值或总就业人数，E_i是产业i在地区i范围内的总产值或总就业人数，E_j是地区j的产值或就业人数，E是地区j的上一级行政区域的总产值或总就业人数。一般而言，区位熵LQ取值越高，说明这个区域的产业集聚度越好。$LQ>1$表示地区i产业的专业化程度高于区域平均水平，产业发展具有规模集聚优势；$LQ<1$表示j地区i产业的专业化程度低于区域平均水平，其产业发展不具有规模集聚优；$LQ=1$表示j地区i产业处于一般水平。

二 成都市文化产业集聚的区位熵测度

（一）就业人数区位熵测度

根据成都市及成都市各行政区县（高新区和天府新区统计数据计入各行政区县）全国第三次经济普查数据，对各区（市）县的文化产业就业人数区位熵进行测度，可以直观地反映各区域的文化产业专业化程度和集聚水平，如表6-1所示。

表6-1　　成都市各区（市）县法人单位区位熵测度

区（市）县		就业人数（人）	区位熵
第一圈层	锦江区	10095	3.23
	成华区	1912	0.72
	武侯区	5400	0.98
	金牛区	6624	1.58
	青羊区	7594	1.93
第二圈层	龙泉驿区	1412	0.55
	温江区	1940	1.23
	青白江区	426	0.26
	双流县	4237	1.15
	郫县	1631	0.66
	新都区	2407	0.70
第三圈层	都江堰市	752	0.26
	彭州市	712	0.2
	金堂县	328	0.07
	大邑县	1325	0.58
	蒲江县	150	0.12
	新津县	844	0.63
	邛崃市★	732	0.23
	崇州市★	732	0.23

注：★表示邛崃市、崇州市因数据缺失，以第三圈层中位数表示。
资料来源：成都市各区（市）县第三次全国经济普查报告。

对比图6-1中就业人数和就业人数区位熵，两者呈相近的区域分布，就业人数总量主要集聚在第一圈层的主城区，区位熵也反映了同样的区位指向。

从成都市各区（市）县区位熵分布趋势来看，锦江区的区位熵指数高达3.23，远高于其他区域。就业人数是一个地区劳动力分工结构的明显标志，说明成都市文化产业的劳动力主要集聚在锦江区，并形

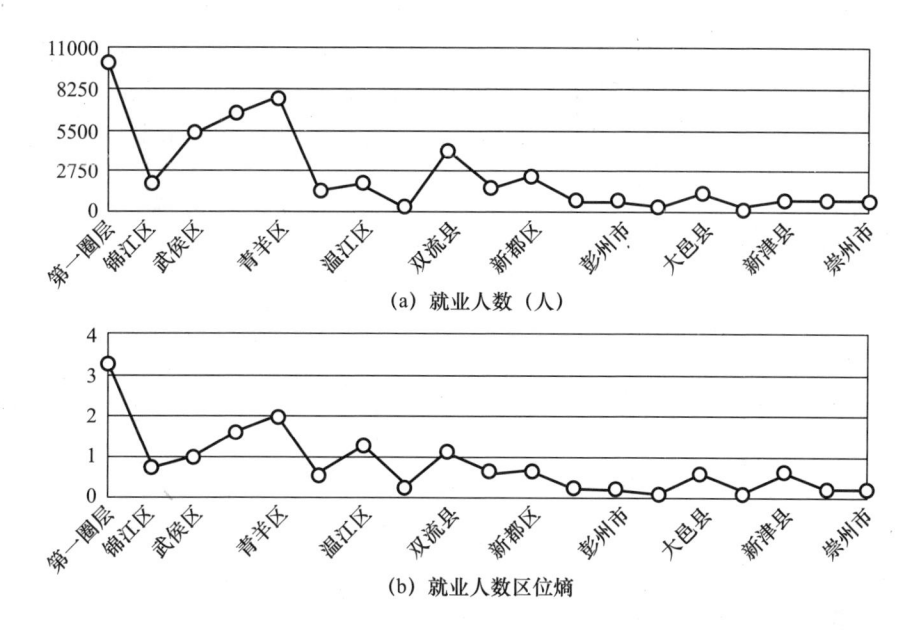

第六章　成都市文化产业空间集聚实证研究 ┃ 155

(a) 就业人数（人）

(b) 就业人数区位熵

图 6-1　成都市各区（市）县就业人数及区位熵分布

成了一定的专业化集群。

（二）GDP 增加值区位熵测度

根据 2013 年成都市及成都市各行政区县文化产业 GDP 增加值及占 GDP 比重，对各区（市）县的文化产业 GDP 增加值区位熵进行测度，可以考察文化产业 GDP 增加值在各个区域的比重以及是否形成了明显的产业集聚，以便考察成都市各区县的文化产业集聚程度和专业化程度，如表 6-2 所示。

表 6-2　　2013 年成都市文化产业 GDP 增加值区位熵测度

		GDP 增加值（亿元）	占 GDP 比重（%）	区位熵
第一圈层	锦江区	110.42	16.7	3.4
	成华区	16.08	2.6	0.53
	武侯区	83.37	12	2.44
	金牛区	45.86	6	1.22
	青羊区	57.34	7.6	1.5

续表

		GDP 增加值（亿元）	占 GDP 比重（%）	区位熵
第二圈层	龙泉驿区	4.01	0.47	0.09
	温江区	12.99	3.8	0.77
	青白江区	3.93	1.3	0.26
	双流县	20.50	2.7	0.55
	郫县	16.07	4	0.81
	新都区	10.31	2	0.4
	高新区	31.84	3	0.61
第三圈层	都江堰市	9.1	3.9	0.79
	彭州市	3.34	1.4	0.28
	金堂县	1.01	0.4	0.08
	大邑县	6.13	4.1	0.83
	蒲江县	2.43	2.7	0.55
	新津县	7.25	3.8	0.77
	邛崃市	6.61	3.9	0.79
	崇州市	3.72	2	0.4

资料来源：成都市统计局。

根据图 6-2 的各区（市）县文化产业集聚趋势图来看，文化产业增加值、文化产业占 GDP 比重与文化产业 GDP 区位熵呈现相近的区位分布趋势，第一圈层的主城区具有明显的集聚优势，且在第一圈层的五大城区中，锦江区的产值、比重与区位熵均属第一，进一步证明成都市的文化产业已经形成以主城区为主导、锦江区为核心的产业集聚形态。

根据以上的文化产业就业人数与文化产业增加值区位熵测度结果，可得到以下结论：

（1）无论是文化产业就业人数还是文化产业增加值的 GDP 贡献来看，都明确显示文化产业发展的优势区域集中在主城区，锦江区的产业集聚效应最好，其次是青羊区、武侯区和金牛区，以及第二圈层的温江区和大邑县，这与成都市文化产业发展重点依靠文博旅游业相吻合。

(a) GDP增加值（亿元）

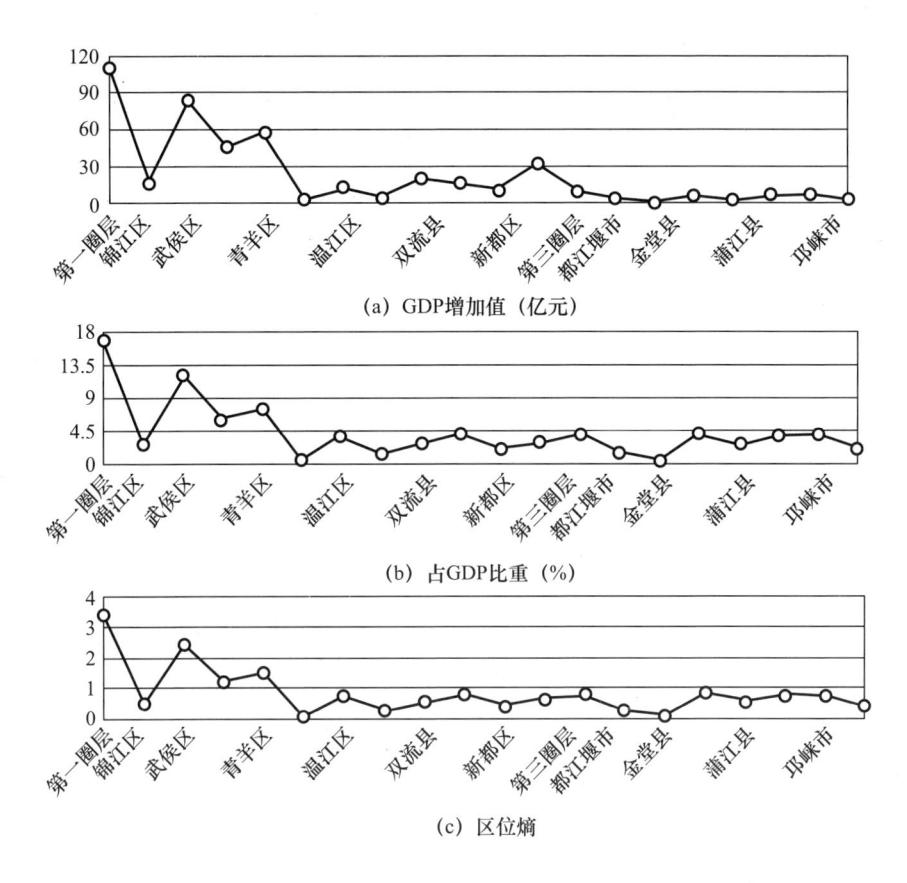

(b) 占GDP比重（%）

(c) 区位熵

图 6-2　成都各区（市）县 2013 年文化产业 GDP 增加值、增加值比重及区位熵分布

（2）除以上的 4 个区县有比较明显的集聚效应外，其余区域的区位熵都小于 1，文化产业集聚效应还不是很明显。文化产业发展相对处于劣势地位的区域集中在第二圈层和第三圈层，如金堂县、龙泉驿区、蒲江县、彭州市等地。

（3）通过成都市各区县的区位熵比较可知，锦江区的文化产业专业化水平最高，这与实际情况是相符合的。锦江区在成都市产业规划布局中的 21 个工业集中区中明确定位为文化创意、工业设计集中区，因此，锦江区文化产业是成都市文化产业发展最为集中的区域。

第二节 基于莫兰指数的文化产业空间集聚相关性计算

基于以上区位熵对各区县文化产业集聚程度的确定,需要判断各个区县文化产业在空间规模上是否存在空间自相关。莫兰指数(Moran's I)是基于邻近面积单元上变量值的比较,因此,本书采用莫兰指数进行检验。① 莫兰指数的计算公式为:

$$Moran's\ I = \frac{\sum_{i=1}^{n}\sum_{j=1}^{n}W_{ij}(Y_i-\bar{Y})(Y_j-\bar{Y})}{S^2\sum_{i=1}^{n}\sum_{j=1}^{n}W_{ij}} \quad (6.2)$$

式中,$S^2 = \frac{1}{n}\sum_{i=1}^{n}(Y_i-\bar{Y})$,$\bar{Y} = \frac{1}{n}\sum_{i=1}^{n}Y_i$,$Y_i$ 表示 i 地区的观测值,设定 n 为观测数目,本书共有观测区域 20 个(19 个区县加高新区)。W_{ij} 为 0—1 分布的空间权重矩阵,一般的标准形式为:

$$W_{ij} = \begin{cases} 1: 当区域\ i\ 和区域\ j\ 相邻 \\ 0: 当区域\ i\ 和区域\ j\ 不相邻 \end{cases}$$

其中,区域 i 和区域 j 的取值范围分别为 i=1,2,3,…,n; j-1,2,3,…,m;莫兰指数的取值范围为(-1,1)之间,一般分为正相关、负相关和不相关三种情形:当莫兰指数处于(0,1)之间时,为正相关;当莫兰指数处于(-1,0)时,为负相关;当莫兰指数接近于 0 时,为空间不相关。在莫兰指数结果判定之后,再根据正态分布假设进行 Z 值检验。其计算公式为:

$$Z(d) = \frac{Moran's\ I - E(I)}{\sqrt{VAR(I)}} \quad (6.3)$$

正态分布莫兰指数的期望值及其方差为:

---

① 欧变玲:《空间滞后模型中莫兰指数统计量的 Bootstrap 检验》,《系统工程理论与实践》2010 年第 9 期。

$$E_n(I) = -\frac{1}{n-1} \tag{6.4}$$

$$VAR_n(I) \frac{n^2 W_1 + n W_2 + 3 W_0^2}{W_0^2(n^2-1)} - E_n^2(I)$$

其中,

$$W_0 = \sum_{i=1}^{n} \sum_{j=1}^{m} W_{ij}$$

$$W_1 = \frac{1}{2} \sum_{i=1}^{n} \sum_{j=1}^{m} (W_{ij} + W_{ji})^2$$

$$W_2 = \sum (W_i + W_j)^2$$

在以上公式中,W_i 和 W_j 分别为空间权重矩阵中的第 i 和 j 列之和,如果莫兰指数的 Z 值大于 0.05,置信水平的临界值为 1.96 时,表明文化产业在空间规模上存在明显的正相关,相邻地区之间的文化产业系统已形成空间溢出效应和临近效应。

通过 GEODA9.5 创建 20 个区县的空间权重矩阵计算出成都文化产业在 2011 年的空间集聚莫兰指数,并对莫兰指数进行期望值与方差的计算,可以得出正态统计值 Z (见表 6-3),2011 年的正态统计值 Z 为 2.454108,大于 0.05 显著性水平下的临界值 1.96,说明成都文化产业空间集聚呈现出正向空间相关性,即空间依赖性,成都文化产业空间集聚呈现出一定程度的集聚现象。

表 6-3 莫兰指数及其 Z 值

年份	莫兰指数	莫兰指数期望	方差 Var (I)	正态统计量 Z	P 值
2011	0.3334544	-0.0526	0.02474626	2.454108	0.003

接下来,生成成都文化产业空间莫兰指数散点图,散点图显示,成都文化产业空间集聚呈现四种模式:第一象限的(H—H)文化产业高集聚地区,呈正向空间自相关关系;第二象限的(L—H)文化产业低集聚区紧邻高集聚地区,呈负向空间自相关关系;第三象限的

(L—L) 文化产业低集聚地区与低集聚地区相邻，呈正向空间自相关关系；第四象限的（H—L）文化产业高集聚地区被低集聚地区所包围，呈负向空间自相关关系，如图 6-3 所示。

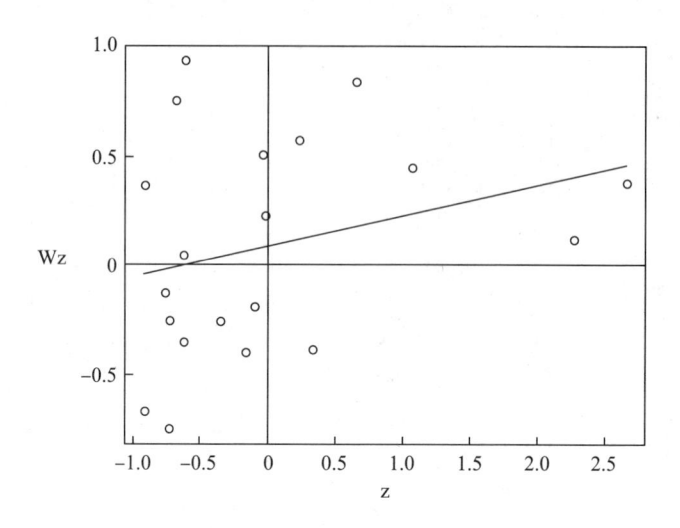

图 6-3 成都文化产业空间集聚莫兰指数散点图

结合统计数据，对成都 20 个区县进行考察发现，四个象限的各点所代表的地区分别与文化产业空间集聚莫兰指数散点图的四个象限相吻合，如表 6-4 所示。

表 6-4　　　　　成都市文化产业空间集聚的四种模式

	空间模式	地区
第一象限	H—H	锦江区、温江区、武侯区、青羊区、金牛区
第二象限	L—H	成华区、高新区、龙泉驿区、崇州市、郫县、都江堰市
第三象限	L—L	清白江区、邛崃市、新都区、金堂县、蒲江县、新津县、彭州市、大邑县
第四象限	H—L	双流县

由表 6-4 可以发现，在第一象限（H—H）中的 5 个地区是成都文化产业空间集聚程度较高的密集区，主要集中在锦江区、武侯区、

青羊区、金牛区等第一圈层主城区和区位条件较好的温江区；在第二象限（L—H）中的6个地区是文化产业集聚程度较低的地区，主要集中在成华区、高新区、龙泉驿区、崇州市、郫县、都江堰市，在空间上紧邻第一圈层或文化产业资源本身发展较好的第二圈层；第三象限（L—L）中的8个地区是文化产业低集聚区，主要集中在清白江区、邛崃市、新都区、金堂县、蒲江县、新津县、彭州市、大邑县地区。第四象限（H—L）中的1个地区，为双流县，该象限本身是低集聚地区，但由于地理位置邻近第一象限（H—H）所示的高集聚区域，因此呈现出低集聚区被高集聚区包围的空间模式。

通过以上的空间计量分析表明，成都市文化产业空间存在集聚现象，主要集中在第一圈层，并呈现出一定的空间相关的情形，但无法说明是什么因素在影响成都市文化产业在空间集聚上的走向。因此，需要利用空间计量经济对成都文化产业空间集聚的影响因素进行研究。

第三节　成都市文化产业空间集聚的影响因素研究

一　理论假设

以上结果显示，成都市文化产业分布存在显著的空间集聚特征，但是，需要探究是什么因素驱使文化产业在不同区位的集聚。对于文化产业集聚的影响因素，传统经济地理学派、新经济地理学派和产业政策理论学派各有侧重。传统经济地理学注重地理区位和自然禀赋等经济地理因素的影响；新经济地理学注重经济外部性和空间成本的影响，经济外部性包括金融外部性和技术外部性，空间成本是指空间运输成本和交易成本，主要是由交通运输、邮电通信等基础设施引起的；产业政策理论主要来自文化产业经济地理学派，文化产业作为半公共品，在很大程度上需要政府在政策、资金等方面的推动，才能实现产业在空间上的聚集。综合以上三大学派的研究成果，作为本书文化产业影响变量选择的参考，并根据数据的可得性，设定文化要素（资源禀赋）、经济要素（经济集聚效应）、政策要素（政府投资）和区位交通要素四方面影响文化产业在地理上的空间集聚，做出如下假设：

假设6-1 文化资源要素与文化产业空间集聚正相关。

这里的文化资源要素主要是指文化资源禀赋。根据俄亥俄林的自然资源禀赋理论和马歇尔的产业区位理论，本书认为，在文化产业生产过程中，文化资源拥有量是一个地区发展文化产业的发展先决条件。一个地区的文化产业发展水平与自身拥有的文化资源数量呈正相关关系，文化资源数量越多文化产业发展越好，文化产业空间集聚性越高。

假设6-2 经济要素与文化产业空间集聚正相关。

这里的经济要素主要是指特定地区的经济发展环境和经济集聚程度。这里主要考察第三产业发展水平和人均可支配收入两个方面对成都市文化产业集聚的影响。作为第三产业重要组成部分的文化产业，对产业关联度要求非常高，需要良好的服务业发展基础，服务业可以为文化产业发展提供所需要的信息、技术和产业协作等支持。因此，第三产业服务业水平的发展，是地区内新入驻文化产业企业选择空间区域的重要考量指标。这里采用各地区2011年第三产业占GDP比重作为样本数据；人均可支配收入是地区内居民消费水平和消费实力的指向性指标，只有在人均可支配收入达到一定水平之后，人民的精神消费需求才会增加，从而带动文化产业的发展，推动文化产业空间集聚的实现。因此，本书选定2013年各区县人均可支配收入作为影响文化产业空间集聚的经济类消费指标。基于以上经济指标，假定区域经济发展与文化产业集聚水平正相关。

假设6-3 政府投资水平与文化产业空间集聚正相关。

近年来，成都市文化产业的迅速发展，在很大程度上得益于本地政府的政策推动和支持，通过自上而下的政策机制，推动文化产业空间集聚。基于数据的可获得性，本书采用各区县政府财政支出水平来考察当地政府对文化产业发展的刺激力度，从而考察对文化产业空间集聚的影响。由此，将政府投资水平与文化产业集聚正相关作为本书研究的第三个理论假设。

假设 6-4 区位交通与文化产业空间集聚正相关。

经济发展水平与区位交通条件直接相关，而根据古典区位理论和新兴经济地理学派的观点，一个地区的空间交通成本直接与该地区的产业发展和经济水平相关，区位交通条件越好，就越有利于经济水平的发展。人口密度是反映一个地区人口集聚水平的指标，一般而言，人口集聚与经济发展呈正相关关系，人口密度越高的地方经济越发达。因此，人口密度水平同样影响着文化产业集聚程度；交通运输部门的就业人员和法人单位多少，直接决定这个区域与外界的经济联系，从而可判定该区域是否具有优势的空间区位。因此，本书给出文化产业空间集聚水平影响因素的第四个假设，即区位交通条件与文化产业空间集聚呈正相关关系。

二 模型构建、指标确定及数据说明

（一）模型构建

安塞林（Ansenlin，1988）对空间计量经济模型进行研究，将经典回归分析所忽略的空间因素引入模型中，充分考虑了空间非均质性对模型的影响，主要包括空间滞后模型（SLM）和空间误差模型（SEM）。空间滞后模型的表达式为：

$$G = \rho W_G + X\beta + \varepsilon \tag{6.5}$$

$$G = c + \rho W_G + \beta_1 x_1 + \beta_2 x_2 + \beta_3 x_3 + \beta_4 x_4 + \beta_5 x_5 + \beta_6 x_6 + \beta_7 x_7 + \beta_8 x_8 + \beta_9 x_9 + \beta_{10} x_{10} + \varepsilon$$

式中，G 为被解释变量，X 为 $n \times k$ 的外生解释变量矩阵，W 为 $n \times n$ 阶的空间权值矩阵，ρ 为空间回归系数，反映了观测值的空间依赖程度，即相邻区域的观测值 W_G 对本地区观察值 G 的影响程度和方向，ε 为随机误差项向量。

（二）指标确定

本书将被解释变量设定为 G，以表示各个区县的当年文化产业产值。解释变量主要经济因子指标、文化因子指标、区位因子指标和政府投入指标去考察，分别用 X_1、X_2、$X_3 \cdots X_i$ 表示，其中经济因子指标包括人均可支配收入用 X_1 表示、第三产业占总产值比重用 X_2 表示；文化因子指标为文化资源相关因素，其中包括古镇、博物馆、文化场馆、非物质文化遗产的拥有量，分别用 X_3、X_4、X_5、X_6 表示；区位因子指标主要考察各区县的人口密度、交通运输法人单位及行业就业人数，分别用 X_7、X_8、X_9 表示。政府投入指标主考察当年政府对各区县的公共财政支出，用 X_{10} 表示。具体指标体系见表 6-5。

表 6-5　　　　　　　文化产业空间集聚指标体系

	指标	单位
经济因子指标	X_1 表示人均可支配收入	元
	X_2 表示第三产业占总产值比重	%
文化因子指标	X_3 表示古镇	个
	X_4 表示博物馆	个
	X_5 表示文化场馆	个
	X_6 表示非物质文化遗产	项
区位因子指标	X_7 表示人口密度	人/平方千米
	X_8 表示交通运输、邮政物流部门从业人员	人
	X_9 表示交通运输、邮政物流部门法人单位数	个
政府投入指标	X_{10} 表示地方公共财政支出	万元

（三）数据说明

各地区文化要素指标主要依据成都市及各区县文广新旅局公布的文化资源情况整理收集获得，经济因子指标主要依据成都市及各区县相关统计部门发布的经济年报、第三次全国经济普查和成都市统计年鉴获得，各地区的财政支出数据主要依据成都市政府网站公布的各区县年度财政预决算数据整理获得。计量模型所使用的数据时间为 2011 年，成员为 20 个成都市区市县当年截面数据。为了减少指标不一致造成的计量误差，本书对解释变量进行了无量纲化处理。

三　模型分析

用空间滞后模型进行估计，发现除变量 X_4（博物馆）、X_6（非物质文化遗产)、X_9(交通运输、邮政物流部门法人单位数)对文化产业产值的影响未通过显著性检验之外,其余的变量对文化产业产值都有着显著的影响,如表6-6所示。

表6-6　　　　文化产业空间集聚影响因素估计(SAR)

	β	Z值	P值
X_1	0.004764	1.2	0.229
X_2	3.321259**	1.98	0.048
X_3	3.786255*	1.66	0.096
X_4	0.073205	0.1	0.920
X_5	3.014261***	4.25	0.000
X_6	1.864454	0.3	0.768
X_7	0.022555*	1.76	0.079
X_8	0.003307***	4.68	0.000
X_9	0.038796	1.08	0.281
X_{10}	0.000143**	2.81	0.005
常数项	15.22778	1.21	0.226
Wald test of rho = 0	χ^2 (1) = 5.424 (0.020)		
Likelihood ratio test of rho = 0	χ^2 (1) = 4.749 (0.029)		
Lagrange multiplier test of rho = 0	χ^2 (1) = 2.143 (0.143)		

注:***、**、*分别表示通过1%、5%、10%的显著性水平检验。

四　模型解读

从以上分析模型可知,经济要素中的人均可支配收入对文化产业产值的影响不显著,证明在成都市各区县居民的文化消费意识不受收入水平的影响,也从侧面印证了成都人民安于享受的生活状态,高收入阶层与低收入阶层都有各自适合的文化消费方式。第三产业占GDP比重都对文化产业产值具有显著性影响,说明一个地区的第三产业发展水平对文化产业产值影响显著,从而也能很好地推动文化产业在区域空间上的集聚。在文化资源系统中,古镇和文化场馆都通过显著性检验,而博物馆和非物质文化遗产未能通过显著性检验,说明古镇作为资源性要素能很好地带动文化产业发展，这也映衬了成都市民好玩玩的理论分析。而文化场馆作为文化环境指标能为当地居民营造良好的文化环境，从而起到培养居民的文化素养，提升居民的精神消费自觉性和消费能力。区位交通系统的人口密度，交通运输、邮政物流部门的就业人数两项指标，对文化产业产值都具有显著性的影响，证明在人口集聚条件好的区域以及交通运输繁忙发达的区域，文化产业能得到更好的发展。政府财政支出 X_{10} 对文化产业空间集聚有正向作用，其系数为 2.81，通过了 5% 的显著性水平下的显著性检验，说明了政府投资作为文化产业发展和文化产业空间集聚推进的重要力量，对文化产业空间规模的扩张起着重要的导向作用。

综上所述，第三产业的发达程度、以古镇为代表的文化空间、区位交通状况的便捷性和政府对文化产业的投资、对成都市文化产业空间集聚都有重要的影响。

以现代服务业为主的第三产业能极大地带动文化产业的发展。以锦江区为代表的主城区由于受楼宇经济、零售商业集聚的影响，集聚了大量的年轻"白领阶层"，这一阶层的主要特征是有一定的文化修养、对时尚和潮流有极大的敏锐度，对动漫游戏、影视演艺、时尚摄影、创意设计等产业有极大的兴趣，这为该区域文化产业的发展提供了巨大的消费市场。因而也相应地促进了文化产业在空间上向以锦江区为代表的主城区集聚。以古镇为代表的文化场馆空间由于结合了休闲旅游和商业氛围，将传统生活方式与现代人的精神需求很好地结合起来，因而能通过文化要素对当地的文化产业发展起到一定的带动作用。区位交通要素是影响成都文化产业空间集聚的另一个重要因素。这也正好切合了经典区域经济关于区域选择的理论逻辑。根据韦伯的区位选择理论，企业在选择区位的时候会考虑通勤成本，距离越近通勤成本越低，距离越远通勤成本越高。随着地铁 1 号线、2 号线和 4 号线的相继开通，以及二环高架的通行和第一绕城、第二绕城的修建，全域成都的立体交通路网已经形成，人们的出行将更加便捷，这也有利于更进一步促进成都文化产业的发展和在空间上的集聚。政府对成都文化产业集聚的影响在于成都市文化产业是以文博旅游服务业为主导，对文化资源的依赖性较高，因此，相关文化产业项目如古镇、历史街区等的打造需要较大的资本投入和政策推动作用，而这对于一般的文化企业和投资商是有一定难度的，比如红星路35号、东郊记忆音乐公园、东村等项目都是政府规划投资重点推进的项目，在政府的大力推进下，这些项目在人才、资本与第三方服务体系的建设上才能更好地得到落实。因此，成都市在进行文化产业发展过程中应加大政府的投资示范带动作用，以项目为载体，以文化资源为依托，推动文化产业空间集聚的形成和发展。

第四节 典型案例分析

一 案例：成都国家广告产业园

在成都文化产业空间集聚发展的园区中，比较有代表性的是成都国家广告产业园。成都国家广告产业园位于成都市中心城区锦江区，总面积125亩，入园经营的广告类企业358家，联系及服务的广告及广告关联企业1650家，其中，纯广告企业近300家，占园区企业的80.73%，是成都市内唯一一个国家级广告产业园。2012—2015年，园区内广告企业经营额从初期4.8亿元增至14.2亿元，全口径税收从0.39亿元增至1.15亿元。

二 成都国家广告园区集聚的形成与发展

（一）园区的形成——旧城改造的文化产业集聚地

成都国家广告产业园的雏形是红星路35号文化创意产业园，是中国西部首个文化创意产业园。原址为成都市原军区7234印刷厂厂房的3栋大楼，建于20世纪80年代，2008年，在成都市政府及锦江区政府的规划推动下，由成都文创投资发展有限公司出资租赁改造而成。园区以原军区印厂为建筑原型，由德国MV建筑设计事务所设计改造方案，运用"空间折点"的理念进行外观打造，以三角体为延展点，实现了传统工业形态与创意设计的完美融合，独特的外观设计契合了文化创意产业园区的文化主题，已成为成都市地标性景观建筑之一。

（二）园区集聚的形成

1. 政府主导下的文化产业集聚

红星路35号是成都市政府乃至西南地区最早一家由政府主导的文化创意产业集聚。早期定位为工业设计、数字娱乐和设计广告三大主力产业集群。最早入驻园区的企业主要为广告业和工业设计类公司，有浪尖设计公司、嘉兰图设计公司和艾玛设计公司以及四川长虹设计中心、洛可可设计公司等国内顶尖工业设计公司。2010年5月，成都市文化产权交易所在园区内成立，是全国第三家文化产权交易所。同年，园区加入中国工业设计技术服务联盟。2012年获得国家工商总局认定的"国家广告产业试点园区"，同年由锦江区国资委出资1000万元成立成都市广告创意产业运营管理有限公司，全面负责成都国家广告产业园（原成都市红星路35号广告创意产业园）的运营管理，成为四川省和成都市政府的重点培育、扶持的文化创意类产业园区。2014年园区正式获批为"国家级广告产业园"，成为西南地区唯一一个国家级广告产业园区。2015年园区获得"省级工业设计示范园"，省、市两级"科技孵化器""四川省省级文化产业示范园区"等称号。

2. 全产业链形成的多产业集聚

2016年，园区已经初步形成了以洛可可、丙火创意、嘉兰图等为代表的创意设计产业集聚；以世纪义商、纵横天下、全动科技为代表的数字新媒体产业集聚；以四川日报报业集团和成都传媒集团等为代表的传统传媒产业集聚；以博瑞广告、华希广告、华道佳、大贺传媒、大智成广等为代表的高端广告产业集聚。基本形成了以广告创意设计与传媒印务、网络数字、电子出版及广告交易等上下游产业相聚合的全产业链。

3. 由单一园区向一区多园的空间格局发展

到2016年，园区在空间布局上已经由单一的红星路35号发展为以红星路35号为核心，涵盖红星路广告传媒出版走廊、锦江创意商务区新媒体发展基地和成都东村广告创意总部发展基地的"一廊两园"模式，以及以红星路 35 号创意基地为核心园区、以汇融国际数字基地川报传媒基地和爱·盒子设计基地等多处专业楼宇的"一园多点"模式。已经形成以政府为主导、企业为主体、市场化运作、楼宇为支撑、平台运营的现代化产业集聚模式。

三 园区经验总结

（一）三因子合力叠加，形成园区内在集聚机理

成都国家广告产业园，作为典型的文化创意产业集聚，之所以能发展得如此成熟，要得益于园区文化因子、经济因子和区位因子三方合力叠加，为成都国家广告产业园空间集聚的形成提供了必要的基础环境。首先，就区位因子而言，园区形成于成都市中心城市明确定位以文化创意产业为主导产业的锦江区，有便捷的交通优势和发达的通信基础设施。其次，园区所在的锦江区以现代服务业为产业基础，现代服务业的产业主体为锦江区广告创意产业提供了强大的产业背景和客户资源，同时这些产业也有受益于区位优势的产业根植性，为园区产业集聚的循环累积发展提供了动力基础。最后，文化因子为园区产业集聚的形成提供了文脉根基。"濯锦之江"源远流长，有着近 3000 年的城市文化积淀，丰富了文化创意产业从业群体的灵感，更有悠闲包容的国际化城市氛围便于碰撞更多思维的火花。繁荣的中心城区、发达的经济产业、深厚的文化底蕴共同打下了成都国家广告产业园空间集聚的根基。

（二）政府主导市场模式，形成园区集聚推动机制

成都国家广告产业园不同于一般的产业园区的特点在于，园区不仅单纯地由政府修建完善基础设施，还专门由政府出资成立国有企业，对园区进行专业化管理运营。常见的园区管理一般是由政府成立管理委员会，以行政事业机制的形式对园区进行管理，这样，比较大的弊端是管理人员对园区业务不熟悉、不了解，更多的是只对上级主管部门负责，而不能对园区企业的业务进行实质性的指导和引领。成都国家广告产业园成立成都市广告创意产业运营管理有限公司，对园区进行专业化管理运作。以公司企业的形式对园区进行管理，就要求园区的管理者既要懂园区产业发展的专业特性，又要积极推动和指导

园区内企业的发展，切实带动园区企业盈利，才能让更多的企业集聚到园区，实现园区自身经营的盈利。为了更好地服务园区企业，运营公司下设综合部、招商部、运营部及宣传部4个部门，每个部门内部又实施专业化运作，各司其职，形成良性有效的企业运转制度。

作为国有企业，同时也有深厚的政府背景。以此为契机，成都国家广告产业园积极争取上级政府部门和相关政策的扶持，前期为园区的发展争取了国家工商总局和财政局拨付的财政扶持资金8000万元，有效地解决了园区前期经营上的资金困境。同时，为园区企业向政府争取创业扶持基金和房租减免政策，为初创企业提供了良好的起步基础。并指导企业进行专利、著作权申请，项目申报、成果鉴定、技术职称、产品认定申请等，以及著名商标、驰名商标申请等，帮助企业实现专利申请达46件，项目申报348余项。公司化运作的高效机制加上政府化运作的政策支撑，为成都国家广告产业园提供了园区产业集聚的正外部性，由此吸引更多的企业选择入驻园区发展，从而在网络分工效应的带动下，不断扩大园区产业集聚的效率和影响力。

（三）专业化平台运营，提升企业交流和交易效率

受后福特制下的弹性生产体制影响，文化创意企业多为以项目为组织单位的小微型企业，小微企业又往往面临人才、资本、技术等"瓶颈"，抗风险能力低。为了更好地服务园区企业，成都国家广告产业园积极加强园区平台建设，成立了艺哈创业孵化器。艺哈创业孵化器是线上线下相结合的运营平台，致力于打造文化创意类企业孵化基地。艺哈创业孵化器实行"一机两翼，平台助推"的运行模式。"一机"是以成都国家广告产业园园区服务企业为主体，"两翼"则是运营团队和专家团队各为一翼，运营团队包括物业、创业指导、企业咨询、人才培训等专业服务，为企业壮大保驾护航；专家团队以成都广告创意研究院为基点，涉及四川大学、成都理工大学、四川美术学院成都分院、西南交通大学等六大院校专家导师为园区企业提供理论指导和实战培训。

同时，创业孵化器积极扩大园区企业对内对外交流，对内定期走访企业，加强园区与企业的交流沟通，同时加强企业与企业之间的交

流,通过组织企业到大邑安仁博物馆小镇举行"中秋嘉年华"联谊活动等,为园区企业之间搭建了良好的互动、互通桥梁。对外积极开展创新交流和主题活动,先后举办创意论坛、广告主题设计大赛等大型业界活动20余次,与绵阳、南充、德阳等地广告行业加强合作联盟,发挥了强劲的引领辐射作用。在提升交易效率方面,利用园区大平台的资源和网络以及多渠道的市场推广方式,协助企业拓宽销售渠道,提升交易效率。

本章小结

本章为成都文化产业空间集聚的实证检验,主要分为计量检验和典型案例分析两方面。在计量检测部分,通过区位熵和莫兰指数对成都文化产业空间集聚进行了实证检验,验证了成都文化产业空间向主城区和政府推动力量较大的区域集聚的现实。随后通过SAR模型检验,证明空间依赖性和空间溢出效应在成都文化产业空间集聚中是存在的,并通过空间滞后模型分析了第三产业的发展、以古镇为代表的文化场馆、区位交通要素和政府的投资推动四个方面是影响成都文化产业空间集聚的主要因素。第三产业、古镇和交通区位分别作为经济要素、文化要素和区位要素对文化产业空间集聚产生影响,而政府是这三方要素的整合和推动力量。因此,通过对成都市文化产业空间集聚的实证检验和影响因素分析,进一步验证了第三章提出的文化产业空间集聚的三大要素系统即文化要素、区位要素和经济要素是促进文化产业空间集聚的重要力量。这三方要素的力量是相互融合、互为促进的,若只有文化要素而没有区位要素和经济要素的推动,文化产业也很难实现在特定区域的发展和集聚。同样,只有区位要素或经济要素,而没有其他两者也不能实现文化产业在空间上的集聚。

在典型案例分析部分重点分析了成都市国家广告产业园。从园区集聚的形成和发展入手,分析了成都国家广告产业园区在空间上的集聚变迁过程。并对成都国家广告产业园的集聚经验加以总结,案例进一步证实了文化因子、经济因子和区位因子对文化产业空间集聚的机理作用，以及政府对文化产业在空间集聚的机制推进作用。政府作为成都市文化产业空间集聚的最大推动者，需要在成都文化产业空间集聚过程中实现文化、区位和经济三大要素资源的整合，发挥投资的引导与示范作用，进一步促进文化产业空间集聚发展的空间优化调整。因此，通过对当前成都文化产业空间集聚现实格局的定量分析，为下文进一步探讨成都文化产业空间集聚机制的构建和政策措施的制定提供了有益的参考。

第七章 成都市文化产业空间集聚机理与机制分析

第一节 成都市文化产业空间集聚的内在机理

遵循第四章提出的文化产业空间集聚"三因子"分析法则，本书认为，文化产业空间集聚是在基于文化因子运动基础上的文化集聚、经济因子运动基础上的产业集聚与区位因子运动基础上的空间集聚"三位一体"的空间运动结果。因此，本章对成都市文化产业空间集聚机理的分析也将分别从这三个方面入手，对成都市文化产业空间集聚的内在机理加以分析。

一 成都市文化产业空间集聚的文化因子分析

文化因子是一个城市文化产业集聚的精神动因，是一个城市区别于另一个城市的个性基础，这种因子根植于深厚的历史文化底蕴，往往通过独特的生活方式和生活空间得以映射。基于此，对成都市文化因子的分析，将通过历史文化底蕴挖掘城市文化观念特质，并对这种观念特质的表征——体现代人们的生活方式和生活空间进行分析。

（一）成都市历史文化底蕴

1. 历史文化名城

历史文化沉淀形成的"文脉"是一个城市的内涵和根基。几千年的延续沉淀，成就了成都市今天悠久深远的历史文化底蕴，在其辖区范围内已有各级历史文化名城名镇共计十个，其中，成都市和都江堰市被评为国家级历史文化名城。作为几千年来的全国重要的政治、经济、文化中心,在每一个历史朝代,成都的文脉都未曾中断过(见表7-1)。

表7-1　　　　　　　　成都市域历史文化名城

等级	城镇名	特点
国家级历史文化名城	成都	两江环抱,三城相重 史迹荟萃,天府之都
	都江堰	都江古堰,玉磊仙都 清幽绝尘,江出其腹
省级历史文化名城	新都	宝光禅寺,升庵桂湖
	邛崃	窑址酒乡,文君故里
	崇州	侯府文庙,画池诗踪

资料来源:《成都市城市总体规划(2011—2020)》。

2. 3000年未变城址

成都作为政治中心,3000年城址未变。据《蜀王本纪》所载,蚕丛、柏濩、鱼凫、杜宇直至开明五代蜀王,实为从渔业游团时代到畜牧和农业定居时代的五大部落,最先居于岷山石室,后在成都平原辗转迁徙,寻找定居点,逐步由游团形成聚落,直至形成中心聚落和城邑,到杜宇时形成疆域广大的古蜀王国。距今4500年前形成了成都平原宝墩文化这个城市最初的胚胎。自商代开始,成都就是古蜀国的政治中心,成都作为四川最高的行政机构所在地从秦设蜀郡开始,3000年未变城址,这也是成都作为全国历史文化名城独有的特征。

3. 繁荣的商贸之城

成都作为经济中心,自古商贾繁盛。根据西晋左思在《蜀都赋》中的描述,"既崇且丽,实号成都"成为成都这一城市名称的另一来历,由此可见,成都在当时经济的繁荣与城市建设的发达。自秦汉时期开始,成都市由于农业经济的发达所导致的手工业、商业的发展就已经开始逐渐辐射全国,并逐渐成长为长江上游流域的中心城市。到唐代,与扬州齐名,有"扬一益二"之称;在宋代,成为西南地区重要的工商业都会和全国重要的蜀锦纺织生产基地。正是由于商业贸易的发达,成都发明了用于方便交易流通的纸币——交子,也是世界上最早发明的纸币。

4. 丰富的文化资源

成都作为文化中心,文化底蕴深厚。公元前141年,蜀郡太守文翁创办了文翁石室,首创性地开设地方学堂,为成都市市民文化的传承和修养提供了良好的环境,也为成都市城市文化氛围的形成创造了良好的开端,为成都市日后成长为巴蜀文化中心乃至全国文化中心之一,做出了开创性的基础工作。在汉代,成都以扬雄和司马相如创作的汉赋名噪四方,也是我国西南地区天文学和易学的中心、天师道教的发源地。唐宋时期,成都悠闲和独特的文化气质吸引了诸多文人大家,李白、杜甫、陆游、苏轼等文学大家都在成都留下了许多不朽的佳作;成都因川剧的发达而有"蜀戏冠天下"的美誉,也有被称为"天下第一"大慈寺壁画;成都还有丰富的民俗文化和民间艺术。丰富多样的成都文化为成都文化产业的发展,建设世界知名的"文化之都"构筑了深厚的文化底蕴,具体的资源体系如表7-2所示。

表7-2　　　　　　　　　　成都市文化资源体系

类别	内容
古蜀文化	成都是国家级历史文化名城,植根于以"金沙"为代表的古蜀文化,成都有金沙、十二桥、古蜀船棺葬以及古蜀陵墓等遗址,还有关于古蜀文化的各种民俗文化,具有极大的文化旅游产业开发利用价值
三国文化	三国文化是中国古典文化的重要组成部分,在国内外具有深厚的群众基础和文化影响力。成都是蜀汉政权的都城,供奉诸葛亮、刘备的成都武侯祠,一直是国内外三国文化圣地
诗歌文化	成都有着悠久的诗歌发展历史,司马相如、李白、白居易、杜甫、苏轼、陆游、巴金等中国文学史上著名的诗人、文学家,都曾在成都游历或定居,并且在成都留下过流芳百世的华美篇章,为成都文化产业的发展提供了取之不尽的灵感和创意
熊猫文化	成都所属部分县市均有大熊猫出没,大熊猫栖息地已经成为联合国认定的"世界自然遗产"

续表

类别	内容
水文化	成都是一座"以水而生，因水而荣"的城市，水是成都城市文化最重要的载体。现代成都水文化以都江堰为中心，是成都水文化的源头
宗教文化	源远流长的宗教文化是人类传统文化的重要组成部分。成都拥有众多道教文化、佛教文化资源，特别是青城山作为道教文化的发祥地和世界文化遗产地，是打造国内外道教文化旅游品牌的重要资源
民俗文化	成都是西部少数民族文化的集萃地，生活着汉、藏、羌、回、彝、苗、土家等几十个少数民族，有着丰富的民俗文化资源。成都有蜀绣、蜀锦、川菜、川剧、川茶、皮影、"邛三彩"等多种民间艺术形式。成都还有大量如黄龙溪、平乐、洛带、街子等古镇，如宽窄巷子、文殊坊、锦里等仿古特色街区，带动了历史回归的民俗体验旅游
科技文化	已建成4个国家级、5个省级大学科技园，环电子科大知识经济圈、环西南交大智慧城加快建设。初步形成了"创业苗圃+企业孵化器+加速器+产业园区"的梯级孵化体系，科技成果孵化和小微企业培育能力显著增强

通过上述对成都文化资源体系的梳理可知，成都是拥有丰富的历史文化资源宝库的特大型区域中心城市。古蜀文化、宗教文化、诗歌文化、民俗文化和现代科技文化交相辉映，构成了多体系内涵丰富的文化资源优势。就此而论，丰富的文化资源是发展成都特色文化产业的最佳资源条件。地方文化的文化因子是区域文化品牌成长的最基本元素，也是构成区域文化产业体系大厦的基础工程。成都深厚的历史文化底蕴和丰富的文化资源体系，为成都文化产业空间集聚发展提供了充分的文化基因。

（二）成都市城市文化特质

悠久的历史文化底蕴铸就了成都独一无二的城市文化特质。成都文化是一部动静交融、天人合一的奏鸣曲。在自然生态相对安静优越的盆地环境下，不断开放吸纳，经过多次异域文化融合而终不改闲适安逸的基调。著名文人谭继和将成都安逸闲适的文化理念归因为农业自然经济与城市商业文明两大基因静态封闭与活态开放的结果。这种安逸闲适在东汉时期被张道陵以"道教"的形式，上升到宗教和哲学的高度。闲逸洒脱的道文化精神，已根植于成都人的文化基因，这基因里有"大道氾兮，其可左右"的潇洒随意,也有"上善若水"和"从善如流"的低调从容,洒脱、自由、随性的本性使成都人把享受生活当成生活本身的目的。

成都文化特质除道文化的精神根基,还有多次民族大融合促成的文化多样性与包容性。据史料记载①,成都历史上有四次大的移民融合。春秋战国时期,五丁山开山成道,秦灭古蜀,直接促成了巴蜀文化与中原的融合;三国时期,刘备入蜀,为成都带来大量的文人工匠,也将中原地区的技艺、文化和生活习性带到成都,促进了成都文化与中原文化的再次同步;最重要的一次当数延续了一个世纪之久的"湖广填四川",元明清以来,湖广地区持续向四川移民,为成都带来了不同地域的文化和生活方式,也为成都带来了新鲜的民族血液;第四次大移民是在抗战及抗战胜利后的数十年间,抗战期间,华东华北很多工厂学校都迁往成都,成都成了大后方的文化中心。新中国成立后,以"三线"建设为代表的一系列政策使上千家科研机构和工厂迁入以成都为中心的四川省,成都再次成为南北文化的交汇城市,不断地融合与变迁,进一步促进了成都文化的多样性与包容性。

成都历史文化发展脉络大致可以用图7－1来描述。

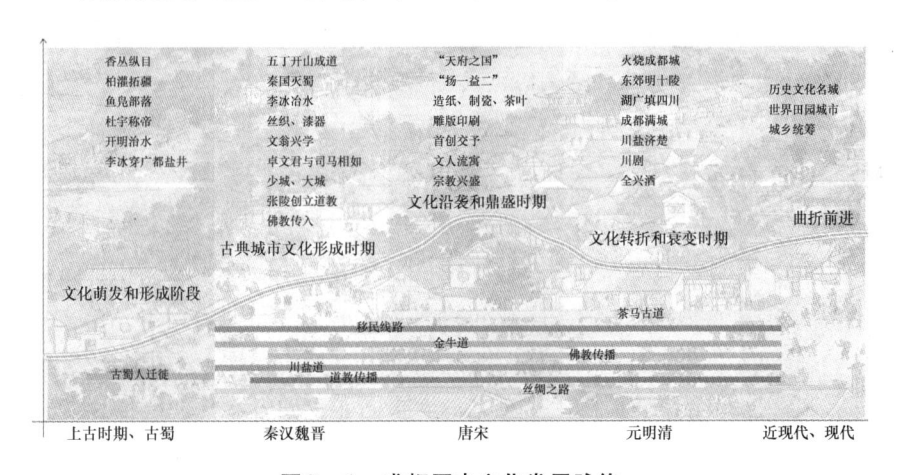

图7－1 成都历史文化发展脉络

资料来源:《成都市域历史文化体系规划》,成都市城市规划设计研究院,2012年。

---

① 凤凰咨讯:《成都历史上的四次大移民》,http://news.ifeng.com/gundong/detail_2014_03/02/34329121_0.shtml。

综上所述，成都城市文化的特质主要有两个方面：一是基于历史上道文化基础上的安逸闲适；二是基于多次移民变迁的多样性与包容性。新中国成立后，成都市是国家工业化、城市化、科技、教育、文化建设的重点城市，改革开放与创新精神形成了当代文化特质。从而催生了文化因子在成都土壤上优渥的生长环境。

（三）成都市文化生活方式

成都人的文化生活方式，是成都文化的重要组成部分，是成都"城市识别"的符号与标签，也是他人融入这个城市的重要指引。坐茶馆、打麻将、追艺术、趋时尚、乐游赏是成都最典型的五大生活方式，"闲"作为成都最主流的生活态度，贯穿多样生活方式的始终。所谓"少不入川"即是指成都悠闲的生活容易消磨人的斗志，可见成都人的闲适是自古以来就有的。《隋书·地理志》载，成都人"多溺于逸乐"，也就是说，成都人贪玩好耍，且还容易沉醉于此。《宋史·地理志》有载，"其所获多为遨游之费，踏青药市之集尤盛"，描述的就是成都人好成群结队游玩的特性。元朝费著的《岁华纪丽谱》也记载了成都人好游玩的特性："成都游赏之盛，甲于西蜀，盖地大物繁，而俗好娱乐。"由此可见，观赏游玩对于生活悠闲的成都人而言是自古就有的特性。当然，成都人生活中也不乏积极进取、乐观向上的性格特征。正是这种闲暇特征赋予了成都市古今中外远近闻名的"休闲之都"的特质，成为很多人心目中那座"来了就不想走"的城市。

（四）成都市城市文化空间

城市文化空间是人们在生活中所能直接接触到的文化空间的构成，包括人的特定活动方式的空间和共同的文化氛围。即定期举行传统文化活动或集中展现传统文化表现形式的场所，兼具空间性、历史性、文化性，承载城市文化的场所，也是城市文化产业集聚的载体和基础。

成都几千年的历史文化积淀，融汇安逸闲适、多元包容的城市文化特质，构成了独具成都城市文化名片的城市文化空间。2011年，成都市委书记在调研天府新区时开创性地提出了"城市文态"的概念，创新性地将文化空间的"形"与文化特质的"神"结合起来，其核心要义在于要彰显文化特性作为城市文化空间打造的核心与灵魂，在城市文化空间打造中形成清晰的文化脉络。

成都市城市文态的构成从空间上分析,主要体现在三个方面:一是公共文化基础设施建设;二是历史文化资源的空间分布;三是城市文化景观的打造(见图7-2)。以下将分别述之。

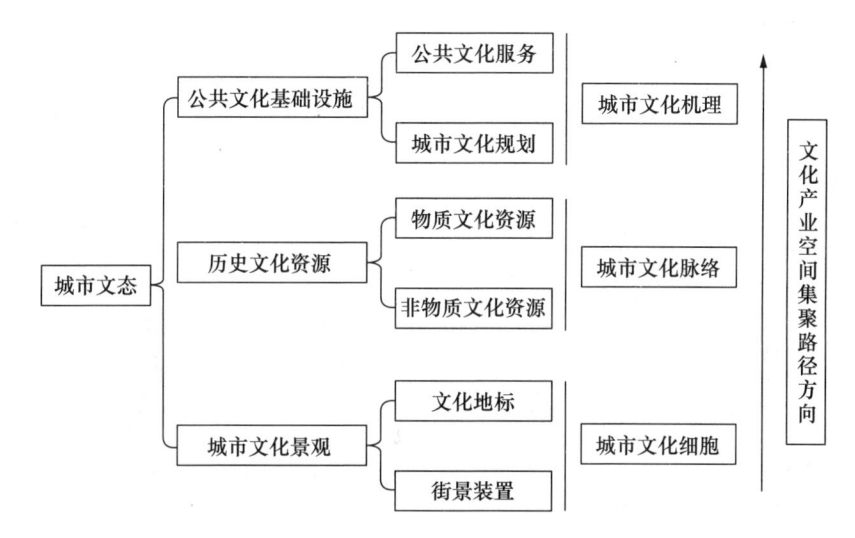

图7-2 城市文化空间与文化产业空间集聚路径的关系

1. 公共文化基础设施

在公共文化基础设施建设方面,成都市先后制定并实施了《成都市创建国家公共文化服务体系示范区规划(2011—2015)》《成都市文化发展"十二五"规划》《成都市中心城区公共文化基础设施布点规划(2012—2020)》《成都市民办博物馆发展规划(2010—2015)》《成都市城市文态建设规划》5个规划,并建立了"三级别四系列"[①]的公共文化基础设施体系。在充分的文化规划基础上,启动了"百里城市中轴"和"八十公里环城绿廊"城市文态建设重点项目,将城

---

① "三级别四系列"中"三级别"分别为省市级、区级和基础级,"四系列"分别为图书系列、群众活动系列、展览展示系列和观演系列,图书系列为中心城区配置省市级图书馆3处,区级图书馆15处,基层图书馆包含于综合文化活动中心之中。群众活动系列为中心城区配置省市级文化馆两处,区级文化馆15处,基层文化活动包含与综合文化活动中心之中。展览展示系列为中心城区配置省市级博物馆19处,区级博物馆6处。观演系列为中心城区配置省市级剧场10处,区级剧场7处。

市南北中轴线建设成成都文化中轴线，规划建设一批城市必备的、标志性的公共文化设施；在"八十公里环城绿廊"上恢复性建设一批经典的历史建筑，形成"一轴、一脉、一环、五心、多聚落"的城市文化结构布局，打造成都特色化城市文态。

2. 历史文化资源

历史文化资源的空间分布，主要包括物质文化资源和非物质文化资源两大类。物质文化资源由历史文物古迹、革命文物遗址、历史文化街区、农家乐、工艺品和各类文化娱乐设施构成，是可观览、可触碰，以特定的物质形式为载体存在的文化资源。根据文物部门的相关资料总结，目前成都有各级文化保护单位500余处；其中，全国重点文物保护单位26处，省级重点文物保护单位76处，各级各类博物馆50座，其中，国有博物馆23座，民间博物馆27座。成都市物质文化资源的分布，呈现出区域分散不规律分布。具体资源类别见表7-3。

表7-3 成都市物质文化资源

大类	小类	主要内容	数量等级				分布地区
			国家级	省级	市级	其他	
历史文物古迹	古遗址	古蜀文化遗址、古城遗址、古城墙、古战场、古窑址、古寺观遗址等	1	4	16	2	成都、郫县、温江最多，其他分布于新津、邛崃、金堂、都江堰等地
	古建筑	历史纪念性建筑、佛寺、道观、清真寺、教堂、古塔等古建筑，古水利工程——都江堰。以纪念建筑、寺观、古塔为主	3	17	34	20余处	成都及各区县（市）。国家级文物有都江堰、武侯祠、杜甫草堂
	石刻及其他	隋、唐以来摩崖造像、佛寺壁画（明代）、明、清塑像、碑碣		5	7	4	蒲江、邛崃、大邑、彭州、双流、龙泉驿及新津观音寺、新都宝光寺、龙茂寺、东湖等地
	古墓葬	古蜀先祖墓藏、帝王、潘王陵墓、名人墓葬、汉代画像砖塞、岩墓等	2	2	8	3	成都、龙泉驿、郫县、温江、大邑、蒲江、新都。如王建墓、蜀僖王陵、鱼凫王墓等

续表

大类	小类	主要内容	数量等级			分布地区
			国家级	省级	市级及其他	
革命文物遗址		革命纪念碑、烈士祠墓、革命遗址、先烈故居、农民起义纪念馆	1	4	4	成都、青白江、邛崃、温江、都江堰，如辛亥秋保路纪念碑、彭家珍祠
历史文化街区		宽窄巷子、文殊院、大慈寺、水井坊				成都：省会城市、中心城
工艺品		蜀锦、蜀绣、漆器、陶瓷、金银工艺品、桃花、竹编、根雕、仿古工艺品等				成都、郫县、温江、龙泉驿、新津、邛崃、崇州、大邑、彭州
游乐园区		大型游乐园、主题公园、综合游乐区、休闲性体育场所	已建7处			集中于成都、双流县、郫县，如猛追湾游乐园、西南日月城、牧马山高尔夫俱乐部、青城美国乡村俱乐部等
文体设施		影剧院、曲艺馆、美术馆、体育场、博物馆等	60余个			主要集中于市内，有影剧院26座，体育场馆13处，博物馆11个，电台、电视台12家、制片厂1家
花乡农家乐		农村田园风光民俗旅游地				锦江区三圣乡、郫县友爱农科村、彭州丹景山、龙泉驿桃花沟

资料来源：根据《成都市城市总体规划（2011—2020）》整理。

非物质文化资源，是依靠人们口头相传、师傅带徒弟的形式流传下来的节庆活动、表演、饮食习惯或手工艺等文化资源。联合国教科文组织在《保护非物质文化遗产公约》中将非物质文化遗产定义为："被各群体、团体、有时为个人所视为其文化遗产的各种实践、表演、表现形式、知识体系和技能及其有关的工具、实物、工艺品和文化场所。"成都民间文化资源有17项国家级非物质文化遗产，种类涵盖国家定义的十大类别，其中传统手工艺种类位居全国第一，民俗位列第二,传统舞蹈类和曲艺类并居第三。成都市一直注重对非物质文化遗产的保护,规划建设了非物质文化遗产公园,并举办年度性的国际非物质文化遗产节,对非物质文化遗产的保护和发扬起到了很好的促进作用。

表7-4　　　　　　　　　　成都市非物质文化资源

类别	主要内容	分布地区及典型景观
民俗节庆	桃花会、放水节、牡丹花会、灯会、花会、龙舟会、风筝会、桂花会、赛歌会、庙会、朝山会、清明会、艺术节、火龙会	成都、新津、彭州、新都、郫县、大邑、双流、都江堰
茶馆文化及其他	茶馆、茶艺、摆龙门阵与民俗博物馆、民居	成都市各区(市)县
特色文化之乡	川剧、蜀绣、高跷、火龙、高足狮子等	双流、彭州、崇州、青羊等15个乡镇
名特土产	川酒、川茶、青城山老腊肉等	成都市及各区(市)县
美食	川菜、传统名小吃、特色小吃等	成都市及各区(市)县

资料来源:根据《成都市城市总体规划(2011—2020)》整理。

成都物质文化资源和非物质文化资源,是古蜀国以来成都人民的思想观念、宗教信仰、生活方式与认知能力的固化。随着时间的发展和空间的沿袭,这些历史文化资源逐渐以文化片区的形式在成都市的城市空间固定下来,和当代文化资源一起形成成都市的城市文化脉络。根据《成都市城市文态建设总体规划》的划分,成都市文化资源在空间分布上主要聚集在十大片区,如图7-3所示。

文化复兴片区:天府广场区域。此片区在空间上分为南北两大板块。南部板块有天府广场、成都博物馆、四川省图书馆、四川大剧院、四川省科技馆、毛主席塑像。北部板块有骡马市、后子门、百花仙子雕塑、市体育中心、市委大院旧址、御河故道等文化节点。本片区是外地游客到成都的必游之地,以外来游客为主要人口构成。

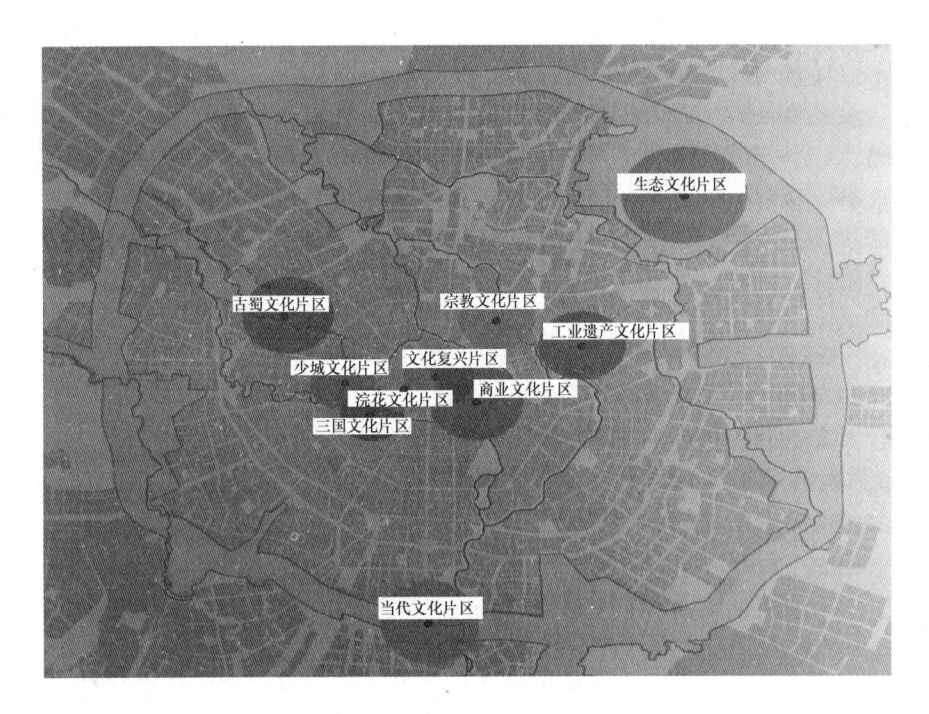

第七章 成都市文化产业空间集聚机理与机制分析

图 7-3 成都市标志性文态体系（十大文化片区）空间布局

资料来源：《成都市城市文态建设总体规划》，2010年。

三国文化片区：武侯祠片区。片区内有武侯祠、锦里、南郊公园等文化点位，是游客集聚区，具有相当数量的商住人口消费，主力为外地游客群体。另外，这里还是成都的少数民族聚集区（藏族）。

浣花文化片区：片区内有杜甫草堂、青羊宫、二仙庵、散花楼、十二桥、文化公园、浣花溪公园、百花潭公园、嵩县侨古玩市场、四川省博物馆、蜀锦织绣博物馆、琴台路等文化点位。本区域为高档商业、住宅聚集区，以商住人口为主。原住人口密度较低，来自省市内外、省外的旅游人口众多。

古蜀文化片区：片区内有金沙遗址博物馆、黄忠村遗址等文化点位，是成都的中高端居住区域。

宗教文化片区：片区内有文殊院、昭觉寺、爱道堂、文殊坊历史街区等文化点位，是全市外来人口比例最高的区域之一，以中低端商住人口为主，中老年佛教信徒数量众多。本片区的规划是优化区域业态，打造市井商业文化。

少城文化片区：片区内有宽窄巷子、文翁石室、黄瓦寺、人民公园、君平园、通惠门、祠堂街等历史建筑，努力餐等文化节点，片区是中心城区人口最密集的区域之一，有省级机关与学校用地，也是外地游客的主要目的地。宽窄巷子模式拓展区与老成都生活展示场所，为成都生活体验场所。

工业遗产文化片区：片区原为成都量具刃具厂旧址、成都车辆厂厂部大楼、红光电子管厂文物建筑群（现为东郊记忆）、八二信箱苏联专家宿舍、成都机车车辆厂工业附属建筑群、铁二局机械厂货运仓库、厂区铁路、招待所、职工宿舍、火车北站等文化点位。片区大部分为火车站附近区域，是全市外来人口较高的区域之一，区域内工业人口聚集，随着中高端楼盘的开发，为区域内置换了不少高端人群。片区中小型商业聚集。以打造"工业文化氛围浓厚的特色化城市空间"为目标，规划突出片区的近现代工业文化特色，把此片区规划为工业文化"集中展示区＋工业遗产聚集区＋工业遗产点"，为区域内注入工业文化符号，强化区域工业文化景观氛围。

当代文化片区：片区内有新世纪环球中心、成都大魔方、成都规划馆、世纪城国际新会展中心等文化点位，商务人口聚集区，人口中受过高等教育的比重较高，呈现高收入水平、高消费水平的群体比重较大。

商业文化片区：片区内有春熙路、大慈寺、交子街等著名街道，以及晚清、民国民居，名人故居等文化节点。片区是中心城区中人口密度最高的区域之一。也是消费人口密度最大的区域，人均消费水平位于中心城区各区县之首。

生态文化片区：片区内有北湖公园、成都大熊猫繁育研究基地、保利公园198等文化节点。片区内人口密度相对较低，有小规模商业。

成都文化资源丰富，历史悠久，发展文化产业有着得天独厚的条件。就目前而言，大多数文化资源都还处于产业化的初级阶段。文化资源由于具有资源共享性，在产业化过程中很容易被其他地区优先开发和利用，比如美国好莱坞拍摄的《功夫熊猫》就是对成都市熊猫资源开发的抢先。因此，对成都市文化产业的发展和空间布局的研究，对于成都市文化资源的保护、发扬和产业化有着特别重要的经济和文化意义。

3. 城市文化景观

城市文化景观是成都城市文化空间构成的第三个方面。在城市景观建设方面，成都特别注意将城市文化的特色融入城市景观建筑中。通过特色街区打造、建筑立面整治、景观小品、文化广场等形式，充分彰显城市的历史记忆和文化元素，推动城市文化与城市景观的有效统一，其中尤其以历史文化片区保护性开发和特色街区打造最有代表性，大慈寺、文殊坊、宽窄巷子、锦里、金沙遗址公园等历史文化片区的保护性还原开发，将历史、文化与街区有效结合，充分挖掘成都特色文化，为成都文化树立了地标和品牌（见表7-5）。

表7-5　　　　　　成都市主城区城市景观分布

	历史文化景观	现代文化设施与人文景观
锦江区	合江亭、水井坊、大慈寺、廊桥、天涯石、孙中山铜像、李咭人故居	天府广场、成都博物馆、四川省美术馆、四川大剧院、府南河沿河绿带、锦江滨河风光带、塔子山公园、春熙路—红星路步行街、三圣花乡、兰桂坊
青羊区	杜甫草堂、文殊院、青羊宫、宽窄巷子、古蜀金沙遗址、船棺遗址	琴台故径、浣花溪公园、人民公园、文化公园、非遗公园、石人公园等园林景观
金牛区	慈云寺、白马寺、马鞍烈士墓	金牛公园、永陵博物馆、两河森林公园
武侯区	武侯祠	四川省博物馆、武侯祠博物馆、望江楼公园、老成都民俗公园、锦里
成华区	昭觉寺、后蜀皇帝孟知祥陵墓	成都大熊猫繁殖生态公园、新华公园、成都动物园、成都植物园

资料来源：《成都市城市文态建设总体规划》，2010年。

（五）文化因子对成都文化产业空间集聚的作用机理

凯文·林奇在《城市形态》①中把人类聚落视为人们活动所做的空间组织，视为人、物、信息流通所形成的空间路径。为了满足人类聚落的空间活动需要，对空间本身做出相应的调整和修改，包括圈地、表面、通道、氛围以及物体，而对人类聚落的特征认知将直接影响到空间调整的方案性控制。

人的理念对空间分配的影响，具有一定的连贯性②，从图7-4成都市文化因子对文化产业空间集聚的渗透机理可知，文化因子为内核，成都市文化因子的核心是闲逸、包容，而这个核心因子主要通过成都人爱坐茶馆、爱游玩赏花的生活习性体现出来，此为第一圈层，是文化因子表现层。这三者并不是严格的单独分隔开来的，比如，成都

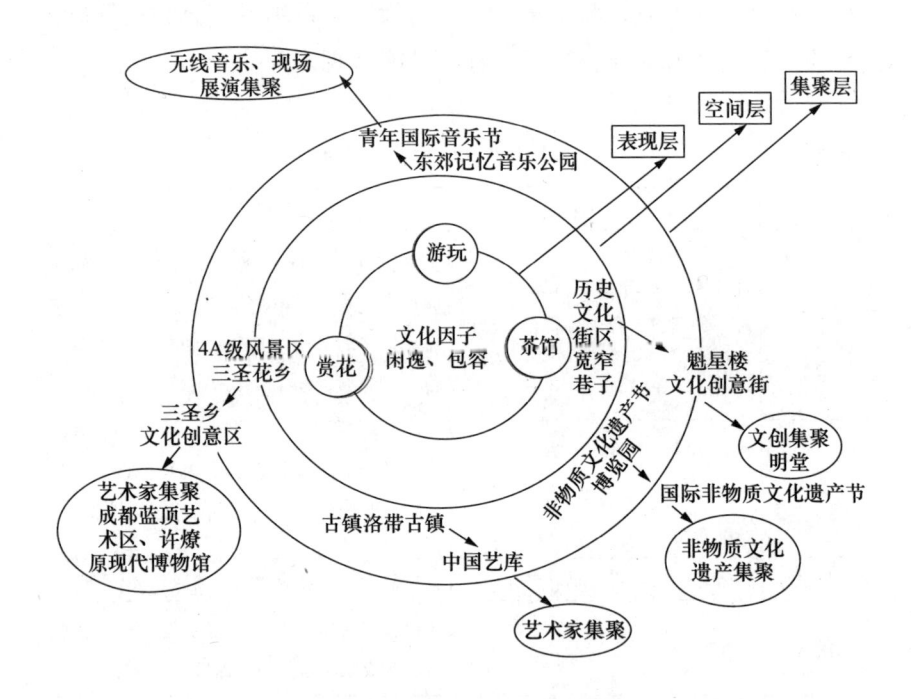

图7-4 文化因子对成都文化产业空间集聚的渗透机理

---

① [美]凯文·林奇：《城市形态》，林庆怡译，华夏出版社2001年版。
② 同上。

人爱喝茶，可以在桃树林下喝茶，也可以在古街道里喝茶，赏花与游玩也同样如此，可以多元组合。这种多元组合通过多种不同的空间载体得以呈现，即是第二圈层，空间层。因此，有了以农家乐为雏形发展起来的三圣乡4A级风景区，有洛带古镇，有宽窄巷子，有非物质文化遗产博览园，有东郊记忆音乐公园。第三圈层是在空间层上的文化创意者集聚。不同的文化产业创意群体因为种种特殊原因集聚在不同的文化空间上。由此，形成了有成都特色的文化产业空间集聚。

二 成都市文化产业空间集聚的经济因子分析

文化因子是一个区域文化产业发展元素的文化根植性，只有当文化与经济结合之后，才会有更高级的产业形态和产品形态诞生。因此，经济因子是文化产业分工的经济基础，也是形成文化产业化和产业集聚的直接动因。因此，对成都市文化产业空间集聚的经济因子分析，需要在基于经济因子特性分析基础之上探寻其如何有效推动产业集聚的作用机理。

（一）成都经济因子对文化产业集聚作用基础

1. 国家中心城市经济优势

自古以来，成都就有着繁盛的商业根基。成都的织锦业和漆具制造都曾在区域经济的发展历史上起着极其重要的作用。当代成都市是四川省省会城市、四川省政治、经济、文化中心，西部地区主要中心城市，西部地区重要的金融中心、科技中心、物流和商贸中心。根据成都市委十一届九次全会决议，作为四川省多极多点战略中的重要"一极"，成都市的经济发展定位为西部经济核心增长极，文化定位为中西部最具影响力、全国一流和国际知名的"文化之都"。2015年，成都明确了建设国际购物天堂的城市定位，计划通过15年的时间建成国际性消费中心城市，而"建设国际文化城市"是实现成都市国际购物天堂目标5个行动计划中"关联产业协同发展"行动中的重要产业发展方向之一。2016年5月，在国家发改委和住建部颁发的《成渝城市群规划》中，明确将成都市定位为国家中心城市。

2. 中心城市集聚效应明显

成都是西南地区最大的中心城市。2014年，成都市以四川省

2.55%的面积占据全省GDP的比重为28%，第三产业增加值占四川省的比重为48%，占据四川省第三产业贡献的半壁江山。① 2015年，成都经济区GDP总量19126.43亿元，是川南和川东北经济区的3.7倍和3.8倍、攀西和川西经济区的8.3倍和40倍。② 可见，成都经济区对四川省经济增长的贡献突出，首位作用明显。2014年年底，成都常住人口达到1442.8万，居重庆、上海、北京之后，排在副省级城市首位。城镇密度1.58个/平方千米，人口密度高达1043人/平方千米，是全国城镇和人口最为密集的地区之一。③ 根据有关城市等级划分标准，人口规模在800万以上为超大型城市，成都已然进入超大城市之列。在成渝经济区域经济体系规模结构中，成都人口和城市规模位居前列。根据高洁等对成都市人口首位度和经济首位度的测算④，自2000年以来，相比于人口规模第二的南充和经济规模第二的绵阳，成都在人口和经济规模方面依然有较大的经济优势，处于明显的人口、经济集聚状态，集聚经济效应明显。

3. 第三产业为主导的经济平稳增长

在我国整体经济进入新常态的转型背景压力下，自2011年以来，成都市GDP增速呈下行趋势，但依然保持了较好的增速。2014年，成都市地方生产总值突破万亿大关，达到10066.6亿元，根据成都市统计局相关数据整理，成都市自1980年以来，GDP有了长足的增长，尤其是自2000年以来的近十多年来，更是呈直线上升的趋势，如图7-5所示。

作为西部地区的经济中心城市之一，成都市各项指标与其他副省级相比都有着极大的优势，就2014年的主要经济指标来看，成都市在各项指标中均遥遥领先于其他副省级，进一步证明成都市作为西部地区经济中心城市的雄厚实力，为成都市争取建设成为国际性大都市

---

① 成都市统计公众信息网（http://www.cdstats.chengdu.gov.cn）。
② 四川省统计局（http://www.sc.stats.gov.cn/tjxx/tjxx_171/qs/201602/t20160203_200831.html）。
③ 成都市统计公众信息网（http://www.cdstats.chengdu.gov.cn）。
④ 高洁、伍笛笛、蓝泽兵：《基于城市首位度的成都"首位城市"发展研究》，《成都发展》2013年。

打下了良好的经济基础。主要经济指标对比如表7-6所示。

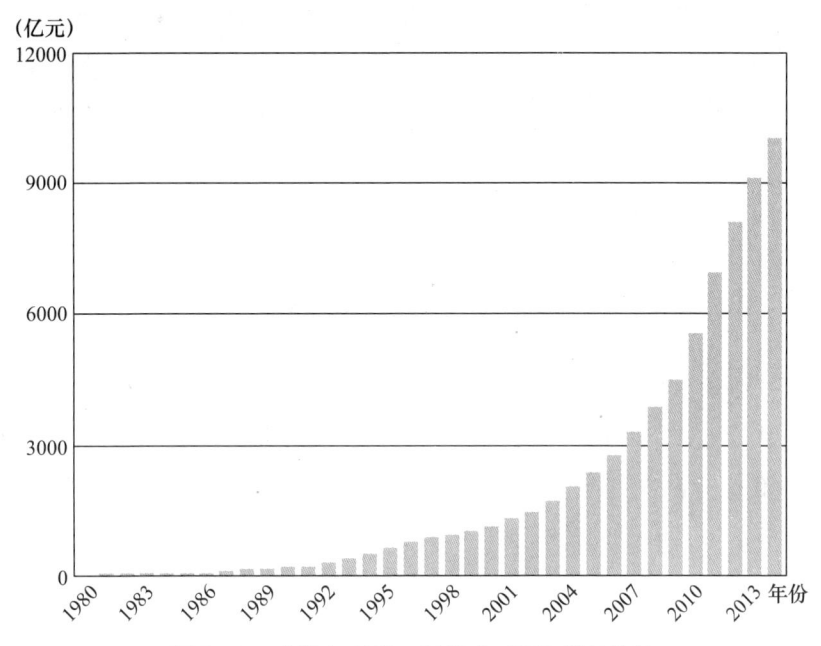

图7-5 成都市1980—2013年GDP增长趋势

资料来源：成都市统计局。

表7-6 2014年西部副省级城市主要经济指标对比

	GDP（亿元）	第三产业增加值（亿元）	地方财政收入（亿元）	社会消费品零售总额（亿元）	货物进出口总额（百万美元）	城乡居民储蓄余额（亿元）	年末总人口（万）
成都	10056.59	5190.99	1025.17	4468.9	55844.39	8976.94	1210.74
贵阳	2497.27	1412.66	331.6	888.6	15114.09	2010.58	382.91
昆明	3712.99	1992.91	477.97	1905.9	29394.32	3495.8	550.5
西安	5492.64	3083.31	583.79	3093.9	24982.97	5687.49	815.29
兰州	2000.94	1123.61	152.33	944.9	4556.49	2262.94	374.67
西宁	1065.78	497.73	83.88	414.1	1596.74	1093.09	202.64
银川	1388.62	585.64	153.6	382.5	4500	1089.89	196
乌鲁木齐	2461.47	1528.03	340.62	1070	8284.58	1974.84	266.91

资料来源：根据国家统计局数据中心 http://data.stats.gov.cn 相关数据整理。

从成都市 GDP 构成看，已经由新中国成立初期的一二三产业结构逐步过渡到 1990 年后的三二一产业结构，至 2014 年成都市第一、第二、第三产业产值占 GDP 比重分别为 3.7%、45.3%、51.0%。[1] 以现代服务业为主导的第三产业在 GDP 比重地位的优先，证明成都市经济水平整体进入发达地区经济水平结构，对于文化产业的发展和消费有直接的推动作用。

从圈层经济来看，根据 2012 年成都市统计局对各圈层发展的特点分析报告，第一圈层对成都市第三产业的贡献最大，现代服务业增加值的 2/3 由第一圈层贡献，主城区（锦江区、青羊区、金牛区、武侯区、成华区）服务业对经济增长的贡献率均在 80% 以上。第二圈层则是以工业带动经济发展为主要特征，2012 年第二圈层工业增加值 1544.2 亿元，占当年全市工业增加值的 50%，随着第二产业的转移和扩散，第三圈层的经济主要是由第一产业和第二产业带动，第一产业对全市农业增长的贡献率达到 70.2%。[2]

4. 居民消费能力持续增强

在强大的集聚效应和第三产业高速发展的支撑下，2014 年，成都市城镇居民人均可支配为 32665 元，社会消费品零售总额为 3770.9 亿元，居民可支配收入稳定上升，购买力持续增强，同年人均 GDP 为 10002 美元。[3] 根据世界银行的相关标准，人均 GDP 超过 1 万美元，是城市经济由发展中状态进入发达状态的标志，即是城市发展进入中等富裕的行列。城市居民人均可支配收入和人均消费支出也呈现良好的增长态势，据成都市统计局相关数据，1980—2014 年，城市居民人均可支配收入增长了 82.7 倍，同样，城市居民人均消费支出也实现了 55.5 倍的增长。居民在满足了基本的消费需求之后，对文化消费的需求将逐渐提升。这也为成都市文化产业发展和文化消费的促进提出了新的机遇和要求。成都城市居民人均可支配收入与人均消费

---

[1] 成都市统计公众信息网（http://www.cdstats.chengdu.gov.cn）。
[2] 成都市统计局编：《2012 年成都市圈层产业发展各显特点》，《成都市统计简报》第 16 期。
[3] 成都市统计公众信息网（http://www.cdstats.chengdu.gov.cn）。

支出变化情况如图7-6所示。

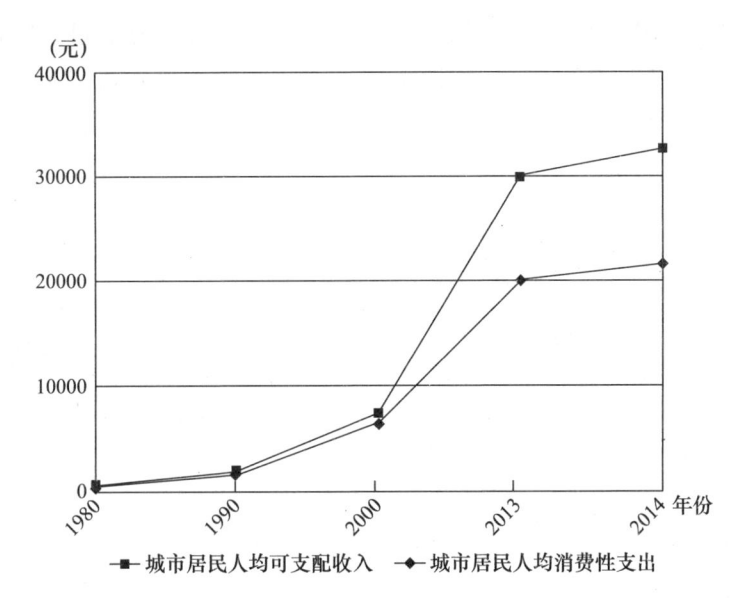

图7-6 成都城市居民人均可支配收入与人均消费支出变化
资料来源:《成都统计年鉴(2014)》。

综上所述,成都市文化产业空间集聚的经济因子,具备以下几大特性:首先,植根于文化因子之上的经济结构,闲逸包容的成都城市文化基因,使成都市打上了"休闲城市"的名片,由此直接促进了成都市第三产业的发达,为文化产业的发展打下了坚实的产业基础。其次,作为国家级中心城市和四川省的首位城市,成都市有着良好的产业集聚效应,无论是人力、物力还是财力都有极强的吸附作用。因此,本书将成都市经济因子的特性总结为以闲逸、集聚为典型特征的经济因子。

(二)成都市经济因子对文化产业集聚作用机理

根植于文化因子闲逸包容的特征,与作为国家中心城市和四川省首位城市的集聚特征,组成了经济因子休闲、集聚的典型特征,而这一点直接促成了休闲城市的形成(见图7-7)。发达的休闲城市必然刺激第三产业的发展,尤其是现代服务业与商贸业的发达,为成都人民精神需求和从事文化创意产业提供了足够的时间和空间。因此也就催生了传媒业、演艺娱乐业、动漫游戏业与创意设计产业的发展，在产业集聚作用的推动下，最终形成了以红星路35号成都国家广告产业园、天府软件园、高新区动漫产业基地、大魔方等文化产业在空间上集聚的形成。而产业集聚形成的外部性又进一步吸引了更多文化创意产业群体的集聚。

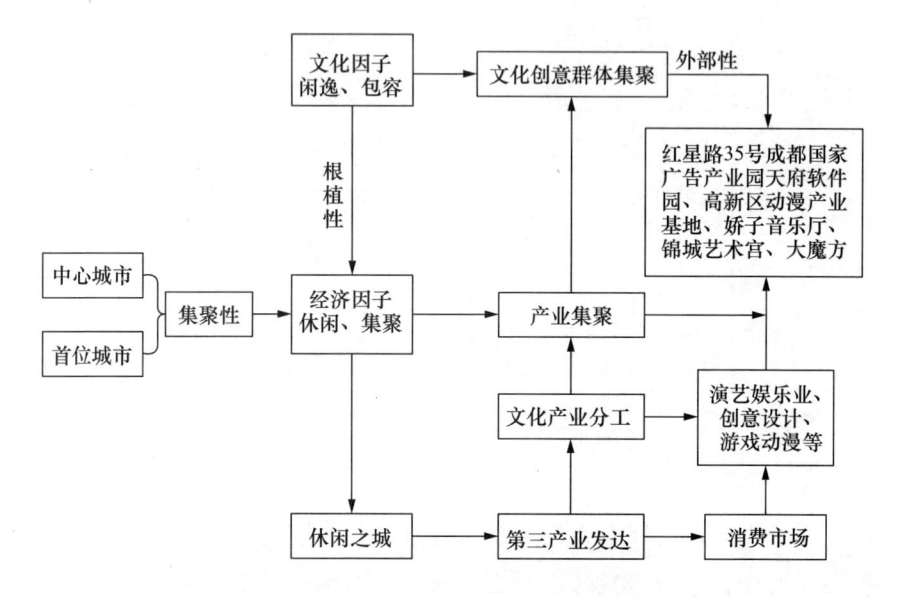

图7-7 成都市经济因子对文化产业空间集聚的作用机理

三 成都市文化产业空间集聚的区位因子分析

（一）优越的地理环境

从地形地貌来看，成都市位于被龙门山脉、龙泉山脉和邛崃山脉环绕的成都平原中部，四川盆地西部。从河流水域来看，是位于被岷江、沱江冲击形成的扇形平原之上。受益于都江堰水利工程，成都市千百年来，"水旱从人，时无饥年"，因此被称作"天府之国"。

作为被三大山脉（龙门山脉、龙泉山脉、邛崃山脉）环绕的四川盆地西部的成都平原，在都江堰水利工程的庇护下，农田水利发达，养育了一方"悠闲"气质的成都市民。无论是成都市文化因子的闲逸气质，还是经济因子的休闲气质，都直接受益于成都良好的地理区位和自然生态环境。成都市自然生态的独特性则体现在山脉、水系、平原中。"山脉"是指平原东部的龙泉山脉，西部的龙门山脉、邛崃山脉，山脉的围合屏蔽了诸多战乱和灾害，使成都平原得以安然无恙，自成一体。同时，山脉也是成都城市的"绿肺"、重要的历史文化遗产区和自然保护区。"水系"是指由发源于川西北高原的岷江、沱江及其支流和都江堰水利灌溉系统。岷江、沱江水系成网状，从平原西北向东南流出，都江堰水利工程，是成都平原作为"天府之国"的必要基础设施，也由此造就了成都特色的"水文化"。平原是指成都平原耕地。成都平原拥有四川省最肥沃的土壤，耕地平坦，河渠纵横密布，结构良好，宜于耕作，物产丰富。正是这种优越的自然地理环境成就了成都平原"天府之国"的称号。正是因为优越的地理环境，使4500年前的成都先人们能在此安心劳作、生养休息，古蜀文明的发源地也因此而诞生，也为成都人民"悠闲"的生活状态奠定了坚实的物质基础。

（二）重要的商贸中心城市

成都是典型的内陆城市，作为西北、西南区域联系的重要通道，自古以来，就是我国中西部经济、文化交汇的重要地段，也是历史上"南方丝绸之路"的起点城市，在我国西南地区与中亚诸国的贸易中，起着重要的贸易中心作用。良好的盆地平原地势，加上自身为西南地区交通贸易中心城市，成就了成都市自古以来的区域"商贸性中心城市"地位。商业贸易的发达必然带动与贸易服务业相关的文化经济的繁荣，在成都大力加快国际性大都市建设的今天，为文化产业在成都市的发展提供了优越的历史地理区位条件。

（三）发达的综合交通枢纽

随着经济和城市的发展，成都市已发展成为西部重要的综合交通枢纽城市。计划到2020年将形成由13条地铁、10条出川高铁[①]、6

[①] 十条出川高铁为：衔接"丝绸之路经济带"国际大通道3条：成都经西宁经乌鲁木齐至中西亚客运通道、成都经兰州经乌鲁木齐至中西亚货运通道、成都经格尔木经喀什至西亚（南亚）货运通道。衔接"海上丝绸之路"国际大通道3条：成都经宜宾、昆明至东南亚（南亚）客运通道、成都经拉萨至南亚货运通道、成都经攀枝花、昆明至东南亚（南亚）货运通道。连接"三圈"高速或快速通道4条：成都经达州至京津冀（长三角）通道、成都经西安至京津冀通道、成都经武汉至长三角通道、成都经贵阳至珠三角通道。设计标准确保与国家铁路大通道相同，力争为350千米。

条有轨电车和两个国际机场组成的综合交通网络。作为国家中心城市，在综合交通枢纽方面，以航空、铁路、高速公路对外通道建设为重点，以综合枢纽打造为关键，建成全国第4大国际航空枢纽、第5大铁路枢纽，实现铁路武汉、兰州4小时可达，京津唐、珠海6小时可达，长三角、东北地区8小时可达；构建成渝、成绵乐经济走廊公路两小时经济圈，形成以成都为中心、贯通南北、连接东西、通江达海的国际区域性综合交通枢纽。同时，在全市形成以轨道、高速路、干道路网等组成的多方式、多层级、覆盖全域、城乡一体的全域交通网络，在中心城区形成高效便捷的城市交通，构建连接中心城区和天府新区两大极核、衔接有序的城市交通系统。已建成"3环16射"快速路网、150千米地铁网和"快线+干线+支线"三级公交网络，实现各交通大区之间的快速联系30分钟可达，形成以公共交通为主的高效、便捷的城市综合交通体系。发达的交通路网为成都市快速稳健的经济发展提供了必要的流通保障。成都市综合交通枢纽如图7-8所示。

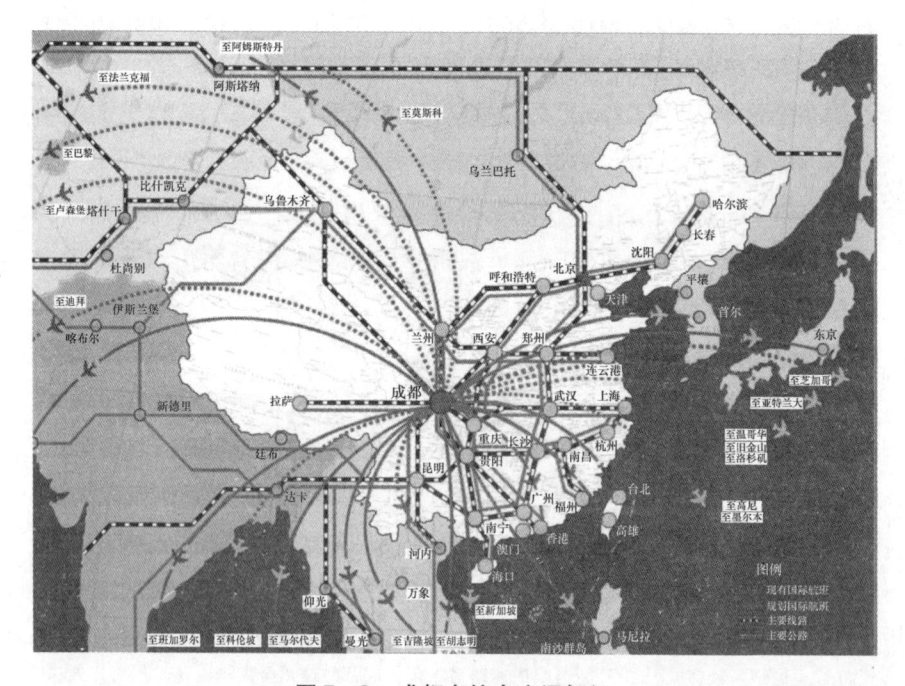

图7-8 成都市综合交通枢纽

资料来源：成都市规划公众平台（http://www.cdgh.gov.cn/）。

4. 发达的互联网通信设施

成都市已建成全国首个特大型全光网城市，良好的互联网通信基础，吸引了更多的优秀企业和项目入驻成都，具有庞大的软件企业集群。国内首个百度云开发者技术中心和中国移动四大 IDC 基地之一的西部数据中心均落户成都。发达的通信基础为"互联网＋"时代下的创新创业提供了充分的技术支持。成都电信携手郫县政府打造"菁蓉小镇"国家级双创示范基地标杆，2016 年成都举办全球创新创业交易会，汇集了全球顶尖的科研、技术、研发人才，为全球化的创新创业提供了充分的创新、创业、交流、交易平台。

图 7 - 9 显示了区位因子对文化产业空间集聚的作用机理。成都市区位因子的独特性，主要在于具有优越的地理环境、繁荣的贸易中心、成熟的交通枢纽和发达的通信设施，这四者是一种层次递进关系，优越的地理环境是成都文化产业集聚中区位因子的根基，在地域根植性的作用下直接促进了商贸中心和休闲之都的形成。休闲之都包含前文所述之闲逸气质的文化因子和经济因子，文化创意产业人才一般倾向于聚集在发达的经济中心和有充分文化特质的区域，成都悠闲的城市环境和良好的生态空间，对文化产业人才的集聚有先天的地缘优势。

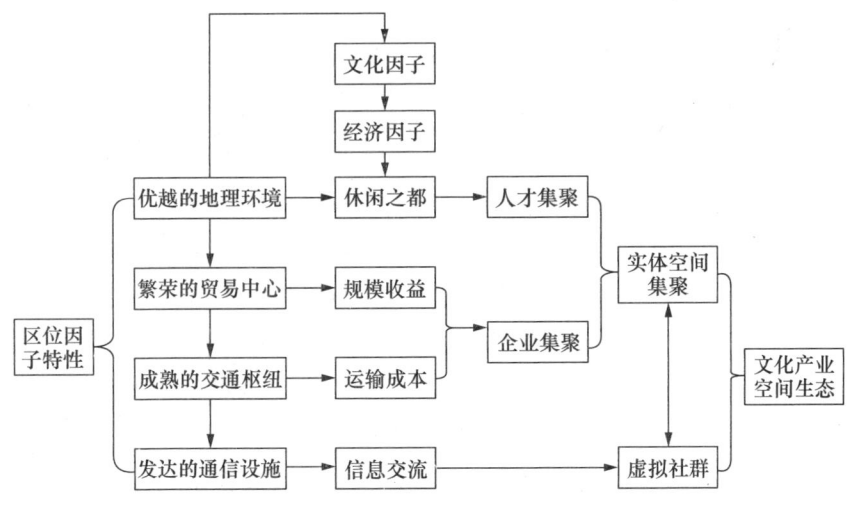

图 7 - 9　成都市文化产业区位因子对空间集聚的作用机理

繁荣的贸易中心能为企业带来充分稳定的规模收益，成熟的交通枢纽又能提升交易效率，实现高效的企业运转，这两者共同推动了文化产业企业从实体空间上向成都集聚。同时，发达的通信设施为人与人之间的交流创造了更多的便利，直接推动了文化产业从业人员的线上交流和虚拟社群的形成。在虚拟社群与实体空间相互推动下，共同促进了成都市文化产业空间集聚生态的形成。

第二节　成都市文化产业空间集聚的推进机制

一　成都市文化产业空间集聚的政府推进机制

（一）政策调控机制

成都市政府在文化产业空间集聚优化进程中已经制定出了一系列引导政策，有效地推动资金、劳动力、创意人才等要素合理流动，以达到优化资源配置，高效地推动文化产业发展的目的。成都市委、市政府一直重视对文化产业的规划性政策引领，早在2010年就出台了《关于奋力推进西部大开发　加快建设世界现代田园城市的意见》，在该意见中文化产业第一次被作为成都市城市建设的支撑产业之一，划定了文化产业主体功能区，成为13个主体功能区之一。此后，先后出台了《成都数字新媒体产业发展规划（2010—2012）》《关于促进民办博物馆加快发展的意见》《关于积极支持文化创意旅游产业发展规范用地管理意见的通知》和《成都市重点文艺项目扶持奖励办法（试行）》，这些政策针对文化产业具体产业的发展给予了极大的政策推动和扶持。2011年成都市委发布了《中共成都市委关于深化文化体制改革加快建设文化强市的意见》，该意见中明确提出，要把成都市建设成为全国一流、国际知名的"文化之都"。2012年，成都市出台了《成都市文化产业发展"十二五"规划》，从政策指导上明确了成都市文化产业发展的措施和方向，确定了成都市文化产业的发展重点和空间布局。2014年10月，成都市出台了《成都市文化创意和设计服务与相关产业融合发展行动计划》，进一步指明了成都文化产业发展对相关产业的推动作用。

(二) 财政金融机制

文化产业作为半公益性质的产业,文化事业和文化公共服务建设方面的财政支出是其中的重要部分。自 2003 年以来,成都市大力推进基本公共文化服务体系建设,通过不断改革公共财政体制,调整公共财政支出结构,城乡文化基础设施建设投入比重逐年增加(见图 7-10)。

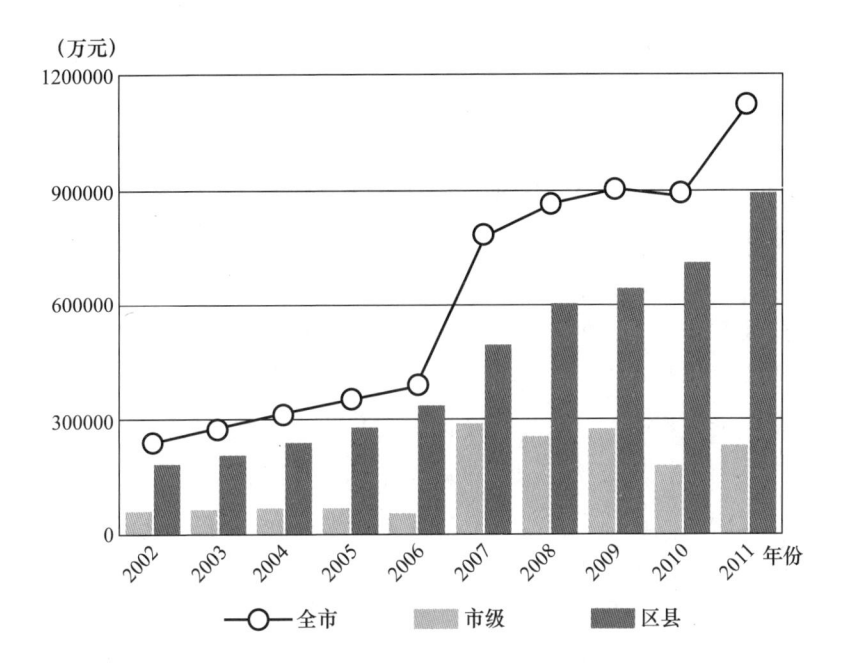

图 7-10　2002—2011 年成都市公共文化服务财政支出

资料来源:根据各年份《成都统计年鉴》整理。

文化产业作为处于快速成长期的高风险产业,尤其文化产业多以中小型企业为主,对风险的承受能力有限,同时融资能力也相对较弱。因此,政府有必要对文化产业及其发展空间的基础设施加大投资力度。成都市积极投入财政支持,每年为文化产业发展划拨专项的财政资金用于支持文化产业中小型企业的发展。文化产业专项资金由

2006 年的 1500 万元提高到 2015 年的 23000 万元，专项资金通过竞争立项的形式实现资金分配，通过项目征集、申报、评审等程序，报市委、市政府同意后确定，2015 年成都市市级专项资金共安排项目 101 个，资金取向主要为文博旅游、传媒融合、演艺娱乐、创意设计、园区建设和平台建设等重点项目。通过市级文化产业专项资金的投入，对成都市文化产业结构调整和资源配置起到了极大的推动作用，有利于优化文化产业发展的整体布局，促进了文化产业跨越式发展，为国民经济发展发挥了突出作用。

除财政投入外，成都市政府还为文化产业企业积极搭建融资平台。在文化产业融资平台方面，先后与成都银行、农商银行等相关金融机构分别签订了针对中小型文化企业融资的合作协议，以进一步推进成都文化产业的发展；同时，与国际开发银行合作，签订了促进成都文化产业发展的《支持成都市文化产业发展合作备忘录》，并成功地促成了 15 个项目的产业扶持。另外，成立成都文化产权交易所，使之成为全国第三、中西部第一个集文化产权和版权交易于一体的文化产业综合服务平台。成都文化产权交易所的成立，致力于解决中小文化企业融资难问题，积极推动健全文化产业要素市场。在非物质文化遗产方面，成都市文化部门积极与中国进出口银行合作，为国际非物质文化遗产博览园的建设和经营争取了极大的资本扶持。同时，充分发挥文化产权的要素活力，积极探索新的产权融资模式，目前已成功地协助许燎源现代创意设计艺术博物馆、安仁博物馆小镇、成都东区音乐公园等项目实现融资贷款 30 多亿元。

（三）协调规划机制

政府的协调机制主要包括政府与政府之间和政府与企业之间两个维度的协调。就政府层级之间的文化产业空间协调而言，成都市通过市级统筹力度，成立市级文化产业发展办公室，重点通过体制改革、产业规划和资产监管等方面，促进文化产业空间资源的组织和配置。在落实上级政策的基础上，研究制定适合成都市的文化产业发展促进政策；加强行业部门合作协调，积极推进工商、税务、金融等相关部门对文化产业的扶持力度；全面落实推进国有文化企业的改革转制；

降低市场准入门槛,加大对创新创业的鼓励推动;积极促进文化产业园区的建设和管理。同时,政府积极搭建平台,为市场资源的合理自由流动创造了便利条件。成都市政府在文化产业平台建设方面的协调工作主要有以下三个方面:

1. 人才资源的平台搭建

政府通过加强产学研合作,在高校、企业与社会团体之间搭建了文化产业人才培训共享平台。根据成都市第三次全国经济普查,2013年年末,成都市文化及相关产业法人单位从业人员已达5.36万人,为成都文化产业发展提供了丰富的文化人才资源。在文化产业人才培育方面,充分利用四川音乐学院、四川师范大学、西南财经政法大学、四川大学等十多所大专院校的教育培育功能,积极开设文化产业相关的课程,大力培育一批理论与实践兼具的文化专业人才。同时,积极推进产学研合作平台的建立,鼓励高校与社会机构加大文化产业的培训力度,实施企业与高校联合培养战略,积极推进产学研联合机制的建立。

2. 产权交易平台的搭建

成都市充分依托文化产权交易所,搭建了以文化物权、债权、股权、知识产权等产权为交易对象的产权交易平台。积极探索新的产权交易模式,以艺术品份额化转让交易的创新性交易模式,创造性地实现了文化资本、金融资本与社会资本的有效对接。自2010年5月成立产权交易所以来,已创造性地实现了近4亿元的交易额度,位居全国艺术品资产包上市交易量和交易额度的前列,开拓了文化产权交易和中小型文化企业融资新渠道,为成都市文化产业发展提供了全新的动力。

3. 对文化产业布局的规划控制

成都市政府在"十二五"规划和《文化创意产业发展规划(2009—2012)》等诸多规划中多次提到促进成都文化产业空间集聚的格局,推动成都文化产业健康发展。2012年6月1日,《成都市文化产业发展"十二五"规划》获得市政府同意,确立了以"一极七区多园"的成都市文化产业空间集聚布局结构,按照《成都市文化产业发展"十二五"规划》,需要合理确定成都市文化产业集聚发展的空间形态与结构布局,以确保各区县在文化产业发展的分布与功能互补。规划强化了成都市中心城区和天府新区"双核"发展极,促进文化产业园区经济发展,培育城市文化资源向现代文化创意产业结构转变,引导创意阶层向文化产业园区集聚,构建成都市文化产业空间集聚发展格局。到目前为止,成都市已规划了13个市级功能区,成都东村是其中之一,6个区(市)县分别规划了6个与自己区域发展相适应的文化产业发展功能区。其中,双流县主要发展动漫游戏业,锦江区主要发展传媒业,成华区主要发展数字音乐业,青羊区主要发展文博旅游服务业,都江堰市聚源以文化创意综合功能立区,大邑县安仁以文博旅游服务为特色。基本做到了以现有文化资源为基础,突出特色,差异化发展(见表7-7)。

表7-7　　　　　　　　成都市文化产业园区产业定位

区域	定位
成都东村	以文化创意产业为主的现代服务业和城市商业副中心
高新区	以文化科技为主的文化创意产业区
锦江区	以创意设计为主的文化创意产业区
成华区	以数字音乐为重点的文化创意产业区
青羊区	以文博旅游服务为主的文化创意产业区
双流县	以动漫游戏为主的文化创意产业区
都江堰市	以文博旅游服务为主的文化创意产业区
大邑县	以文博旅游服务为主的文化创意产业区

资料来源:《成都市文化产业发展"十二五"规划》。

二　成都市文化产业空间集聚的市场推进机制

(一)价格调节机制

施蒂格勒(Stigler,1951)指出,分工是组织经济的基本原则,也是决定价格机制的直接因素。在自给自足的组织经济之外,现实经济实践所呈现出来的两种经济制度的根本区别是专业化分工的深化程度以及市场扩展的范围。在市场经济条件下,使用价格调节机制更有利于分工的深化和市场范围的扩展(见图7-11)。

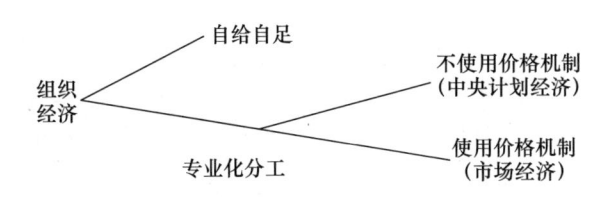

```
                      自给自足           不使用价格机制
                                        （中央计划经济）
        组织
        经济
                      专业化分工         使用价格机制
                                        （市场经济）
```

图 7-11　不同的组织经济模式与价格机制关系

价格机制是文化市场配置资源的核心工具，和其他行业的价格机制一样，文化产品价格机制也会随着市场供求变化，文化产品的价格水平直接影响着文化产业的发展。供需双方以及利益相关者再分配的变动，都会引发价格的杠杆功能，通过价格的涨跌对资本流动和需求变化加以调节。由于文化产品是需求弹性比较大的商品，对价格机制的调节作用也会相应地更加敏感，从而容易引发文化产业行业的价格与价值严重偏离和阶段性投资热，比如书画艺术品，名家的作品单幅可以卖上千万元，而普通画家的作品则只能卖几百元。在市场失灵的情况下，价格机制的作用就需要政府通过宏观管理来实现。因此，政府要通过出台相关法律法规，引导形成科学合理稳定的价格调节机制，为文化产业发展营造良好的市场环境。

在成都文化产业空间集聚过程中，房租作为生产要素的价格之一，对创意阶层的集聚起着极大的杠杆作用。在由市场主导的文化产业空间集聚模式下，一般由某个特定行业的首领人物选定一个区域，该区域可能是农家乐，（比如三圣乡农家乐的蓝顶艺术中心、许燎源现代创意设计艺术博物馆），也可能是废弃的仓库（比如金牛区的436文化创意机构），也可能是老街旧居（比如宽窄巷子附近奎星楼街的明堂），在特定区域的项目启动，将会像发动机一样对相关业内人士和产业链的上下游各类文化产业从业起到极大的吸引和集聚作用。随着产业集聚的增加，必然带来项目的外部经济，对项目本身和周边的房租起到拉升作用。比如，位于市井文创代表项目明堂就对项目本身及周边房租起到直接的拉升作用。自项目运营以来，随着项目活动的不断开展，一些策划、影视公司，甚至直接将工作地点搬到了明堂对面的居民楼里，从而使奎星楼街的居民房租金由700多元涨到了 1600 元，在近两年内翻了一番。

（二）供求均衡机制

成都文化产业园区对园区企业的供给主要体现在软硬件环境的基础设施建设、生产网络的培育和专业化服务三个方面。

在基础设施建设方面，硬件上园区倾向于对中心城区废旧建筑的重新规划设计改造，并注重园区产业特色与空间外观打造的特色相结合。如成都国家广告产业园区、成都东郊记忆、蓝顶艺术区、明堂等文化产业集聚区，都是对废旧建筑的创意改造再利用，极大地节约了建造成本，同时又在建筑景观上特色鲜明，突出了自己的主题。软件方面，不同的园区都注重对园区信息化建设和信息平台的打造。如成都国家广告产业园建立了艺哈线上平台、成都东郊记忆实现了园区内无线网络全覆盖，同时园区通过微信公众号、微博等社交平台向园区内企业及社会公众推送园区新闻。

在生产网络的培育方面，不同园区根据自身的园区产业特色，分别形成了自己的特色产业链条和创意人才的集聚，通过内容创意—产品制作—宣传推广—体验销售等一系列完整的产业链条，实现区内企业专业化内容生产的生态群发展模式。如蓝顶艺术区就发展了以艺术家艺术创作为核心、作品装置、策展、宣传推广等一体化生态发展的产业链模式。

在专业化服务方面，在"大众创新、万众创业"的政策号召下，发展了符合园区特色的众创空间模式。东郊记忆作为以音乐为主题的产业园区，成立了中国数字音乐科技孵化园和中国原创音乐发展基金，同时建立了中国数字音乐版权认证和交易中心，为成都原创乐队和中小型数字音乐企业提供了技术、资金和版权支持，更有助于成都本土音乐的成长和发展。成都国家广告产业园，建立了广告企业孵化器，并成立了广告交易中心、广告信息服务平台、云计算服务中心、广告创新研发中心、3D 打印创意体验中心、成都广告研究院、新媒体驱动中心、西部广告人才培训中心、成都广告金融服务中心等众多的园区企业扶持平台，分别从政策、技术、人才、资本等方面为园区企业提供全方位多角度服务。

(三) 市场竞争机制

成都文化产业空间集聚遵循错位竞争、差异定位的市场竞争模式，在不同的文化产业集聚区形成了不同的专业特色，做到一区一主业，极大地避免了园区重复建设，有效地推动了成都文化产业生态的丰富和整体发展。有以音乐为专业特色的成都东郊记忆、以创意设计为专业特色的成都国家广告产业园、以艺术原创为专业特色的蓝顶艺术区、以动漫游戏为专业特色的数字娱乐软件园。为了更好地营造园区的文化产业氛围，提升园区企业与外界的交流和交易效率，各大园区分别开展了一系列适合自身发展特色的专题活动。成都东郊记忆的成都国际友城青年音乐周、成都之春室外音乐节、东郊记忆戏剧周等以音乐为主题的音乐交流活动；成都国家广告产业园开展了成都广告创新论坛、"双创未来"成都—深圳青年创客电视大赛、巴蜀国际艺术博览会、青年创意设计大赛等赛事活动；蓝顶艺术区开展了每年一度的蓝顶艺术节；成都动漫游戏业也有每年一度的动漫游戏展。不同的文化产业集聚园区在自身专业定位的基础上，通过多样化活动的开展，更有利于园区企业跳出本土企业的局限，与全国、全球的企业交流和交易，提升了园区企业的专业水平和业务能力，从而提升成都文化产业集聚在更大范围内的竞争水平和实力。

三 成都市文化产业空间集聚的社会推进机制

(一) 公众参与机制

作为推动文化产业空间集聚三大机制之一的社会公众，在文化产业空间集聚调整进程中的核心利益和权利需要得到切实的保障，包括知情权、监督权、决策权和参与权，因此，有必要建立一套行之有效的公众参与机制。成都市作为文化部批准的"公共文化服务标准化"建设和"基层综合性文化服务中心"建设两项国家级试点城市，在公众参与方面，主要是通过外包的形式引入社会资源参与公共文化服务，通过构建政府作为采购方、社会力量作为采购对象、群众作为受惠方的全新采购服务平台，激发出公共文化服务的新活力，让群众享受更加丰富多彩的文化大餐。以此模式为基点，成都市已成立了"公共文化服务超市"，以超市的理念向市民开放，市民通过"文化超市"自由选择文化产品、文化项目服务,并向政府推荐,政府将根据市民的推荐,进行公共文化产品采购,从而极大地提升了公众的文化参与意识。

(二) 社会组织机制

社会组织是社会团体的组织形式。一般以促进会、商会、行业协会、基金会等形式出现,也包括会计师、律师事务所等民办机构。作为介于政府和市场之间的中间科层组织,当经济活动遭遇"市场失灵"和"政府失败"时,社会组织就是及时管用的"救火队长"。作为文化产业发展中有重要分量的社会组织,不仅能够维护市场经济秩序,承接一部分政府管理职能,还能促进行业自律管理,在政府与文化产业之间搭建了沟通交流的桥梁纽带。

成都市作为国家公共文化服务体系示范区,在社会组织机制建设方面,积极探索培育社会团体、购买社会服务、搭建交易平台,积极建构"供需平衡"的公共文化服务购买机制。在培育社会团体、购买社会服务的过程中,积极注重与各类大中小型文化企业展开合作,通过购买社会化文化产品,实现公共文化服务的社会化,扶持一批社会文化组织,营造良好的公共文化服务环境,释放社会组织参与公共文化建设的热情,积极借助移动互联网、APP、微信等现代媒体技术,探索社会组织服务的新模式,分别在文化讲座、公共文化数字化服务管理平台、市民艺术培训、文化志愿服务等方面做了全新的成功的探索,在繁荣文化市场的同时,也促进和提升了社会组织的文化建设意识。

第三节 成都市文化产业空间集聚模式分析

一 市场主导模式

文化产业空间集聚的市场主导模式主要由某个比较有号召力的企业或艺术家最先选定某个特定的区域,在首领企业(或艺术家)的带领下,其他市场主体也相继跟进,逐渐在区域内形成一定的产业集聚模式。市场主导模式，是先有市后有场的文化产业空间集聚模式。成都的蓝顶艺术区、明堂等艺术类产业集聚是市场主导模式的典型代表。在这些集聚区发展到一定规模后，政府介入片区的整体规划打造，更进一步促进集聚区的整体品牌和效益提升。

成都以市场主导模式发展的文化产业空间集聚最具代表性的是蓝顶艺术区。蓝顶艺术区最早是成都比较有代表性的艺术家自发组成的产业集聚。2003 年，由周春芽、郭伟、赵能智和杨冕四位艺术家在成都机场路旁租用的闲置厂房，因为厂房是铁皮蓝顶而命名为"蓝顶"。2007 年，新蓝顶艺术区东迁至三圣花乡。在成都天府新区政府的支持和引导下，蓝顶艺术区首创产权工作室模式，"以艺术家居住、工作为主题"解决了艺术家的后顾之忧，吸引了 300 多位艺术家聚集。同时针对青年艺术家，打造了针对艺术家出租的蓝顶青年艺术村，是艺术区推出的第一个租赁式工作区，为了确保艺术村的长远发展，在政府的协调下，蓝顶艺术区管理公司与村委会达成五年租赁三年内不调租的协议，充分体现了政府与开发商对青年艺术家的关注与扶持。目前，蓝顶艺术核心区的一、二、三期已经建成，已形成文化资源整合为趋向的聚落生态，被誉为西南地区最大的当代艺术圈。

在蓝顶艺术区发展中，政府的作用主要在于为艺术区提供土地和环境保障，通过规划协调和土地政策等保障艺术家的经营权益，并通过制定法规保护艺术区用地和规划的合法性，保证艺术区不受商业侵蚀的"艺术纯度"。在政府的支持协调下，蓝顶已经成为当代艺术群落和艺术家生态圈的精神符号。未来蓝顶艺术区将进一步在政府的扶持下，拉长原创艺术的产业链条，做大"蓝顶"文化创意品牌，建设天府新区文化艺术高地。

二 政府主导模式

政府主导模式即是先有政府规划建设，并由政府通过制定产业政策和发展规划等形式，确定特定空间的产业经营性质，并由专业的经营公司通过招商、招租等形式招揽相应的企业进驻园区，逐渐培育发展成为特定的产业空间集聚。政府主导模式是先有场后有市的产业集聚模式。成都以政府为主导的文化产业空间集聚模式的典型代表为成都国家广告产业园。成都国家广告产园前身为红星路 35 号，园区核心区域建设主体为成都市锦江区政府的平台公司成都市兴锦教育投资发展有限责任公司、成都市锦城文化创意投资有限公司，运营和管理主体为成都市广告创意产业运营管理有限公司。园区定位为创意设计、广告传媒为主导的产业集聚，2014 年 4 月成都广告产园成为西南地区唯一国家级广告产业园区。自 2012 年正式运营以来，到 2015 年年底，已有 358 家企业入驻，注册资本达到 332161 万元，其中广告类企业注册资金达到 232275 万元，占园区企业总数的 80.73%。园区产业集聚效应已经形成。政府对园区的主导主要是通过以下两个方面实现的。

（一）明确园区的领导机制

作为政府主导推进的文化产业园区，成都国家广告产业园在园区建设过程中，机制建设是制度管理的重头戏。一是建立了联席会议制度。成立以成都市政府分管副市长牵头推进的广告战略实施联席会议制度。由市委宣传部、市工商局和市财政局等 13 个市级相关部门组成联席会议成员单位。联席会议单位根据议定事项，分工负责以成都广告产业园区为主要载体的全市广告产业发展，并定期召开会议，统筹研究推进园区建设工作。二是成立园区建设推进机构。由锦江区人民政府成立广告产业园区建设领导小组，小组领导由锦江区政府主要领导担任，组员由 19 个区级部门和园区管委会组成。建立相应的运行机制，包括建立领导小组例会制度、成员单位联动机制、广告专业楼宇内服务团队联动机制。领导小组下设园区推进办，主要负责领导小组日常工作、全区广告专业楼宇经济发展情况的收集、整理、统计、分析等工作。三是建立了行政管理部门与园区共同协作的机制。成都国家广告产业园区的建设和运营的重大工作，均在省工商局和财政厅的指导、检查和督促下，经市推进广告战略实施联席会议研究确定后，由市工商局牵头指导市级相关部门和锦江区广告产业园领导小组及办公室协力推进；同时，在成都广告产业园领导小组及办公室领导下，由园区建设和运营主体——成都广告创意产业运营管理有限公司按市场化方式独立运营，实现了各级政府部门与园区运营管理有机协调统一。

(二) 加大园区的财政支持

在中央、省、市各级政府对文化产业的政策扶持下，成都市专门针对成都国家广告产业园进行了专项财政支持。为了争创中央财政支持广告业发展试点园区，2012—2014 年，成都市政府和锦江区政府每年从文化事业专项经费和现代服务业专项经费中拨付不低于 3000 万元专项配套资金支持成都国家广告产业园区发展。2012 年 9 月，锦江区人民政府印发《锦江区加快推进红星路 35 号广告产业园建设，促进广告产业发展若干扶持政策（试行）》（锦府办〔2012〕58 号），分别对龙头重点企业、广告专业楼宇运营商、广告交易机构以及大型广告活动等给予相应奖励、补贴。2014 年，由国家工商总局获批成为西南地区唯一一家国家级广告产业园。2012—2015 年，累计获得中央财政扶持补助资金 8000 万元。在联席会议制度和各级政府的财政支持下，成都国家广告产业园形成了多元主体参与共建的格局。2012—2014 年，通过对旧厂房、闲置的校舍和旧居民楼进行整合改造，政府用 2.2 亿元的建设资金，撬动了 12.14 亿元社会资金参与园区楼宇建设，园区载体面积从最初的 2.5 万平方米增加到 30.8 万平方米。在空间布局上形成了以红星路 35 号为核心区域基地，以汇融国际数字基地、川报传媒基地、爱·盒子设计基地"等专业楼宇空间集聚模式。

三 协力主导模式

协力主导模式是市场与政府同步推进的产业集聚模式。成都文化产业空间集聚中，成都数字娱乐软件园是协力主导模式的典范。

成都数字娱乐软件园成立于 2003 年。在省、市、区各级政府的号召支持下，由成都华诚伟业集团下属的成都数字娱乐软件园管理投资有限公司投资兴建运营。园区总体规划 5 万平方米，成立之初便制订了"创业乐园"计划，主要吸引 50—100 个创业团队。是全国投建最早、面积最大、硬件设施最完善、聚集数娱行业企业最多的专业孵化器，现有入孵企业 50 家，包括腾讯、金山、盛大、英特尔、Gameloft 等知名企业。同时培育了梦工厂、逸海情天、掌中科技等一批成都本土动漫游戏企业。建立了"成都市数字娱乐软件人才培养工程"培训基地——数字娱乐软件学院，已成为国家网络游戏动漫产业发展基地人才培训中心和诺基亚授权培训中心。

园区作为全国第一家规模和内容兼优的数字娱乐产业示范基地，是科技部授予的"国家863数字媒体产业化基地"承载主体，国家新闻出版总署授予的全国首家"国家网络游戏动漫产业基地"承载主体，国家发改委、信息产业部授予的"国家软件产业基地（成都）"的主要成员单位，为成都数字娱乐行业和科技孵化事业发展起到了重要的推动作用。

在园区的建设发展过程中，政府与市场的协力作用主要体现在：园区作为市场行为主体，是顺应政策形势而建。在园区运营过程中，得到了各级相关部门的大力推动和支持，将园区打造成为成都动漫游戏软件的核心集聚区。在政府与市场企业的协力推动下，成都数字娱乐软件园已推动动漫游戏业成为成都文化产业的支柱产业之一。

四 成都市文化产业空间集聚模式的示范意义

（一）注重政府对文化产业空间集聚的配套服务

从以上成都市文化产业集聚的市场主导模式分析来看，成都市政府在蓝顶艺术区形成过程中，充分考虑了艺术家作为自由职业者对创作环境和创作氛围的要求。因此，从一开始，政府是没有介入产业集聚的行政干预的。艺术产业在大师级艺术家的引领下逐渐形成成熟的产业集聚区。只有在艺术集聚区成熟以后，当地政府根据艺术家和艺术集聚区发展的需要，提供相应的配套服务。这就保证了成都在艺术产业领域空间集聚的形成，经过短短几年时间发展，成为中国艺术创作第四城。

（二）注重政府对幼稚产业的扶持和培育

在政府主导模式下的文化产业集聚模式中，成都国家广告产业园是成都文化产业集聚的又一典范。广告创意产业由于自身经营风险大、竞争激烈、对创意人才的要求较高等特性，又大多是由几个人组成的微小型创业企业，都不利于成都本土广告业的发展壮大。作为这种靠企业自身难以做大做强的幼稚型文化产业，政府依靠自身力量和资源，通过组建平台公司的形式，为本土广告企业搭建孵化器，在孵化创业型企业的同时，净化产业环境、完善产业配套制度，为企业搭建融资、人才和项目平台，在推动成都国家广告产业园发展壮大的同时，集聚了更多的优秀广告产业企业，为成都广告产业的发展创造和培育了良好的市场环境。

（三）政府应根据不同的作用阶段提供相应的服务

在以上成都市文化产业集聚中，无论是市场主导模式、政府主导模式还是协力主导模式，到最后都离不开政府的作用，只是政府作用发力的阶段依据产业特性而有所不同。根据政府发力阶段的不同，在此将政府的作用力分为后置、前置和同步三个阶段。在市场主导模式下，政府的作用力就是要在市场产业氛围成熟以后进入，因此称为政府作用力后置。在政府主导的文化产业集聚模式下，政府的作用力是从一开始就要介入的，因此称为政府作用力前置。在协力主导模式下，政府的作用力与市场同时进入，因此称为政府同步作用。根据以上不同的产业集聚特性分析。可见，在成都市文化艺术类产业作为成熟的市场集聚模式，属于政府作用力后置。在成都国家广告产业园建设和广告产业集聚的形成中，政府是主要的引导者和推动者，因此称为政府作用力前置。在朝阳产业成都动漫软件产业园形成的过程中，政府与企业一起推动了成都动漫产业的集聚形成和发展壮大，因此称为政府作用力的同步推进。政府只有确立好自身对市场的干预阶段，才能更好地推动文化产业在空间集聚上的形成。

本章小结

本章分析了成都市文化产业空间集聚形成的内在机理和外在机制。对内在机理的分析主要是对促进文化产业空间集聚形成的文化因子、经济因子和区位因子三个方面进行分析。文化因子根源于城市的历史文化底蕴，并在此基础之上形成独特的城市文化观念和特质，通过分析得出，成都市的文化因子以闲逸和包容为主要特性，这直接促成了经济因子中休闲城市的产业氛围，为文化产业空间集聚的形成奠定了良好的产业基础；区位因子中独特的地理区位环境更进一步推动和促进了休闲之都的形成，加上繁荣的商贸中心、成熟的交通枢纽和发达的通信设施，共同促成了成都市文化产业空间集聚生态的形成。

在外在机制方面，成都市文化产业空间集聚过程中，政府、市场和社会公众三大机制分别从不同方面起到了一定的推进作用。政府作为文化产业空间集聚和产业发展布局的主导方，在成都文化产业发展过程中，积极推行出台文化产业发展政策，为文化产业企业在人才、资本等方面遇到的问题搭桥铺路，搭建产权交易品台、投融资平台和人才资源平台，通过规划调控手段，主导新的大型文化产业项目的空间布局和规划，为成都文化产业发展提供了清晰的方向；在市场机制方面，分别从价格机制、供求机制和竞争机制三个方面对成都文化产业园区集聚过程中的市场行为；在社会协调机制方面，成都市社会公众对于文化产业的参与度还不是很高，但通过政府购买公共服务的模式有望进一步推动社会公众的参与热情。

本章最后对成都文化产业空间集聚的模式进行了分析，分别选取了蓝顶艺术区、成都国家广告产业园、成都数字娱乐软件园作为典型案例，对市场主导模式、政府主导模式和协力主导模式进行了分析。事实证明，成都文化产业空间集聚过程中，政府与市场都在各自的功能领域起到了很好的推动作用，有效地促进了成都文化产业空间集聚的良性发展。

第八章 成都市文化产业空间集聚的目标与优化对策

第一节 成都市文化产业空间集聚的目标

《成都市国民经济和社会发展第十三个五年规划纲要》明确提出，要将成都市建设成为西部文创中心和世界文化创意名城。这个城市目标的实现，重点在于两个方面：一是城市形象和空间的文化提升；二是文化创意氛围的形成。文化创意氛围直接受益于文化生产网络空间的形成，城市形象和空间的文化提升则主要通过城市文化名片和城市文化空间的打造来实现。结合前文对成都市文化产业空间集聚形成的内在机理与推进机制分析，文化产业空间集聚是建立在以城市文化特质为基础之上的文化产业集聚生态与文化产业空间有机融合。因此，作为国家中心城市的成都市文化产业空间集聚目标，应着重推进建设世界文化创意名城、构建文化生产网络空间和实现中心城市文艺复兴三个方面。三大目标之间是有机结合、层层渗透、互为支撑的。

一 建设世界文化创意名城

2016年1月出台的《成都市国民经济和社会发展第十三个五年规划纲要》确立了"文化创意名城行动计划"，明确提出，要将成都建设成为地域文化特色鲜明、多元文化融合发展的文化创意名城。在建设国家中心城市的目标基础上，推动成都市成为西部文创中心和世界文化名城，形成国际城市文化品牌，已经成为成都市城市文化品牌建设的目标。

现代文化产业中，一个重要现象就是地域文化与地理位置紧密结合,在全球化的文化产业发展背景下形成自己的国际化区域文化品牌。在国际城市文化品牌形成的过程中,要注重成都城市文化特质的传承,以产业发展推动空间结构的合理变迁和改革更新,将品牌打造与文化地标相结合,在传承中创新,实现历史文化名城与国际文化名城的有机结合,打造成都专属的国际知名的城市文化品牌。

二 构建文化生产网络空间

文化产业空间体系的三个基本要素是文化、产业和空间的有机融合。就文化而言,文化产业由于地缘的根植性,首先是与特殊地区的文化观念和文化特质相联系的。就产业而言,在生产—消费者系统下,一个完整的文化产业生产网络空间,包括从生产到展示再到消费的过程。就空间而言,文化产业以一种大量变化的空间形式组合到一起。

分工的网络效应需要依托于实体空间存在,这种空间形式可以是单一的建筑或建筑复合体,也可以是整个区域内的产业网络工作者。在互联网信息技术下,文化创意产业工作者不仅通过实体空间取得联系,也通过虚拟空间实现产业集群内部交往。虚拟社群与实体空间之间往往通过大量的艺术或文化活动相联系,打通空间隔阂,形成线上线下相结合的文化产业生态链。更多的合作和发展就是在文化活动之间的相互影响,具体化于独特的城市文化构造中,和更广泛的城市文化价值链相连接。

成都市文化生产网络空间构建的目标,就是要构建一个基于3000年城市文化底蕴基础上的以休闲、包容为城市文化内核的文化产业生产网络空间。这种网络空间需要通过节日、活动等方式将虚拟的网络社群与实体的建筑空间相结合,在政府精密的组织策划下,形成以创造文化生产和创意活动为目标的文化产业生态链,并注重对以文化产业从业者为主体的微生物群的环境培育。

三 实现中心城市文化复兴

这里的中心城市,一是指成都市作为国家级中心城市。几千年前的金沙文化就已经奠定了成都市作为西部中心城市的历史文化根基。二是指城市本身的中心,即成都市以锦江区为代表的老城文化中心和天府新城文化中心。鉴于以上两点,成都市实现中心城市文化复兴,需要从纵向的文脉传承和横向的空间打造入手。

第八章 成都市文化产业空间集聚的目标与优化对策

纵向文脉传承主要涉及成都市文化遗产（包括物质文化遗产和非物质文化遗产）的保护与发扬。在传承保护与创新发展并重的前提下，以成都市城市文化特质（包括文化观念和文化生活）为蓝本，建立传统文化的传承体系。横向文化空间打造主要涉及历史文化建筑和街区的打造，以及对废旧建筑和场所的空间再利用。通过文化产业空间集聚战略，为中心城市的老建筑和废旧空间植入文化产业的经济活力，不断增加文化遗产的符号价值和经济价值，以提升城市中心的历史文化价值。

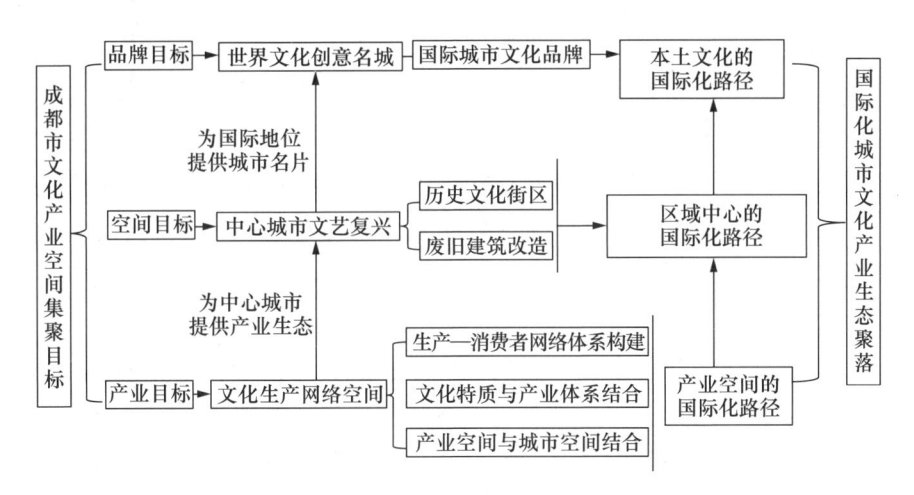

从图8-1可知，成都市文化产业空间集聚目标之间是有机融合的，国际城市文化品牌作为文化产业集聚的品牌目标，是建立在中心城市文艺复兴的国际地位基础之上的。中心城市的文艺复兴从空间形态上主要体现在历史文化街区和废旧建筑改造。这些文化空间的复兴又是基于文化产业生产网络空间的形成。主要包括生产—消费者网络体系构建、文化特质与产业体系结合以及产业空间与城市空间结合。产业目标是要实现产业生产的国际化路径，空间目标是要实现文化产业空间集聚的国际化路径，品牌目标是要实现成都市本土城市名片的国际化路径。三者通过文化产业参与国际化生产推动作为区域中心的城市跨入国际城市行列，最终实现成都市本土文化的国际化，从而形成成都市文化产业空间集聚国际化城市文化产业生态聚落。

图8-1 成都市文化产业空间集聚目标导向

第二节　成都市文化产业空间集聚目标的障碍分析

一　文化产业空间集聚的内在机理障碍

基于成都市文化产业空间集聚的现状及问题分析，根据文化产业空间集聚运行机理，文化产业空间集聚的内在机理障碍主要存在文化、经济、区位三大因子的内部联系障碍和三大因子之间的运行障碍。从内部障碍来看，以文化因子为主导的文化集聚中，文化空间与文化创意群体之间没有形成紧密联系，阻碍了文化产业空间集聚中生态群落微生物环境的形成。以经济因子为主导的产业集聚中，文化产业生产—消费者系统，消费者可以是个体消费，也可以是产业消费。在成都文化产业空间集聚中，产业消费环节相对薄弱，从而阻碍了文化产业与相关产业的融合。以区位因子为主导的空间集聚，在发达的基础设施和现代化的信息技术交流之外，以产权保护为主的交易制度还不够完善，从而阻碍了文化产业专业生产中的创新积极性。

三大因子之间的运行障碍在于，文化因子在向经济因子转化的产业化过程中，专业化程度还不够，大多停留在文化资源的直接经济化模式，成都文化产业以文博旅游服务业为主是最直接的证明。经济因子在与区位因子结合的过程中，经济水平未能有效地推动地域品牌的形成，这一方面源于经济水平与分工专业化还有待提升，另一方面在于成都市作为新的国家中心城市，国际化城市的区位名片还未能形成。

综上所述，成都市在文化产业空间集聚形成过程中，无论是在文化创意群体、文化空间还是文化产业融合，抑或文化产业的制度建设方面，都存在很大的不足，同时，专业化程度与国际区位城市的观念意识都还有待提升。

二 文化产业空间集聚的推进机制障碍

（一）政府主导过热

从成都市文化产业空间集聚的推进机制来看，呈现出政府投资过度、市场发展不足、社会参与缺乏等状态。从成都市文化产业园区分析来看，除蓝顶艺术中心、成都浓园国际艺术村是由艺术家自由发起组成的艺术聚集中心之外，其他的园区都是在政府的大力推动下发展形成的。成都市文化产业发展的一个特点是依靠重大项目的推动实现，而这些重大项目很多投资主体都是国有企业或转型改制的国有事业单位，带有明显的政府主导力量。从国内外成功的文化产业集聚发展案例来看，政府的力量应更多地侧重于前期文化产业集聚的规划引导和园区建设方面，但是，在聚集地形成之后，就应该更多地退出经营的舞台，转向服务型推动。虽然相比于发达国家发达城市的文化产业集聚区，成都市文化产业发展规模还相对较小，但成都市政府在对文化产业发展的财税、土地、金融等方面一直表现充分，尤其是东郊记忆产业园和红星路35号都作为废旧厂房遗址改造的项目，在项目建成后对园区入驻单位的促进政策方面，成都市政府从租金、税收、金融等方面都给予切实的扶持。但是，政府毕竟不是市场主体，因而在项目经营期会存在入驻园区企业不足，聚集效应不明显等现象。

（二）市场主体乏力

在市场资源的配置机制方面，市场主体又存在成熟度不够、发展规模较小、在全国还没有形成一定的影响力等问题。从第三次全国经济普查数据来看，全国文化及相关产业制造业总资产10239.8亿元、法人单位7.5万个，文化及相关产业批发业总资产6402.2亿元、企业法人单位6.1万个，零售业3580亿元、法人单位6.8万个，文化娱乐业法人单位23万个，法人单位资产总计15125.1亿元；成都市文化及相关产业制造业法人单位159个、总资产14.30亿元，文化及相关产业批发业总资产116.73亿元、企业法人单位348个，零售业125.57亿元、法人单位473个，文化娱乐业法人单位2881个、法人单位资产总计245.53亿元。成都市文化及相关产业（第二、第三产业）法人单位占全国的0.8%，总资产占全国的1.4%；成都市文化娱乐产业法人单位占全国的 1.2%，总资产仅为 1.6%。由此可见，成都市文化产业还没有形成全国性的产业集聚。文化及相关产业市场主体还非常弱小。具体情况如表 8-1 所示。

表 8-1　　成都市文化及相关产业法人单位与全国对比

行业细分	单位	成都市	全国
批发业	法人单位（个）	348	61000
	总资产（亿元）	116.73	6402.2
零售业	法人单位（个）	473	68000
	总资产（亿元）	125.57	3580
制造业	法人单位（个）	159	75000
	总资产（亿元）	14.30	10239.8
文化娱乐业	法人单位（个）	2881	23000
	总资产（亿元）	245.53	15125.1
	就业人数（万人）	5.36	309
第二、第三产业法人单位总计（万个）		9.58	108.57
文化及相关产业生产、批发、零售法人单位数比重（%）		4	3.9
成都市文化及相关产业（第二、第三产业）法人单位占全国的比重（%）		0.8	
成都市文化及相关产业（第二、第三产业）总资产占全国的比重（%）		1.4	
成都市文化娱乐业总资产占全国的比重（%）		1.6	
成都市文化娱乐业法人单位占全国的比重（%）		1.2	

资料来源：第三次全国经济普查、成都市第三次全国经济普查。

（三）社会参与度低

在政府主导过热、市场主体乏力的情况下，社会公众的消费参与力度也依然呈现相对疲乏的状态。首先，从专业从业人员的构成情况来看，据 2013 年成都市第三次全国经济普查数据，成都市文化产业就业人数为 5.36 万人，当年全国文化产业就业人数为 309 万人，仅占全国文化产业就业人数的 1.7%；而成都当年第二、第三产业法人单位就业人数为 489.16 万人，仅占当年成都总就业人数的 1%。从文化产业从业者的角度来看，成都市社会公众对文化产业的参与情况也相对较差。因此也可以说，成都市还没有形成专属于文化创意领域的创意阶层，或者说这个创意阶层在程度上还未成气候。其次，从社会公众的文化消费情况来看，其消费支出比例也相对较小。以艺术品消费为例，2012 年年初成都某咨询公司发布的《成都市区书画消费市场情况调查报告》显示，成都市仅有 4.2% 的家庭去过画廊，很多市民认为，画廊是"卖昂贵画的地方"。而从专业市场的消费情况来看，据统计，成都 2011 年艺术品拍卖成交额为 2.5 亿元左右；而北京则超过了 500 亿元；2012 年春拍的国内总成交额为 428 亿元，成都地区仅为 8557 万元，仅占全国总成交额的 0.2%。因此，从成都艺术品消费市场来看，也呈现出"外热内冷"的状况。根据成都市统计局相关分析，2012 年成都人均消费性支出 17795 元，同比增长 14.73%，增幅比上年提高 4.63 个百分点。网络消费成为新的增长点，接入互联网的电脑每百户达到 68.13 台，接入互联网的手机每百户达到 60.28 部，通过互联网购买的商品和服务支出人均达到 90.23 元，增长 136.5% 居民消费价格指数为 105.4，同比累计上涨 5.4%，但文化用品及服务类却下跌 2.7%。

因此，无论是从文化产业从业人员比重还是从文化市场的消费情况来看，成都市社会公众对文化产业的参与度都不够明显。

第三节 成都市文化产业空间集聚的优化对策

一 建立成都特色的文化产业网络空间体系

成都市文化产业空间集聚的内在机理中，文化因子、区位因子和经济因子三者构成立体的、具有城市文化内涵的产业空间体系。这个空间体系中，文化是魂，是串联文化产业与成都市地理位置统一的内聚力；经济是体，是成都文化产业空间集聚的生态主体，通过以企业为主体、大量自由职业者存在的经济单元的运转，实现成都市文化产业的活力与效益；区位是根，是成都文化特质由来的依据，也是成都文化产业得以扎根的土壤。

构建世界文化创意名城，重点在于文化创意产业和建设的城市品牌化推动。随着成都市作为国家中心城市地位的提出，成都市政府在文化产业方面确立了构建西部文创中心的产业目标。从专业分工理论的角度而言，西部文创中心更注重文化产业专业化分工体系的建立，相比于单纯依赖历史文化资源而建立的历史文化名城，需要更注重具有成都特色的文化产业网络空间体系的建立。重点需要从以下三个方面入手：

（一）以文化因子为基础，构建成都市城市品牌文化氛围

建设以世界文化创意名城为支撑的国际化城市文化品牌，首先就要构建成都独有的城市品牌文化氛围。城市品牌文化氛围是城市文化氛围的品牌化，是在基于对成都市文化因子、经济因子与区位因子的高度融合。更进一步地，城市文化理念、城市文化产业专业化分工和城市地理位置的高度统一及抽象。

成都市城市文化氛围，是在闲逸包容的文化特质与游玩赏乐的生活爱好之上的，以文博旅游、动漫游戏为优势产业的，传统历史文化资源优势与现代科技相得益彰的，由不同的文化圈层通过多样化专业活动与展览展示共同推动形成的。依据文化因子对文化产业空间集聚的作用机理，以闲逸包容为内核的城市文化因子通过文化产业的表现层、空间层、集聚层层渗透，最终通过不同的文化产业空间集聚体表现出来。实现成都市城市文化氛围的品牌化，需要做好两方面的工作。

首先，要紧扣闲逸包容的城市文化因子，提炼成都的文化生活方式和特色文化产品，以图像、视频、音频、广告为表现方式，对城市形象和城市空间进行再包装，并以电影、电视、互联网等方式进行传播推广。张艺谋导演为成都拍的广告宣传片，其广告语"成都，一座来了就不想离开的城市"，将"少不入川"的闲逸用另一种更具现代化的语言表现出来，深深地触动了每一个成都人的心，极好地树立了成都城市文化品牌。在构建西部文创中心的目标使命下，成都市城市

品牌文化氛围需要更多地构建创新、创业、创意中心的城市品牌形象，以更切合文化产业的产业特性。

其次，注重对城市文化基础环境的培育。通过公共文化基础设施建设、数字化文化服务平台建设、"书香成都"建设等工程为城市文化氛围提供良好的公共文化环境，加强历史文化保护和传承，注重对物质文化遗产和非物质文化遗产的再产业化。同时支持企业及相关机构和个人大力发展传媒动漫游戏、演艺娱乐、创意设计、艺术品原创、版权服务、出版发行等。激活城市文化资源和城市文化元素，提升成都作为世界文化名城和西部文创中心的城市品牌形象，借助国际文化交流和贸易活动，面向全球输出成都作为国际化城市文化的品牌和形象。

（二）促进文化因子与经济因子融合，形成文化专业化生产网络空间

文化因子与经济因子的融合，核心在于文化专业化生产。在成都文化产业空间集聚的内在机理运行中，文化专业化是通过以城市历史文化资源为基础的经济因子中的文化生产者—消费者系统起作用的，文化专业化生产网络空间通过专业化生产提升网络效应，形成马歇尔所谓的"产业集聚外部性"，推动文化产业集聚空间的扩展。因此，成都市政府对西部文创中心的提出，相比于传统的历史文化名城或文化之都的提法，更强调专业化分工的作用。构建成都市文化专业化生产网络空间，首先要构建专属成都的文化生产者—消费者系统，形成文化产业专业化生产的微生物群。具体而言，是要构建以文化产业项目为纽带、专业化的创作团队为推手，创新创作出更多更好的文化内容产品，比如游戏、动漫、电影、小说、平面设计等，同时延长文化产业生产链条，通过戏剧、话剧、舞剧、电影、电视、音乐等方式对内容精品进行再创作再传播，在此基础之上，开发一系列体验式文创产品，将文化内容场景化，丰富消费者的消费内容和层次。因此，成都市文化生产网络空间，要涵盖文化内容创作团队、文化产品运营团队、后期制作团队、传播推广团队等。在专业化生产和互联网信息技术支撑下，这些团队的作业可以实现在全球范围内调动资源和运作项

目，更有助于开拓成都本土团队的国际视野和全球高度，为成都市带来更多优秀的具有国际水平的文化活动和文化精品力作，同时加强文化基础设施建设，推进文化产业园区和基地特色化、差异化发展，更有利于将成都建成地域文化特色鲜明、多元文化融合发展的文化创意名城。

（三）提升文化产业的交易效率，优化成都文化产业集聚空间

在新兴古典经济学理论框架下，交易效率是提升专业化组织经济绩效的重要途径。作为一种自组织网络，文化产业在空间上的集聚，除专业化分工网络效应之外，能否实现交易效率的优化是衡量区域内文化产业空间集聚效益的重要指标。本书认为，文化产业的交易效率影响因素由观念制度、基础设施（包括通信技术、公共文化建筑和道路设施）和人文素养三个方面组成，这也是成都市文化产业空间集聚交易效率提升的路径和方向。

首先，就观念制度而言，随着成都市成为国家级中心城市，在建设世界文化创意名城的目标指引下，需要确立国际化文化产业相关政策制度和行业标准，尤其是涉及文化内容生产的版权保护法和相关条例亟待完善。同时，通过举办国际性的文化产业会议、论坛、展览等，推动成都市成为国际化的多元文化交流中心。

其次，加强文化基础设施建设，充分融入古蜀文化、水文化、三国文化等传统文化元素，建设一批以"成都中心"为代表的、承载成都城市文化记忆特色的历史文化街区、建筑群落和文化景观。加大对旧城中心废旧建筑的文化创意改造力度，为文化产业集聚创造更多的空间载体，切实推动旧城中心进一步实现文艺复兴和文化繁荣。同时，借助现代信息技术，加强城市文化公共信息平台网络化建设，实现成都公共文化的泛在感。

最后，城市文化产业交易效率的提高还需要作为消费群体的成都市民文化消费认知能力，加大公益性文化建设，让更多的人有机会了解和走进文化产业，增进文化产业主体与市民之间的交流沟通性，优化文化产业交流环境，提升城市人文素养，推动文化产业交易效率的便捷性，从而更进一步推动文化产业在城市中心空间集聚的优化。

二 构建成都文化产业集聚的合力推进机制

(一) 形成以产业培育为主导的政府机制

文化产业空间是文化产业发展的物质载体,也是城市经济空间的重要组成部分。因此,文化产业空间集聚优化,既是文化产业发展的必要条件,也是城市经济发展的客观要求。作为城市经济发展的重要组成部分,文化产业需要通过政府的有效推动和引导,促进空间集聚的合理化、规模化和协调化发展,最终促进文化产业空间集聚的优化。

1. 政策调控机制

政策是产业促进的重要推动力。在文化产业发展过程中,成都市政府需要研究把握文化产业当前的发展趋势和国际惯例,在此基础之上,制定相应的法律、法规,理顺各方关系,对文化企业进行有效的规范、监控和管理。同时,优化配置各种资源,为大中小型各类企业建立起公平、公正、公开的文化市场环境和竞争秩序。鉴于成都市文化产业空间集聚中存在的资源依赖性问题,以及文化生产要素市场遇到的资本和人才短缺、产权要素流通不畅的问题,成都市政府在文化产业空间集聚的政策调控中应着重注意以下三个方面。

一是要加大对公众精神文化素养的政策引导。文化产业发展的核心是文化观念的生活化与器物化的产业形式,一个地区的文化产业发展直接受到该地区的文化价值观念影响。政府应根据社会时代的发展变化,积极制定适应社会时代发展方向的能充分反映社会主义国家价值观念的全新的文化政策。为老百姓的思想潮流提供正确的价值观念和思想方向,以保证经济发展的正确方向。

二是要大力促进文化产权要素流动。产权是文化产业的核心竞争力和生命力,无论是个人、企业还是地方政府,拥有充分自由的产权交易平台,有利于促进文化创作者的创作热情,从而激活成都的文化产业创作潜能,实现成都文化产业发展由初级的资源依赖型产业路径向更高级的创作型产业路径转变。

三是要加强对文化产业创新环境培育。创新是文化产业发展的生命力,成都市作为文化资源大市,有很多丰富的文化资源可以利用,同时这一片文化厚土也孕育了大量的文化创意人才。政府只有加大对文化创新环境的培育，才能更好地留住和吸引更多的文化创意人才，从而将整个大成都打造成真正的文化创意人才集聚地，提升成都市在国际文化产业领域的水平和地位，提升成都市的国际城市形象。

2. 资本融资机制

文化产业作为处于快速成长期的高风险产业，尤其文化产业多以中小型企业为主，对风险的承受能力有限，同时融资能力也相对较弱，因此，政府的财政融资机制对文化产业空间集聚发展有着极其重要的促进作用。政府对文化产业园区金融支持的核心就是要通过实施科学的金融制度设计，为成都文化产业园区发展提供足够的资金支持，并为资金的用途提供合理有效的使用方向。具体来说，需要做以下两方面的工作。

一是加大政府对文化产业园区的财政投入力度。在成都文化产业空间集聚过程中，一些重大项目或基础设施建设，由于具有高投入高风险的特性而出现社会资本不愿意进入的情况，作为政府必须担当投资主体，以对相关项目产生示范引导作用，由此带动社会资本的进入，从而促进整体经济的发展。政府需要着重通过财政手段，加强对成都市文化产业空间集聚基础设施建设的投入，具体包括对文化产业园区的建设、中心城区的文化事业建设、周边区县文化产业空间布局的发展和有序化引导等，以营造良好的文化产业氛围和城市文化环境，做好成都文化产业空间集聚发展的基础保障工作。

二是健全文化产业金融体系，保障文化产业园区主体的资本健康高效运转。完善文化金融政策体系，构建文化产业财政支持体系、融资风险担保体系、风险补偿机制，从产品创新、中介服务、信息沟通、版权交易、文化产品出口等多方面全方位打造金融平台，同时，创新金融支持，以平台化、龙头化思路构建文化产业园区的融资体系。充分依托成都市文化产权交易中心，以文化产权集中交易为切入点，搭建专业化融资平台，为文化企业和个人提供文化知识产权的综合服务。大力开展文化企业债权、股权交易，项目转让合作与招商引资，建立风险资本和创业资本进出通道。探索建立知识产权的评估、抵押和融资方式与办法，依托文化产权交易机构，实施文化知识产权的保护和推广，逐步构建文化产业融资体系。

3. 协调控制机制

成都市政府对文化产业发展空间集聚发展的推动过程中，除政策制定之外，还要对区域与区域之间、区域层级之间的产业空间进行协调与控制，加强法制建设和市场监管。在法制建设方面，政府应制定和完善与文化产业知识产权保护相关的法律法规，进一步完善文化产权交易市场，使之成为西部知识产权和文化要素资源的交易中心。在市场监管方面，一是要加大对对市场主体的监管力度。通过组建文化市场管理委员会，加强对文化市场主体准入的认定，同时对全市文化市场进行综合性、经常性的管理，以确保成都市文化产业主体市场的良好运行。二是需要督促文化企业自我约束。政府相关部门需要建立资质认证制度、产品等级认证制度、服务评估制度等一系列的企业主体促进政策，以督促企业的自我约束意识，以便于通过制定和建立文化产业行规，规范行业行为，培育市场主体。同时也要积极推动相关行业协会的成立，实现行业自律和协调。

(二) 推动以创新创意为引领的市场机制

1. 深化文化机构体制改革

成都市开展的第三次全国经济普查数据显示，2013 年，成都市文化企业法人单位现在已经达到 2881 家；2013 年年末，相关法人单位资产已达 245.53 亿元，因此，成都市文化产业已实现了一定程度的产业集聚和市场化发展。但是，由于受历史因素及地域经济文化因素的影响，成都市文化产业企业，尤其是大型国有文化企业，还处于体制转型过程中，独立的自主决策意识、经营意识还比较欠缺，有待大力培育。政府在促进文化产业空间集聚的市场机制运行方面，首先要通过深化文化类企事业改革机制，政府逐步从文化产业淡出，让位于行业协会，为文化企事业机构更高效发展松绑，释放文化企事业单位的要素活力；国有文化企业需要建立现代企业管理制度，将文化产业的所有权和经营管理权分开，从由政府主导市场化运作模式向完全市场主导政府协调运作模式转变，推动成都文化产业健康快速发展。

2. 优化文化资源市场配置

文化资源市场配置，是指文化企业以经济利润最大化为目标，依据市场供需情况，灵活调节企业生产的文化产品的价格和供给数量。而文化产品要依托文化资源的市场供给而定，因此，文化资源的市场供给与需求情况，对文化产品市场，乃至文化产业有着直接的影响。为了实现文化资源的市场化配置，文化资源可以实现跨区域配置。因此，在市场经济条件下，一个地区的文化资源不具有垄断性和独占性，而很容易被文化产业发达的地区所利用。美国文化产业之所以发达的一个重要因素是，实现了文化资源的全球化配置，将其他国家和民族的文化资源元素融合到自己的文化产品创作中，从而创造出能够风靡全球的文化产品，这也是当前文化产业发展的趋势。因此，在当前乃至今后的文化产业发展中，一个城市或地区的文化产业发达与否，与自身所拥有的文化资源存量没有必然的关联，反倒是对文化资源的整合能力和开发能力决定了特定地区的文化产业发展，而对文化资源的整合能力也就是文化资源市场化配置的直接表现形式。唯其如此，才能有效地推动成都市文化产业的发展，促进文化产业空间集聚。

3. 培育文化生产要素市场

培育文化生产要素市场，重点在于构建完善的文化市场体系。文化市场体系是推动文化产业发展的重要保证，是文化市场全面发展的必然要求。同时，文化市场体系也是一个有机整体，一个门类齐全、结构合理、供求关系均衡完整的文化市场体系，一般包括以下三个组成部分：以文化商品市场、文化服务市场和文化生产要素市场商品为主的要素市场体系；以版权保护、广告宣传、信息咨询、人才经纪为主的文化市场中介组织体系；以文化市场监管为主的政策制度法规制度体系。这些要素作为文化产业市场体系的完整组成部分，缺少其中任何一个部分，都将直接影响文化市场和文化产业的健康发展。因此，培育文化生产要素市场是完善文化市场体系的重要内容。成都市文化产业空间集聚在自身特色优势资源发挥的基础上，还需要释放土地、资本、人才等文化资源要素的活力。尽管成都文化生产要素市场尚未形成，但鉴于生产要素市场对于经济建设的推动作用，仍应予以高度的重视和积极的培育。中小型文化企业，由于大多处于孵化创业期，市场风险抗击能力和竞争水平都相对较弱，因此，需要建立合理的要素流动机制，以实现要素的自由流转和资源的合理配置。

(三) 建立以全民参与为基础的社会参与机制

1. 通过公众参与推动文化产业的社会化

文化的社会化特性，使其与全社会相关。像艺术、音乐这类创造与创新性的人类活动，是具有"社会化本质"的劳动。文化贯穿于每个人的生活，使每个人对文化产品都存在一定的潜在需求。每个人每天都能或直接或间接地、或多或少地在生产或消费着文化，这使调动全社会的积极性，促进全民参与文化产品的生产与消费成为可能。斯科特认为，文化是一种社会现象和一种人际关系的内在建构。发达的社会网络对于城市转型发展会产生极大的推动力，能够促使创意经济得以生根、开花和结果。社交网络、专业评论体系和专业服务体系是文化经济社会网络的三大基本构成体系。文化产业对融合创新的要求决定了其对跨界、跨文化交流与合作的需要，社交网络恰好为这些交流与合作提供了必要的途径和平台；文化产品由于在本质上受到消费者品位的驱动，因而对专属于特定文化产品的评论体系有极大的需求，音乐评论家、杂志编辑、艺术品鉴专家等都是专业评论体系的领军人物，由这些人士给出的评论对文化产品的消费会起着极大的导向性作用。就专业服务体系而言，由于文产品是个性化极强和高附加价值极高的产品，因而需要广告、法律、金融、创意设计、包装策划等多个行业的个性化包装和提升，以实现其创意的落地转化和营销推广。因此，在城市文化产业发展过程中，需要创新制度安排，引入全民参与机制，从社区入手，开展全民参与文化活动，通过打造惠及全民的文化创意空间设施和消费平台，让更多市民有机会和条件直接接触、消费文化产品。同时，积极推进社交网络、专业评论体系、专业服务体系的形成，从而促进文化产业消费社会化网络的实现。

2. 通过社会组织机制推动文化产业发展

构成文化产业发展相关的社会组织主体主要包括社会团体、基金会和民营非企业单位。从文化产业内部产业细分来看，可以分为书画协会、收藏协会、动漫协会、古玩协会等依托行业自身特性而发展起来的协会组织。行业协会作为一种社会组织，在文化产业发展和集聚的过程中，能起到政府与市场力量之外的协调推动作用，包括行业的发展路径、行业自治、国际国内的形象展示等，主要聚焦于文化发展和产业提升等领域。

近年来，成都市社会组织在文化产业发展中的作用日益突出。随着文化产业的发展壮大，成都市已建立起较为完善的社会组织体系，基本覆盖传统文化产业，并在社会组织培育发展方面进行了一系列的改革与创新，在积极推动社会组织参与文化产业发展方面做了较大的努力。在某些方面，社会组织力量已经成为文化产业发展建设的生力军。但是，由于受固有的体制机制限制，一些单纯的社会组织还没有实现与体制内相关机构同等的"国民待遇"，仍存在组织、功能、管理等方面的问题。同时，随着经济的发展，新兴文化业态的发展，文化产业社会化趋势日益增强，文化产业社会组织的发展情况日益受到关注。因此，成都市文化产业社会组织建设还有待于加强。

三 合理布局成都文化产业集聚的空间分布

（一）中心城区做好大型项目的集中布局，营造文化集聚中心

依据新的成都市空间格局"一轴双核六走廊"的市域城镇体系，依托贯迪南北的中轴线，成都市已呈现以天府新区和中心城区双核共振的中心城市发展模式。成都市作为四川省乃至西部地区的首位城市和国际化现代大都市，从天府广场为中心的老城区经南北中轴线连接天府新区，是成都市文化、经济、商业等重大资源集聚的中心区域，因此，在成都市文化产业空间集聚方面，首先要做好大型文化项目在中心城区的集中布局，充分利用中轴线，打造成都中心城区老城区和天府新区文化影视演艺剧场集中布局和相应的配套设施，以便与成都市国际城市、首位城市的形象相匹配，形成国际化、现代化的文化艺术中心。

老城区以天府广场为中心，依托历史文化资源形成大慈寺片区、少城—宽窄巷子片区和武侯祠—锦里片区。天府广场作为成都市老城

区的最中心区域，汇聚了四川省美术馆、四川省科技馆、四川大剧院、成都博物馆新馆、四川省图书馆等省市级重点文化事业项目。具体项目位置示意如图 8-2 所示。

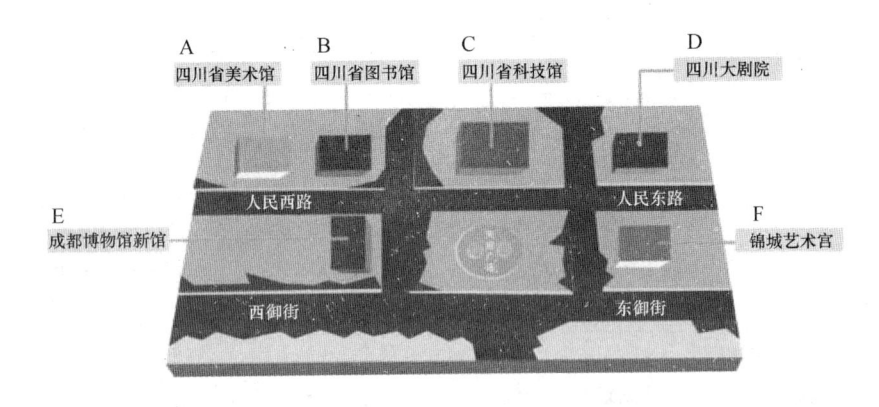

图 8-2 天府广场片区文化项目位置示意

资料来源：《成都向上》，http：//bbs.upcd.org/forum.php?mod=forumdisplay&fid=2。

上述重点文化产业项目不仅承担文化供给功能，还是成都市城市形象的标签和地标，是成都市文化名片的标志性项目。其中，四川省图书馆新馆占地 17 亩，建筑面积约 5.2 万平方米，是原旧馆的 3 倍多，建成开放后，将成为西南地区最大的图书馆；四川科技馆，是四川省"十五"期间文化设施建设十大标志性工程之一；四川大剧院规划总建筑面积 5.9 万平方米，估算总投资 9 亿元，具备接待大型表演团体演出的多功能公共文化服务基地；成都博物馆新馆占地面积 1.7 万平方米，由英国萨泽兰·弗塞规划建筑事务所设计，具有相当的国际水准；锦城艺术宫占地 18850 平方米，是一座能满足国内外各类文艺团体演出、放映电影、举办展览及会议、开展文化娱乐活动的现代化多功能大型文化场所。天府广场片区汇聚的众多分量级文化项目无疑是成都乃至四川新的文化会客厅。

天府新区作为成都市规划建设的又一座国家级产业之城，是未来的内陆开放门户，在承担高新技术产业、高端制造业基地功能的同时，也是现代高端服务业产业中心。根据天府新区"一区六片"的规划,文化产业作为高新技术和现代服务业的知识支撑,必然也是天府新区重点产业发展之一。天府新区战略功能定位如表8-2所示。

表8-2　　　　　　　　　天府新区战略功能定位

功能定位	目标要求
内陆开放门户	内陆面向欧亚对外开放门户的重要组成部分,西部地区与全球经济、技术、信息、文化交流与合作的通道和平台
高技术产业基地	以电子信息为龙头产业,做大做强新能源装备制造、新材料、生物技术等高技术产业和战略性新兴产业,形成万亿高技术产业基地
高端制造业基地	以汽车研发制造为重点,大力发展航空航天、工程机械及节能环保设备等高端制造产业,形成万亿高端制造产业基地
西部高端服务业中心	金融商务中心、商贸物流中心、会议博览中心、研发设计中心、文化创意中心、行政服务中心、旅游服务中心和时尚消费中心
国家自主创新中心	国家自主创新示范区、世界一流创新基地和科技园区、国家级军民用转化基地,成都建设国家创新型城市的组成部分

资料来源:成都文化产业发展报告编委会:《2011年成都市文化产业发展报告》,四川人民出版社2012年版。

天府新区规划建设的重点文化项目包括科学城、天府软件园、秦皇寺中央商务区、新川创新科技园、西部国际博览中心和成都大魔方等重大文化项目。其中,天府软件园作为中国服务外包十强园区的排头兵,是高端软件及新兴信息服务业的核心聚集区,目前已有500多家国内外知名企业、33家世界500强落户于此。科学城将作为未来成都的创新发动机,以"创新为魂、科技立城",立志于再造一个产业成都的高新技术引擎。以文化创意、工业设计等为代表的文化产业将作为科学城的重点产业集聚区,将形成产城融合、功能完善、生态优美的产业空间集聚支城。秦皇寺中央商务区,是天府新区的"心脏",也是现代高端服务业集聚发展区。文化产业作为现代服务业的重要组成部分,必然也将是秦皇寺中央商务区区域空间内重要的产业支柱。

(二)二三圈层依据相应的资源优势,推进文化产业集聚

成都市第二圈层是中心城区发展的近郊区,产业结构主要是各区

县的农家乐和依托农家乐良好的生态资源建立起来的艺术创作基地，如三圣乡的幸福梅林、许燎源现代创意设计艺术博物馆、蓝顶艺术中心，以及新都片区的北村艺术家村落。成都市作为全国农家乐发源地，经过几十年的发展，已经形成了自己的文化特色。这些农家乐不单纯为游客提供玩耍的空间，还提供食住游一条龙服务，并且定期开展活动节庆，比如龙泉驿区的桃花节、青白江的樱花节、石象湖的郁金香节，这些活动都营造了良好的休闲文化氛围。艺术家聚落是成都市第二圈层文化产业在空间集聚上的又一特征。这些聚落是由艺术家自发组织推动成立并在政府的推动扶持下逐渐发展壮大的。比如位于三圣乡的蓝顶艺术中心，最早就是由周春芽、郭伟等几位成都知名的当代艺术家组织发起的。在政府的推动下，现在已经呈现良好的发展势头，并且创办了年度的艺术活动节，大大促进了民众对文化艺术作品的认知与热爱，从而极大地推动了成都市"文化之都"的建设。

第三圈层作为成都市的远郊区，大部分处于乡村地区，其文化产业发展的空间推进模式主要依托自然人文景观、天府古镇和历史文化博物馆，其空间布局依托相应的文化资源，呈现不规则的分布。自然人文景观以青城山、天台山等为代表，天府古镇主要以黄龙溪古镇、洛带古镇、平乐古镇、街子古镇等古镇为代表，这些古镇传承了悠久的本土文化，是历史文化古迹的活标本。

本章小结

本章在前文分析的基础上，确立了成都市文化产业空间集聚的目标在于建立世界文化创意名城、构建文化生产网络空间和实现中心城市文艺复兴三个方面。结合成都文化产业空间集聚现状，分别从文化因子、经济因子和区位因子三个方面对内在机理和政府、市场和社会三个方面对推进机制入手，分析了成都市文化产业空间集聚的发展中存在的问题与障碍。最后，在基于目标与障碍的分析基础上，依据成都市文化产业空间集聚的目标，提出了相应的优化对策。

第九章 主要结论与研究展望

在经济新常态时期，国家在实施"一带一路"倡议和"长江经济带"战略的区域经济背景下，成都市作为"南方丝绸之路"的起点城市，从历史到现在，在中国西南地区乃至西南地区与全国经济连接中都有着极其重要的经济腹地的战略地位。在此背景下，又值全球文化产业发展的黄金时间，国家在大力推动文化产业建设，并提出了"文化+经济"的号召，成都市确立了建设世界文化创意名城的目标。因此，本书以"文化产业空间集聚"为选题，以专业分工理论、古典区位理论、集聚经济理论、新产业区理论为基础，从文化产业的形成入手，借用杨小凯的生产者—消费者系统对文化产业的专业化及集聚过程进行了超边际分析，从内在机理和推进机制两个维度研究了文化产业空间集聚的形成、组织模式和组织机制，以成都市为案例，探讨了成都市文化产业空间集聚发展中存在的问题，并结合当前成都市的实际情况，提出了相应的目标、障碍和对策建议。

第一节 主要结论

本书以文化产业空间集聚为研究对象，以文化产业空间集聚基本理论为指导，运用新兴古典经济学的超边际分析方法，对文化产业专业化分工及文化产业空间集聚的形成进行了理论分析，从经济因子、文化因子和区位因子三方位分析了文化产业空间集聚的内在机理，并从政府、市场和社会三角度分析了文化产业空间集聚的推进机制。同时，以成都市为案例，对成都市文化产业空间集聚的总体格局和空间演变进行了分析，结合计量工具对成都市文化产业空间集聚进行实证检验和典型案例分析，并从内在机理和推进机制两方面对成都市文化产业空间集聚进行了深入研究，在此基础之上确立了成都市文化产业空间集聚的目标，并针对目标障碍提出了相应的对策建议。

本书研究的基本结论如下：

（1）微观机理方面，文化产业空间集聚是在基于文化产业专业化分工与分工网络的基础上发展起来的，文化产业专业化分工的依据在于文化（包括文化观念和文化资源）作为生产因子，融入生活方式和产品形态中去。文化产业空间集聚则是文化因子、经济因子和区位因子三位一体的作用机理推进形成的，是文化集聚、产业集聚和空间集聚在空间区位上的聚合形态。

（2）宏观机制方面，在市场经济条件下，文化产业空间集聚要受到政府、市场和社会三大机制的外力推进。它是以文化产业空间集聚的自组织网络为核心，以政府为推手，遵循市场资源配置原则，以社会公众参与和消费为最终实现的文化产业在空间上的聚集。

（3）通过区位熵计算，得出成都市的文化产业主要应向以锦江为重点的中心城区集中，第二、第三圈层依次呈分散状态。通过对成都文化产业空间集聚的空间计量分析得出，文化产业空间集聚与文化资源禀赋、经济发展水平、政府的财政支出呈正相关关系。但静态的博物馆、历史街区在没有外在的活动刺激和推动下，没有产生集聚效应的倾向，因此，政府和市场在通过活动推动市民的参与下，对释放文化产业空间集聚的活力起着重要作用。因此，需要从政府层面做好顶层设计，促进文化要素资源的合理流动和文化资源的有效供给。

（4）文化观念是决定一个地区文化产业空间集聚特征的决定性因子，成都市作为一个典型的休闲城市，在基于千百年来市民热衷游玩、好闲暇的文化观念基础上，依据几千年的历史文化沉淀和丰富的文化资源，使文博旅游服务业在成都有良好的发展势头。以文博旅游服务业为优势的文化产业空间集聚特征，也证明了成都市文化产业空间集聚大多还处于文化资源的初级利用阶段，亟待建立能够反映成都市城市文化特质的文化生产网络空间体系。

（5）通过对成都市文化产业空间集聚内在机理的探索和梳理，认为成都文化产业空间集聚在内在机理方面需要以文化因子为基础，构建属于成都市城市特色的文化产业集聚形态，形成成都市文化产业空间集聚的生产网络体系，在经济因子的专业化分工作用和区位因子的地缘根植性作用下，形成成都市专属的城市文化品牌和城市文化氛围。

（6）在对成都市文化产业空间集聚的推进机制中，政府机制主要从政策规划、财政金融和协调控制三个方面对文化产业空间集聚的形成产生影响，市场机制主要是从价格机制、供求机制和竞争机制三个方面对文化产业空间集聚的形成产生影响，社会机制主要从公众参与和社会组织两个方面对文化产业空间集聚产生影响。政府作用机制中的体制创新对文化产业空间集聚推动起关键作用，只有不断地对当前的体制进行创新改革，探索协调文化产业空间集聚主体的利益和矛盾有效路径，才能最终促进文化产业空间集聚优化发展，从而推动"世界文化创意名城"和"国家中心城市"建设的有效实施。

（7）空间优化方面，就成都市文化产业空间集聚的空间布局而言，当前成都市需要把中心城市作为成都文化产业空间集聚的重点区位，同时依据第二、第三圈层的资源优势，协调推进第二、第三圈层的文化产业空间集聚。

第二节　研究展望

成都市文化产业空间集聚是一个复杂的系统，由于笔者学识和客观条件的限制，使本书还存在诸多不足，希望在今后的工作学习中加以进一步完善。

一是在成都文化产业空间集聚区域发展的前景、国际化进程，以及每个区域的空间发展模式与特征等方面还有待于深入研究。从发展趋势把握、国际化进程与区域发展模式的深层次分析，既可以对成都文化产业本身发展有所指引，又可以从动态发展的视角对成都各圈层城市区域的空间布局有所指引。

二是通过挖掘成都文化资源的优势，创造有利于成都文化产业空间集聚的各种条件，有待于进一步研究。

三是成都文化产业空间集聚的国际化推进尚待进一步研究。对主城区如锦江区的大慈寺太古里、成华区的东郊记忆等代表性项目的空间集聚模式进一步研究，有利于为其他地区提供模式上的参考和范本，以便各个地区政府制定更加科学合理的政策促进文化产业在本地城镇区域空间上的聚集。

然而，限于篇幅和作者的知识水平，仅能将这些问题先做一个简单的阐述，以便后续再进一步完善和研究，也希望本书能够起到抛砖引玉的作用，推动研究者对文化产业空间集聚问题展开更为深入的研究。

参考文献

[1] [美] 艾伦·J.斯科特：《城市文化经济学》，中国人民大学出版社 2010 年版。

[2] [法] 艾米尔·涂尔干：《社会分工论》，上海三联书店 2000 年版。

[3] [英] 爱德华·伯内特·泰勒：《原始文化》，连树森译，广西师范大学出版社 2005 年版。

[4] [美] 保罗·克鲁格曼：《地理和贸易》，中国人民大学出版社 2002 年版。

[5] [美] 保罗·克鲁格曼：《收益递增与经济地理》，吴启霞、安虎森译，《延边大学学报》（社会科学版）2006 年第 3 期。

[6] [美] 丹尼尔·贝尔：《资本主义文化矛盾》，严蓓雯译，人民出版社 2010 年版。

[7] [荷兰] 伯纳德·曼德维尔：《蜜蜂的寓言》，中国社会科学出版社 2002 年版。

[8] 陈建军、葛宝琴：《文化创意产业的集聚效应及影响因素分析》，《当代经济管理》2008 年第 9 期。

[9] 陈倩倩、王缉慈：《论创意产业及其集群的发展环境——以音乐产业为例》，《地域研究与开发》2005 年第 5 期。

[10] 陈秋玲、吴艳：《基于共生关系的创意产业集群形成机制——上海 18 个创意产业集群实证》，《经济地理》2006 年第 12 期。

[11] 陈祝萍、黄艳麟：《创意产业集聚区的形成机理》，《国际商务研究》2006 年第 4 期。

[12] [澳大利亚] 戴维·索罗斯比：《经济学与文化》，王志标、张峥嵘译，中国人民大学出版社 2011 年版。

[13] [美] 丹尼尔·贝尔:《后工业社会的来临》,人民出版社 2010 年版。

[14] [美] 道格拉斯·C. 诺思:《制度、制度变迁与经济绩效》,格致出版社 2008 年版。

[15] 费孝通:《费孝通论文化与文化自觉》,群言出版社 2007 年版。

[16] [美] 格雷厄姆·默多克、张喜华:《文化研究和文化经济》,《哈尔滨:学习与探索》2012 年第 1 期。

[17] 龚雪:《自发型创意产业集聚区形成机理研究》,《技术经济与管理研究》2013 年第 4 期。

[18] 侯汉坡、宋延军、徐艳青:《文化创意产业集群动力机制分析及实证研究——以北京地区为例》,《开发研究》2010 年第 5 期。

[19] 花建:《创新·融合·集聚——论文化产业、信息技术与城市空间三者间的互动趋势》,《社会科学》2006 年第 6 期。

[20] 华正伟:《文化创意产业集群空间效应探析》,《生产力研究》2011 年第 2 期。

[21] 蒋昕:《论文化产业集聚区的生成机理与战略选择》,《福建论坛》(人文社会科学版) 2013 年第 2 期。

[22] 金元浦:《论文化产业发展的新阶段》,《文艺理论与批评》2003 年第 3 期。

[23] 雷宏振、潘龙梅、雷蕾:《中国文化产业空间集聚水平测度及影响因素研究——基于省际面板数据的分析》,《经济问题探索》2012 年第 2 期。

[24] 李蕾蕾、张晓东、胡灵玲:《城市广告业集群分布模式——以深圳为例》,《地理学报》2005 年第 2 期。

[25] 李崟、潘瑾:《基于知识溢出的创意产业集群效率影响因素实证研究》,《江淮论坛》2008 年第 2 期。

[26] [美] 理查德·弗罗里达:《创意经济》,方海萍、魏清江译,中国人民大学出版社 2006 年版。

[27] [美] 理查德·E. 凯夫斯:《创意产业经济学:艺术的商业之

道》，孙绯等译，新华出版社 2004 年版。

[28] 刘珊：《我国文化产业空间集聚变化趋势及其影响因素》，《商业时代》2014 年第 26 期。

[29] 刘诗白：《论现代文化生产》，《经济学家》2005 年第 1 期。

[30] 刘叶：《创意产业集群动力机制与实证研究》，博士学位论文，北京邮电大学，2010 年。

[31] 罗佳：《文化产业机群的发展研究——以浙江省为例》，博士学位论文，浙江大学，2006 年。

[32] 罗能生、刘思宇、刘小庆：《文化产业集聚水平及其影响因素——基于湖南省数据的实证分析》，《广东行政学院学报》2011 年第 1 期。

[33] ［德］马克斯·霍克海默、西奥多·阿道尔诺：《启蒙辩证法》，上海人民出版社 2006 年版。

[34] ［德］马克斯·韦伯：《新教伦理与资本主义精神》，广西师范大学出版社 2006 年版。

[35] ［苏联］马林洛夫斯基：《文化论》，费孝通译，华夏出版社 2002 年版。

[36] ［苏联］马林诺夫斯基：《科学的文化理论》，中央民族大学出版社 1999 年版。

[37] ［英］阿尔费雷德·马歇尔：《经济学原理》（上卷），商务印书馆 1997 年版。

[38] 马云超：《大遗址文化产业集群培育中地方政府职能研究》，博士学位论文，西北大学，2008 年。

[39] 钱紫华、闫小培、王爱民：《城市文化产业集聚体：深圳大芬油画》，《热带地理》2006 年第 3 期。

[40] ［美］莎朗·佐京：《城市文化》，张廷佺、杨东霞、谈瀛洲译，上海教育出版社 2006 年版。

[41] 史征：《长三角城市群文化创意产业集聚合作发展的有效路径研究：以沪、宁、杭三地文化创意产业园区为视角》，《兰州学刊》2011 年第 2 期。

［42］苏卉：《文化创意产业集群的形成机理》，《郑州航空工业管理学院学报》2010年第3期。

［43］汤林森：《文化帝国主义》，冯建三译，上海人民出版社1999年版。

［44］田慧：《政府在文化创意产业集聚过程中的作用》，博士学位论文，上海交通大学，2008年。

［45］万陶：《基于复杂性理论的创意产业集群动力研究》，博士学位论文，北京交通大学，2007年。

［46］汪丁丁：《自由移民——后工业时代经济一体化的最终议题》，《IT经理世界》2000年第10期。

［47］王发明：《创意产业集群化——基于地域根植性的理论演进及其政策含义》，《经济学家》2010年第5期。

［48］王家庭、张容：《基于三阶段DEA模型的中国31省市文化产业效率研究》，《中国软科学》2009年第9期。

［49］王洁：《我国创意产业空间分布的现状研究》，《财贸研究》2007年第3期。

［50］王伟年：《城市文化产业区位因素及地域组织研究》，博士学位论文，东北师范大学，2007年。

［51］王重远：《基于产业生态学的创意产业集群形成机制研究》，博士学位论文，华中科技大学，2010年。

［52］翁旭青：《文化创意产业集聚发展理论及影响因素研究——基于杭州文化创意产业的发展》，《北方经贸》2010年第4期。

［53］伍志鹏：《基于涌现性的创意产业集群动力机制研究》，博士学位论文，北京交通大学，2007年。

［54］［英］亚当·斯密：《道德情操论》，中央编译出版社2008年版。

［55］［英］亚当·斯密：《国富论》，郭大力、王亚楠译，商务印书馆2008年版。

［56］杨小凯、黄有光：《专业化与经济组织》，经济科学出版社1999年版。

[57] 杨小凯:《发展经济学——超边际与边际分析》,张定胜、张永生译,社会科学文献出版社2003年版。

[58] 尹宏:《文化创意产业集聚的空间演化研究》,《四川师范大学学报》(社会科学版)2013年第2期。

[59] 余晓泓:《美国文化产业投融资机制及启示》,《改革与战略》2008年第12期。

[60] 袁海:《中国省域文化产业集聚影响因素实证分析》,《经济经纬》2010年第3期。

[61] [美]约翰·希尔、帕梅拉·彻奇·吉伯森:《牛津大学电影研究导读》,牛津大学出版社1998年版。

[62] 张斯龙、沈惠云、何小军、邵菊芳:《长三角报刊产业集群的现状及挑战》,《中国出版》2006年第2期。

[63] 张松林、李清彬:《从区位选择到空间集聚:一个基于分工视角的分析框架》,《未来与发展》2010年第7期。

[64] 张振鹏、马力:《文化创意产业集群形成机理探讨》,《经济体制改革》2011年第2期。

[65] 赵红军、尹伯成、孙楚仁:《交易效率、工业化与城市化——一个理解中国经济内生发展的理论模型与经验证据》,《经济学》(季刊)2006年第4期。

[66] 朱慧、王垚鑫:《基于城市面板数据的文化创意产业集聚效应研究》,《商业时代》2010年第18期。

[67] Scott, Allen, "Enterpreneurship, Innovation and Industrial Development: Geography and the Creative Field Revisited" [J]. *Small Business Economics*, 2006(26): 1 – 24.

[68] Scott, Allen, *On Hollywood: The Place The Industry* [M]. Princeton: Princeton University Press, 2005.

[69] Scott, A. J., "Creative Cities: Conceptual Issues and Policy Questions" [J]. *Journal of Urban Affairs*, 2006, 28(1): 1 – 17.

[70] Bassett, K., Griffiths, R. and Smith, I., "Cultural Industries, Cultural Clusters and the City: The Example of Natural History Film –

making in Bristol", 2002: Geoforum 33: 165 –77.

[71] Bianchini, F., *Culture, Cultural Policy and Urban Regeneration: The West European Experience* [M]. Manchester: Manchester University Press, 1993: 199 –213.

[72] Bourdieu, P., Le Marché des Biens Symboliques, L'Année Sociologique 1971, 22: 49 –126.

[73] Boyle, M., "Civic Boosterism in the Politics of Local Economic Development –'Institutional Positions' and 'Strategic Orientation' in the Consumption of Hallmark Events" [J]. *Environment and Planning* A 1997(29): 1975 –97.

[74] Brown, A., O'Connor, J. and Cohen, S., "Local Music Policies with in a Global Music Industry: Cultural Quarters in Manchester and Sheffield" [J]. *Geoforum*, 2000, 31(4): 437 –451.

[75] Clark, T. J., *The Painting of Modern Life: Paris in the Art of Manet and his Followers* [M]. New York: Alfred A Knopf, 1984.

[76] Coe, N. M., "The View From out West: Embeddedness, Inter – personal Relations and the Development of an Indigenous Film Industry in Vancouver" [J]. *Geofurom*, 2000, 31: 391 –407.

[77] Crewe, L., "Material Culture: Embedded Firms, Organizational Networks and the Local Economic Development of a Fashion Quater" [J]. *Regional Studies* 30, 1996: 257 –72.

[78] Currid, E., "New York as a Global Creative Hub: A Competitive Analysis of Four Theories on World Cities" [J]. *Economic Development Quarterly*, 2006(20): 330 –350.

[79] Davis, M., "City of Quartz: Excavating the Future in Los Angeles" [M]. London: Verso, 1990.

[80] Driver, S. and Gillespie, A., "Structural Change in the Cultural Industries: British Magazine Publishing in the 1980s" [J]. *Media, Culture and Society* 1993(15): 183 –201.

[81] Jonathan, D. J., "Cultural Industries in Small – sized Canadian Cities:

Dream or Reality?" [J]. *Urban Studies*, 2012, 49(1): 97 – 114.

[82] Evans, G. and Foord, J., *Shaping the Cultural land Scape: Local Regeneration Effects*, Urban *Futures: Critical Commentaries on Shaping the City*, London: Routledge, 2003: 167 – 81.

[83] Friedmann, J., *Regional Development Policy: A Case Study of Venezuela* [M]. Cambridge, The MIT Press, 1966: 15.

[84] Gapinski, Cinema, *Demand in Spain: A Cointegration Analysis*, 1997, 21(1): 57 – 75.

[85] Giacomo Becattini, "From Marshall's to the Italian 'Industrial Districts': A Brief Critical Reconstruction" [J]. In Curzio, A. and Fortis, M. (eds.), *Complexity and Industrial Clusters: Dynamics and Models in Theory and Practice* [C]. New York: Physica – Verlag, 2002: 83 – 106.

[86] Gibson, C. and Connell, J., "Cultural Industry Production in Remote Places: Indigenous Popular Music in Australia." In Power, D. and Scott, A. editors, *The Cultural Industries and the Production of Culture*, London and New York: Routledge, 2004: 243 – 258.

[87] Gibson, C., "Rural Transformation and Cultural Industries: Popular Music on the New South Wales Far North Coast" [J]. *Australian Geographical Studies*, 2002, 40: 336 – 56.

[88] Gibson, C., Murphy, P. and Freestone, R., "Employment and Socio – spatial Relations in Australia's Cultural Economy" [J]. *Australan Geographer* 2002, 33: 173 – 89.

[89] Graber, G., "Temporary Architectures of Learning: Knowledge Governance in Project Ecologies" [J]. *Organizational Studies*, 2004, 25(9): 1491 – 1514.

[90] Graber, G., "The Project Ecology of Advertising: Tasks, Talents and Teams" [J]. Regional Studies, 2002, 36(3): 245 – 262.

[91] Hall, P., "Creative Cities and Economic Development" [J]. *Urban Studies*, 2000, 37(4): 639 – 649.

[92] Hall, P., *Cities in Civilization*, New York: Pantheon, 1998.

[93] Bathelt, Harald, "Toward a Multi–dimentional Conception of Clusters, the Case of the Leipzig Media Industry, Germany", Cultural Industries and the Production of Urban Affaires, 2006, 28(1): 1–17.

[94] Hawkins, J., *The Creative Economy, How People Make Money from Ideas* [M]. London: The Penguin Press, 2001.

[95] Hirsch, P. M., "Processing Fads and Fashions: An Organization–set Analysis of Cultural Industry Systems" [J]. *American Journal of Sociology* 1972(77): 639–59.

[96] Hutton, T., "Reconstructed Production Landscapes in the Postmodern City: Applied Design and Creative Services in the Metropolitan Core" [J]. *Urban Geography*, 2000, 21(4): 285–317.

[97] Mommaas, H., "Cultural Clusters and the Post–industrial City: Towards the Remapping of Urban Cultural Policy" [J]. *Urban Studies*, 2004, 41(3): 507–532.

[98] Keeble, D., Lawson, C., Moore, B. and Wilkinson, F., "Collective Learning Processes, Networking and 'Institutional Thickness' in the Cambridge Region" [J]. *Regional Studies*, 1999 (33): 319–332.

[99] Keeble, D. and Wilkinson, F., "Collective Learning and Knowledge Development in the Evolution of Regional Clusters of High Technology SMEs in Europe", *Regional Studies*, 1999 (33): 295–303.

[100] Keith Bassett, Ron Griffiths, Ian Smith, "Cultural Industries, Cultural Clusters and the City: The Example of Natural History Film–making in bristol" [J]. *Geoforum*, 2002(33): 165–177.

[101] Landry, C., *The Creative City* [M]. London: Earthscan, 2000.

[102] Lee, S., "Innovation, Human Capital and Diversity" [D]. *Working Paper*, H. John Heinz School of Public Policy and Management, Carnegie Mellon University, 2001.

[103] Mark J. Stern and Susan C. Seifert, "Cultural Clusters: The Impli-

cations of Cultural Assets Agglomeration for Neighborhood Revitalization" [J]. *Journal of Planning Education and Research* 2010 (29): 262.

[104] Markoff, J., *What the Dormouse Said: How the 60s Counter Culture Shaped the Personal Computer* [M]. New York: Penguin Group, 2005.

[105] Markusen, A. and Schrock, G., "The Artistic Dividend: Urban Artistic Specialisation and Economic Development Implications" [J]. *Urban Studies* 2006(43) No. 10: 1661 – 1686.

[106] Markusen, A. and King, D., "The artistic Divided: The Arts' Hidden Contributions to Regional Development [J]. Minneapolois, MN: Project on Regional and Industrial Economics, *Humphrey Insitute of Public Affairs*, University of Minnesota, 2003.

[107] Markusen, A. and Schrock, G. T., "Heartistic Dividend: Urban Artisticspecial Isation and Economic Development Implications" [J]. *Urban Studies*, 2006, 10(43): 1661 – 1686.

[108] Maskell, P., Eskelinen, H., Hannibalsson, I., Malmberg, A. and Vatre, E., editors, *Competitiveness, Localised Learning and Regional Development*, London: Routledge, 1998.

[109] Molotch, H., "LA as Design Product: How Art Works in a Regional Economy". In: Scott, A., Soja, E. eds., *The City: Los Angeles and Urban Theory at the End of the 20th Century*. University of California Press, Berkeley, 1996: 225 – 275.

[110] Molotch, H., "Place in Product" [J]. *International Journal of Urban and Regional Research*, 2002, 26(4): 665 – 88.

[111] Montgomery, J., "Cultural Quarters as Mechanisms for Urban Regeneration, Part 2: View of Four Cultural Quarters in the UK, Ireland and Australia" [J]. *Planning Practice & Research*, 2004, 19 (1): 3 – 31.

[112] Fujita, M. and Thisse, J. – F., "Does Geographical Agglomera-

tion Foster Economic Growth? And Gains and Loses from It?"[J]. *The Japanese Economic Review*, 2003, 54: 121 – 145.

[113] Negus, K., "The Work of Cultural Intermediaries and the Enduring Distance between Production and Oonsumption"[J]. *Cultural Studies* 2002(16): 501 – 15.

[114] OECD, *Culture and Local Development* [R]. Paris: OECD, 2005: 54.

[115] Piore, M. and Sabel, C., *The Second Industrial Divide: Possibilities for Properity* [M]. New York: Haper & Row, 1984.

[116] Piore, M. and Sabel, C., *The Second Industrial Divide: Possibilities for Properity* [M]. New York: Haper & Row, 1984.

[117] Porter, M. E., *The Competitive Advantage: Creating and Sustaining Superior Performance* [M]. NY: Free Press, 1985: 123 – 222.

[118] Power, D. and Hallencreutz, D., 2002, "Profiting from Creativity? The Music Industry in Sweden and Kingston, Jamaica"[J]. *Environment and Planning* A 34: 1833 – 1854.

[119] Power, D. and Scott, A., 2004, "A Prelude to Cultural Industries and the Production of Culture [J]. In Power, D. and Scott, A., editors, *The Cultural Industries and the Production of Culture*, London and New York: Routledge: 3 – 15.

[120] Power, D., 2002, "Cultural Industries in Sweden: An Assessment of Their Place in the Swedish Economy"[J]. *Economic Geography* 78: 103 – 27.

[121] Power, D. and Scott, A., *Cultural Industries and the Production of Culture* [M]. London and New York: Roultledge, 2004: 3 – 15.

[122] Pratt, A. C., "The Cultural Industries Production System: A Case Study of Employment Change in Britain"[J]. *Environment and Planning* A 29, 1997.

[123] Prat, A., *An Economic Geography of the Cultural Industries*, 2007.

[124] Pumhirn, N., "Reflection on the Disposition of Creative Milieu and

its Implications for Cultural Clustering Strategies," 41st ISOCaRP Congress, 2005.

[125] Krugman, P. R. and Venables, A. J., "Globalization and the Inequality of Nation" [J]. *Quarter of Journal Economics*, 1995, 110 (4): 857-880.

[126] Roberta Piergiovanni and Martin A. Carree, "Enrico Santarelli, Reasons for Clustering of Creative Industries in Italy and Spain" [J]. *European Planning Studies*, 2012, Volume 20, Issue 8.

[127] Sassen, S., *The Global City*, Princeton, N. J., University Press, 1991.

[128] Schorske, K., *Finde Siecle Vienna: Politics and Culture* [M]. New York: Alfred A Knopf, 1980.

[129] Scott, A. J., "The Craft, Fashion, and Cultral-products Industries of Los Angeles: Competitive Dynamics and Policy Dilemmas in a MultiSectoral Image-producing Oomplex [J]. *Annals of the Association of American Geographers* 1996(86): 306-23.

[130] Scott, A. J., *The Cultural Economy of Cities* [M]. London: Sage. 2000.

[131] Toernqvist, G., *Creativity in Time and Space* [J]. Geogr. Ann, 2004, 86B(4): 227-243.

[132] Worpole, K. and Greenhalgh, P., The Richness of Cities: Urban Policy in a New Landscape [M]. London: Comedia/Demos, 1999.

[133] Zukin, S., *The Cultures of Cities* [M]. Oxford: Blackwell, 1995.